国家出版基金项目
NATIONAL PUBLICATION FOUNDATION

心理学与社会治理丛书
Series on Psychology and
Social Governance

丛书主编：杨玉芳　郭永玉

许　燕　张建新

Choice,

Happiness,

and

Comparison

比较的囚徒：

什么决定了我们的选择和幸福

陆静怡　邱天　著

北京师范大学出版集团
BEIJING NORMAL UNIVERSITY PUBLISHING GROUP
北京师范大学出版社

丛书编委会

主　　编　杨玉芳　郭永玉　许　燕　张建新

编　　委　(以汉语拼音为序)

陈　红　傅　宏　郭永玉　孙健敏

王俊秀　谢晓非　许　燕　杨玉芳

张建新

丛书总序

经过多年的构思、策划、组织和编撰，由中国心理学会出版工作委员会组织撰写的书系"心理学与社会治理丛书"即将和读者见面。这是继"当代中国心理科学文库""认知神经科学前沿译丛"两大书系之后，出版工作委员会组织编撰的第三套学术著作书系。它的问世将是中国心理学界的一次具有重要理论和现实意义的里程碑式事件。

之前的两套书系在社会上产生了广泛的影响，也赢得了同行普遍的好评。但是这些工作主要基于由科学问题本身所形成的内容架构，对于现实问题的关切还不够系统和全面，因而不足以展现中国心理学界研究的全貌。这就涉及我们常讲的"自下而上"与"自上而下"的问题形成逻辑。我们感到，面对当前中国社会的变革，基于当下现实生活的复杂性和矛盾性，中国心理学界应该尽力做出回应，要有所贡献。而社会治理正是心理学探讨时代需求、关注现实社会的重要突破口，同时也是很多中国心理学者近年来一直努力探索并且已有丰富积累的一个创新性交叉学科领域。

社会治理是由作为治理主体的人或组织对以人为中心的社会公共事务进行的治理。因此，社会治理的核心是"人"的问题，社会治理的理论和实践都离不开"人"这一核心要素，自然也就离不开对人性和人心的理解。这既源自心理学的学科性质，也是由社会治理的本质要素所决定的。一方面，就学科性质而言，心理学是研究人的心理和行为的学科，它兼具自然科学与社会科学的双重属性。2016年5月17日，习近平总书记在哲学社会科学工作座谈会上指出"要加快完善对哲学社会科学具有支撑作用的学科"，这其中就包括心理学。早在现代心理学诞生之初，它就被认为在整个社会科学中具有基础学科的地位。但是在漫长的学科发展历史上，由于心理学本身发展还不够成熟，因此作为社会科学基础学科的作用并未得到充分体现。尽管如此，近年来由于理论、方法的不断发展与创新，心理学在解决现实问题方面的建树已经日益丰富而深刻，因此已经在相当程度上开始承担起支撑社会科学、解决社会问题的责任。

另一方面，从社会治理自身的学理逻辑出发，当前中国社会治理现代化的过程也离不开心理学的支持。社会治理作为一种现代化的理念，与社会统治和社会管理在基本内涵上有很大差异。首先，它强调治理主体的多元性，除了执政党和政府，还包括各级社会组织、社区、企业以及公民个人。其次，社会治理的客体是以人为中心的社会公共事务，目标是消解不同主体之间的冲突与矛盾。最后，社会治理的过程也不同于传统意义的社会管理，它包括了统筹协调、良性互动、民主协商、共同决策等现代化治理策略与手段。因此，不管从主体、客体或过程的哪个方面讲，社会治理都必须关注社会中一个个具体的人，关注这些个体与群体的心理与行为、矛盾与共生、状态与动态、表象与机制等心理学层面的问题。也只有依托心理学的理论与方法，这些问题才能得到更深入的探索和更彻底的解决。因此可以说，在学科性质、学理关联、问题关切、实践技术等多个层面，心理学均与社会治理的现实需求有着本质上的契合性。

正因为如此，近年来国家对于心理学在社会治理中的作用给予了高度重视。中共十九大报告在"打造共建共治共享的社会治理格局"这一部分提出，加强社会心理服务体系建设，培育自尊自信、理性平和、积极向上的社会心态。中共十九届四中全会审议通过的《中共中央关于坚持和完善中国特色社会主义制度 推进国家治理体系和治理能力现代化若干重大问题的决定》再次强调健全社会心理服务体系。可以看出，心理学已经被定位为社会治理现代化进程中不可或缺的一部分。这是时代对中国心理学界提出的要求和呼唤。而本书系的推出，既是对时代需求的回应，也是心理学研究者肩负使命、敢于创新的一次集中探索和集体呈现。

明确了这一定位之后，我们开始积极策划推动书系的编撰工作。这一工作立即得到了中国心理学会和众多心理学界同人的大力支持与积极响应。我们在充分调研的基础上，成立了书系编委会，以求能在书目选题、作者遴选、写作质量、风格体例等方面严格把关，确保编撰工作的开展和收效达到预期。2015 年，编委会先后三次召开会议，深入研讨书系编撰工作中的一系列基础问题。最终明确提出了"问题导向、学术前沿、项目基础、智库参考"的十六字编撰方针，即要求书系中的每一本书都必须关注当下中国社会的某一现实问题，有明确的问题导向；同时，这一问题必须有明确的学术定位，要站在学术前沿的视角用科学解决问题的思路来对其加以探讨；此外，为了保证研究质量，要求每一本专著都依托作者所完成的高层次项目的成果来撰写。最后，希望每一本书都能够切实为中国社会治理提供智力支持和实践启示。

基于这样的方针和定位，编委会通过谨慎的遴选和多方面的沟通，确立了一个优秀的作者群体。这些作者均为近年来持续关注社会治理相关心理学问题的资深专家，其中也不乏一些虽然相对年轻但已有较深积淀的青年才俊。通过反复的会谈与沟通，结合每一位作者所主持的项目课题和研究领域，编委会共同商讨了每一本专著的选题。我们总体上将本书系划分为四个部分，分别为"现代化过程中的社会心态""群体心理与危机管理""社区与组织管理""社会规范与价值观"。每一部分邀请6～8位代表性专家执笔，将其多年研究成果通过专著来展现，从而形成本书系整体的内容架构。

在这些工作的基础上，2016年1月，中国心理学会出版工作委员会召开了第一次包括编委会成员和几乎全体作者参加的书系编撰工作会议，这标志着编撰工作的正式开启。会上除了由每一位作者汇报其具体的写作思路和书目大纲之外，编委会还同作者一道讨论、确定了书系的基本定位与风格。我们认为本书系的定位不是教材，不是研究报告，不是专业性综述，不是通俗读物。它应该比教材更专门和深入，更有个人观点；比研究报告更概略，有更多的叙述，更少的研究过程和专业性的交代；比专业型综述更展开，更具体，更有可读性，要让外行的人能看懂；比通俗读物更有深度，通而不俗，既让读者能看进去，又关注严肃的科学问题，而且有自己独到的看法。同时，在写作风格上，我们还提出，本书系的读者范围要尽可能广，既包括党政干部、专业学者和研究人员，也包括对这一领域感兴趣的普通读者。所以在保证学术性的前提下，文笔必须尽可能考究，要兼顾理论性、科学性、人文性、可读性、严谨性。同时，针对字数、书名、大纲体例等方面，会上也统一提出了倡议和要求。这些总体上的定位和要求，既保证了书系风格的统一，也是对书系整体质量的把控。

在此后的几年中，书系的编撰工作顺利地开展。我们的"编撰工作会议"的制度也一直保持了下来，每过半年到一年的时间即召开一次。在每一次会议上，由作者报告其写作进度，大家一起交流建议，分享体会。在一次次的研讨中，不仅每一本书的内容都更为扎实凝练，而且书系整体的立意与风格也更加明确和统一。特别是，我们历次的编撰工作会议都会邀请一到两位来自社会学、法学或公共管理学的专家参会，向我们讲述他们在社会治理领域的不同理论视角和研究发现，这种跨学科的对话极大地丰富了我们心理学者的思维广度。当然，随着编撰工作的深入，有一些最初有意愿参与撰写的作者，出于种种原因退出了书系的编撰工作，这不能不说是一种遗憾。但同时，也有一些新的同样资深的学者带着他们的多年研究成果补充进来，使得书系的内容更加充实，作者团队也更加发展壮大。在这些年的共同工作中，我们逐渐意识到，我们正在做的事情不仅是推出一套书，而且还基于这一平台构建一个学术共同体，一起为共同的学术愿景而努力，为中国的社会治理现代化进程承担心理学研究者应尽的责任。这是最令人感到骄傲和欣慰的地方。

我们还要感谢北京师范大学出版集团的领导和编辑们！他们对于本书系的出版工作给予了大力的支持。在他们的努力下，本书系于 2020 年初获批国家出版基金项目资助，这让我们的工作站到了更高的起点上。同时，还要感谢中国心理学会"学会创新和服务能力提升工程"项目在组织上、经费上提供的重要帮助。

在作者、编委、出版社以及各界同人的共同努力下，书系的编撰工作已经接近完成。从 2021 年开始，书系中的著作将分批刊印，与读者见面。每一本专著，既是作者及其团队多年研究成果的结晶，也凝结着历次编撰工作会议研讨中汇聚的集体智慧，更是多方面工作人员一起投入的结果。我们期待本书系能够受到读者的喜爱，进而成为中国心理学和社会治理的科研与实践前进历程中的一个重要里程碑。

主编

杨玉芳　郭永玉　许燕　张建新

2021 年 7 月 22 日

目　录

第三篇　冲突从何而起：比较对群体的效应

第四篇　如何趋利避害：比较对社会的效应

第一篇　无处不在的比较

有人在的地方，就有比较。无论是主动还是被动加入，很多人都难逃比较：在学校里与同学比成绩，在公司里与同事比薪水，在年夜饭桌上与亲戚比人生成就……比较可谓是生活的一条"基本原理"，是定义优与劣的"相对论"。关于比较的这一切让你感到困惑却又欲罢不能，因此，你不得不熟悉并掌握比较的规律。本篇将先从概括性的视角，剖析比较思维为何能够占据你的大脑，又是如何时刻牵动你的情绪体验的；放大观察的细节，探讨那些喜欢比较者的特点，以及促使人们进行比较的环境等因素。

第 1 章

比较的困境

优劣具有相对性。很多时候，优劣取决于比较的结果——将自己与他人进行比较的结果以及将某个事物与其他事物进行比较的结果。社会生活为人们提供了相互比较的机会，然而这种机会的另一面亦是一种困境。在生活的方方面面，人们总是忍不住要与他人一较高低：比成绩、比收入、比智商……人们时而与更优秀的人比，时而与不如自己的人比。尽管这些比较的结果未必总是对自己有利，甚至可能会降低生活的幸福感，但人们却往往无法克制比较的冲动，陷入比较的困境。要认清并且超越这种困境，需要先理解社会比较。本章将梳理人们的比较式思维从何而来，比较的信息又是如何击败别的信息的，从而影响认知与判断，并分析社会比较的不同结果对人们的影响。

有人的地方，就不可避免地会有社会比较（social comparison）。所谓社会比较，是指人们在某些维度与他人进行比较，通过比较的结果来确定自身表现的优劣。显然，社会比较体现了优劣的相对论。它无处不在，并且拥有难以置信的强大力量。要说力量有多大，让我们不妨先把视线投向社交网络。一张无形的网络在让人们轻而易举地了解他人生活的同时，也引发了无尽的社会比较。这种比较究竟是提高还是降低了人们的幸福感？

案例

社交网络时代的社会比较

来自新蓝网的一个案例：

埃森娜·奥尼尔（Essena O'Neil），一个来自澳大利亚昆士兰的 18 岁女孩、一名就职于美国洛杉矶某公司的职业模特、一位在社交媒体照片墙（Instagram）上拥有 57 万粉丝的"网红"，在 2015 年 11 月，突然宣布退出社交网络。

粉丝眼中的埃森娜·奥尼尔是怎样的？每天上传好看的照片，分享自己的健身心得与健康食谱。

真实的埃森娜·奥尼尔是怎样的？为了保持匀称的身材，为了避免长胖，她不得不克制食欲，有时一整天不吃不喝；为了拍摄完美的照片，不得不绞尽脑汁摆出各种姿势，努力收腹、扭曲身体，还要假装随意；为了获得更多粉丝，不得不优中选优，拍摄 1000 张照片，从中选出最美的那张；为了让照片看上去更美，不得不下载几十款修图软件，花几小时修图。

粉丝在看到埃森娜·奥尼尔的照片时做何感想？羡慕，追捧。同时，又感到妒忌与苦恼，哀叹自己毫不出众的相貌。更有甚者，萌发了整容的想法。

埃森娜·奥尼尔又做何感想？"我花很多时间经营了一个完美、积极、健康的形象。一开始你们都给我留言说'你太完美了''你是我最爱的模特''好想变成你啊'……我一开始只是觉得这是大家的赞美，我也觉得自己过得很不错，我就这么成了一个小名人。"

"我在 16 岁的时候就开始沉溺于社交网络，每周都要花超过 50 小时泡在上面，发照片、发食谱、回复粉丝、做视频。你们觉得我只是每天偶尔发一张照片，你们不知道，为了这一张照片，我要费尽周折打扮、拍照，就为了要拍出最好的那一张，让你们觉得这些是我日常随手拍的。其实，并不是！"

"然而就在这样的生活里，我开始逐渐变得压抑。我开始过上了'为了给你们看'而过的生活，而这完全不是我自己的生活。我开始有压力，开始担心哪天你们会发现我实际生活中真实的样子。这让我的整个世界都崩塌了。"

无疑，埃森娜·奥尼尔的社交网络内容引发了粉丝与她之间的社会比较。通过与她比较，粉丝多半是不幸福的。当然，诱发社会比较的埃森娜·奥尼尔也并不开心，她失去了自我，成为他人电脑或手机屏幕里的人，为了讨好粉丝而艰辛地生活着。

既然社会比较的双方都感到不幸福，那么，人们能克制住自己不进行社会比较吗？几乎不能！是的，一方面，社会比较大大降低了生活幸福感；另一方面，人们又克制不住进行社会比较的冲动，要与他人一较高下——这正是比较的困境。

1.1　比较的困境

1.1.1　比出来的不幸福

1985 年，堪称是社交网络的元年，在这一年，第一个社交网络水井（Well）诞生。从水井的诞生到今天，才区区 30 多年的光阴。若将其放置到人类发展的历史长河中，30 多年仿佛一瞬，短到人们在历史坐标中几乎标记不出它的长度。然而，今天的人们似乎已经很难想象离开社交网络的生活了。

从早些年的 QQ 空间、校内网（后改名为人人网）、开心网，到之后的微博，再到如今的微信朋友圈，从专注于书评、影评的豆瓣网，到职场社交平台领英，再到问答网站知乎，我们的生活已被各式各样的社交平台占领。无论是大事、小事，还是重要的、不重要的，我们都习惯将它们晒到社交平台上。旅行途中的风景靓照要晒，生活中的趣事要晒，享受大餐前要晒。未能出行、未遇新鲜事、没有美食晒什么？没关系！随时随地自拍一张就能晒。

在习惯晒生活的同时，阅读他人的生活也成了很多人的"强迫症"。在地铁上、马路上、咖啡厅里，甚至是会议室里，在刷朋友圈、刷微博的"低头族"随处可见。于是，我们发现朋友又去旅行了、同事又出入高档餐厅了、老同学越发年轻美丽了……看完他人的生活，免不得联想到自己，并发出一声哀叹："为什么我的生活如此乏味？"

社交媒体的出现使人与人之间的社会比较变得更加频繁。我们羡慕他人的生活，甚至妒忌他人的生活。一项调查表明，在社交媒体上，最容易引发他人妒忌的照片是旅行照片，其次是美食照片（Esguerra，Lucindo，Sarmiento，& Blancaflor，2016）。与他人美好的生活相比，我们自己的生活显得平淡无趣，甚至有些"凄惨"，这种真实的平凡可能让我们体验不到幸福。

下面，让我们再来看一下学术界的情况。学术圈也有属于自己的"类社交平台"，如科研之友等。之所以被称为"类社交平台"，是因为这些网站类似于上文提到的社交平台。每位研究者都可以注册自己的账户，并与其他人互加好友，或者关注其他人。但是，与普通社交平台有所区别的是，研究者主要在这些网站上更新自己的科研成果信息。例如，添加自己最新发表的学术论文信息，包括作者、论文名、刊出的期刊名等。一旦更新信息后，好友或关注自己的人就会收到通知，他们能及时了解所关注的研究者的最新科研进展。

很显然，建立这些科研社交平台的初衷是促进研究者之间的相互了解与沟通，并让研究者始终站在学术研究的前沿。因此，这些平台受到了研究人员的大力追捧。在中国，研究者申请国家自然科学基金过程中必不可少的步骤是通过科研之友导入自己已有的研究成果，因此，科研之友拥有庞大的用户基数。

但是，近些年来，有不少科研人员开始抱怨这些类社交平台。

本书作者的一位好友就曾大倒苦水。每次看到好友们又有新作发表，折服于他们的同时，感叹自己出成果的速度太慢、成果的质量也不如他人。"每次看完其他人的成果，再想想自己，心里不是滋味。"这位朋友打趣道。事实上，和他有同感的研究者并不在少数。

谈完社交平台，我们再来看看其他场合中的社会比较。很多人表示，自己对同学聚会既爱又恨。说爱是因为分别多年的同学终于又有机会聚在一起，回顾一起度过的美好时光，感怀青春往事。说恨则是因为大多数同学聚会上充斥着社会比较。曾经睡在我上铺的兄弟已经是世界 500 强企业的管理者，而我仍是一名毫不起眼的基层员工。曾经三门课不及格的哥们儿如今收入可观，而成绩优异的我仍挣扎在全市的平均工资水平之下。曾经的那位同桌开着豪车来聚会，而我一会儿还得乘地铁回家……毕业五周年比自己，毕业十周年比家庭，毕业二十周年比孩子……总之，同学聚会好像变了味儿。有多少人在参加完同学聚会之后心情沮丧，又有多少人发誓不再参加同学聚会。不难发现，社会比较不仅存在于虚拟的网络世界，它就在我们身边，形影不离。

我们在生活中还常常遇到"别人家的父母""别人家的孩子""别人家的老师"……我们时时刻刻把自己与别人相比，也把自己的父母、自己的孩子、自己的老师与他人进行比较。这些社会比较伴随人的一生。

1.1.2　难以抑制的比较冲动

你可能会问，既然社会比较会降低幸福感，人们为什么依旧要进行比较？事实上，进行社会比较是一种难以抑制的冲动。在社会生活中，社会比较是一种普遍存在的现象。更有学者提出，社会比较不仅存在于人类社会，在其他物种身上也能发现社会比较的迹象（Gilbert，Price，& Allan，1995）。这说明，在进化过程中，社会比较具有适应性意义，它为人类和其他物种赶超竞争对手提供了可能性。对于人类社会比较倾向的研究可以追溯到早期的西方哲学。进入 20 世纪后，也有先驱研究者曾探讨了社会比较对人类生活的重要意义。但是，社会比较真正引起广泛关注还得从费斯廷格（Festinger）在 1954 年正式提出社会比较理论算起。

费斯廷格（1954）认为，人类都希望准确地认识自己，包括评价自己的观点是否正确、认识自己的能力处于何种水平。乍一看，观点和能力似乎风马牛不相及，但两者在某些方面具有一定的相似性。无论是人们对其所处环境的认知（观点）还是对自己胜任力的评价（对能力的评价），都会影响他们的行为。在很多情况下，拥有错误的观点或不准确的自我认知都会导致严重的后果。因此，人们急切地想知道自己的观点是否正确，以及自己的能力有多强。

那么，如何才能认识自己呢？有两条途径可以帮助人们认识自己。首先，寻找绝对标准。例如，在确定携带的一名儿童乘火车是否要购买成人票时，人们以身高 150cm 作为标准。其次，寻找相对标准，也就是与他人相比自己表现得如何。同样是身高问题，要是人们来到一个陌生国家，想知道自己的身高究竟如何，往往很少参照绝对标准，而是与该国家人们的平均身高进行比较。

人们对观点和能力的评判往往缺乏绝对标准。观点没有绝对意义上的对与错，对观点的评判通常需要考虑社会因素。同样一个观点，放在某种社会情境中可能是错误的，但放到另外一种社会情境中则可能是正确的。例如，在我国实行严格计划生育政策的年代，"支持生育二孩"是一个不被认可的观点，但是，在现如今的社会背景中，政府号召人们生育三孩。与之类似，某个观点在某一群体中可能是正确的，但换至另一群体中，则可能是错误的。

能力的强弱也没有绝对标准。俗话说，强中自有强中手。一个人在某方面具有很强的能力，但是，总能找到比他更强的人。因此，能力的高低是一个相对的概念，它需要一个参照对象（referent）或比较基准（comparison standard）。在生活中，如果我们说一个人具有很强的能力，往往是指与某人相比或在某个群体中，他的能力较强。当然，在有些情况中，对能力的评价存在绝对标准，即便如此，相对标准依然具有重要意义。例如，我们可以用秒来记录人们奔跑的速度，时间就是一个客观标准。但是，在大学运动会中，我们觉得100米男子短跑冠军跑得非常快，而在奥运会中，我们又觉得100米男子短跑第八名跑得比较慢。这种知觉就是由相对标准引发的。从绝对标准来看，奥运会第八名所用的时间不一定长于大学运动会冠军所用的时间。在绝大多数的情况中，人们通过与他人的比较对自己的能力做出评判。

根据上述观点，费斯廷格（1954）又提出了两条推论。第一，如果缺少社会比较，人们对观点和能力的评价将是不稳定的。这条推论显示了社会比较对自我评价的重要性。第二，如果对某种观点或能力的评判具有绝对标准，而且仅通过绝对标准人们就能做出准确判断，那么，此时人们则不会参考社会比较信息。想一下我们之前所举的判断儿童乘火车是否需要购买成人票的例子。这条推论说明了社会比较对人们的影响具有先决条件。

那么，在哪些情况中人们会表现出更多的社会比较行为？相似性是一个关键因素。人们倾向于和那些与自己具有一定相似性的他人比较。随着自己与他人之间的差异增大，人们进行社会比较的倾向就越来越弱。如果一名大学一年级的学生想知道自己的智力水平如何，他不会与小学一年级的学生进行比较，也不会与诺贝尔奖得主进行比较。对他而言，最有意义的比较对象是同为大学一年级的学生。在比较观点时，我们也不会和与我们意见相左的他人进行比较。因此，社会比较发生的一个重要前提是，他人与自己之间具有一定的相似性。

　　既然社会比较是一种无法抑制的冲动，人们不可避免地会与他人进行社会比较，那么，这种倾向从几岁开始出现？尽管没人能给出确切的答案，但是，有研究者发现，五岁左右的儿童就已经学会了社会比较。研究者让五岁左右的儿童玩一个选代币的游戏，并给他呈现两种方案。第一种方案是自己获得一枚代币，同伴也获得一枚代币。第二种方案是自己获得两枚代币，同伴获得三枚代币。从自己得到代币的绝对数量来看，第二种方案优于第一种方案；但从相对数量来看，在第一种方案中，自己与他人处于同等地位，在第二种方案中，自己处于劣势地位，而同伴处于优势地位。在这个游戏中，很多儿童都倾向于选择第一种方案。这说明五岁左右的儿童在选择时，就已经考虑社会比较因素了。

　　现在，你能理解为什么工作者经常与同事做比较、为什么同学聚会大多充斥着社会比较了吧。很多人明知道比完的结果是生气、是焦虑、是妒忌，但就是无法克制进行比较的冲动。由此可见，社会比较仿佛是人类与生俱来的一种本能，人们天生就有与他人相比较的欲望，因为人们需要知晓自己的能力究竟如何。例如，我在过去一年里发表了两篇论文。那么，我的学术能力到底是强是弱？仅仅凭借发表了两篇论文这一事实无法对自己进行定位。只有把自己放置于社会这个坐标中，与他人比较之后，才能准确地知晓自己的水平。因此，社会比较为自我定位与自我认识提供了充分的信息，具有重要意义。

　　除了自我定位，社会比较还具有其他功能——提供归属和消除不确定性。在沙赫特（Schachter，1959）的研究中，他告诉女性被试，一会儿她们要接受电击，这些女性被试因而非常紧张。此时，她们倾向于等待另外那些也将接受电击的女性被试，希望能够结伴而行。也就是说，当人们感受到巨大压力时，就希望进行社会比较，以此寻求归属。另外，当人们对自己的行为或反应感到不确定时，归属需求也会被唤醒。无论是对自己的工作表现感到不确定，还是对自己的婚姻状况感到不确定，人们都会寻求具有相似经历的他人，并与这些人谈论让自己感到不确定的事情。

1.1.3　向上的驱力：与优秀的人比较

对于"人们忍不住要将自己与他人进行比较"和"社会比较有损幸福感"这两种观点，你也许已经发现，从逻辑上来讲，第一个观点无法直接推出第二个观点，两者之间还差一步——"人们倾向于与比自己更优秀的他人比较"。没错，这就是我们在这部分中要论述的内容。

从方向来说，我们可以把社会比较分为上行社会比较（upward social comparison）、平行社会比较（lateral social comparison）和下行社会比较（downward social comparison）。上行社会比较是指人们与比自己好的他人相比，平行社会比较是指人们与和自己情况类似的他人相比，下行社会比较是指人们与比自己差的他人相比。

为什么上行社会比较更常发生？心理学家认为，人们普遍拥有一种向上的驱力（drive），它鼓励我们超越自己，促使我们向上看。想一想我们的社会环境和文化背景，它们崇尚追求卓越：奥林匹克运动会喊出了"更快、更高、更强——更团结"的口号；多少励志类书籍都以"自我超越"为主题。上行社会比较恰恰提供了能满足向上驱力的信息，它告诉人们什么是更好、自己与他人之间的差距有多大，并让人们看到了前进的方向。

这种向上的驱力具有适应性意义。在现实生活中，上行社会比较的确能提高人们的表现。例如，有研究者（Blanton，Buunk，Gibbons，& Kuyper，1999）发现，经常进行上行社会比较的高中生在期末考试中取得的成绩高于不常进行上行社会比较的高中生。在烟民身上也存在相似的效应。研究者（Gerrard，Gibbons，Lane，&

Stock，2005)发现，那些经常与成功的戒烟者进行比较的烟民更有可能成功戒烟。

需要指出的是，这种向上的驱力有时会变得更强，人们迫切地希望提高自我，但有时它则变得较弱，追求卓越显得没有那么重要。美国爱荷华州立大学的吉本斯与其合作者(2002)发现，影响驱力大小的重要因素是社会比较的公开性。当社会比较发生在私密的情境中时，人们更愿意与优于自己的他人进行比较，但是，当人们预期自己会与进行比较的他人有实际性接触时，这种向上的驱力就会减弱。我们可以这样理解：想要追求更好是人类的"默认模式"，但是，上行社会比较信息具有威胁性，会威胁人们积极的自我概念。如果在超越自我的过程中自己在他人眼中的形象受到威胁，如别人能看到我们的劣势，我们就会关闭"默认模式"，切换成"自我保护模式"而暂缓自我提升。

鉴于上行社会比较对自我概念的威胁，人们在面对上行社会比较信息时会做出一系列防御性反应。例如，人们会把表现优异的他人称为"天才"，如此称呼的原因并不是人们真心觉得这些人是"天才"，而是给自己不佳的表现找一个合理的借口——"你看，人家是天才，我不如天才是理所当然的。"还有一些人会选择远离那些表现优异者，当他们需要支持时，不会尽全力给予帮助。

之前我们提到，社会比较可分为能力的比较和观点的比较。在能力方面，人们存在追求更好的驱力，但是，在观点方面则不存在这种向上的驱力，因为人们很难对不同的观点进行赋值，并根据值的大小判断哪种观点更好。在判断观点时，人们会根据主观感觉评判它是对是错、是否与他人的观点相似。观点的比较可分为三种。第一种叫偏好评估，如"我是否喜欢 X"；第二种叫信念评估，如"X 是正确的吗"；第三种叫偏好预测，如"我会喜欢 X 吗"。不同类型的观点比较会激发不同的比较过程。在评估偏好时，人们倾向于选择相似的他人作为比较对象；在评估信念时，比较对象往往是处在有利地位的他人，如专家，当然，人们更可能选择与自己具有一定相似性的专家；在预测偏好时，人们倾向于选择已经对 X 有所了解的他人作为比较基准。

1.1.4　追求感觉好：与不如自己的人比较

除了上行社会比较，下行社会比较在日常生活中也不少见。试想，当家长拿到孩子 60 分的成绩单而责问"你怎么考那么差"时，孩子会如何回答？他们十有八九会说："班上还有好多同学不及格呢！"既然人们拥有向上的驱力，而下行社会比较无法满足这种驱力，那么，下行社会比较的意义是什么呢？

社会比较的动机存在自我提升（self-improvement）与自我增强（self-enhancement）之分。自我提升是指人们努力使自己在某方面的能力或表现得到实质性的提升。自我增强则是一种追求自我肯定的动机，或者说是一种在负面信息中保护自我的要求。通俗地讲，自我提升是一种直面问题、解决问题的方法，而自我增强只能在一定程度上改善人们的情绪与自我认识，但改变不了实际能力或表现。当人们具有自我提升的动机时，往往会选择与强于自己的人进行比较，也就是进行上行社会比较。当人们拥有自我增强的动机时，则倾向于选择与弱于自己的人进行比较，也就是进行下行社会比较。

威尔斯（Wills，1981）指出，当人们的幸福感有所降低时，如果无法通过实质性的手段有效增进幸福感，他们就会寻求与情况更差的人进行比较，从而提高自己的幸福感。威尔斯（1981）进一步将下行社会比较分成两类：被动下行比较（passive downward comparison）和主动下行比较（active downward comparison）。被动下行比较是指人们找到不如自己的他人并与其进行比较。如果找不出这样的人怎么办？这时，人们就会进行主动下行比较，想象或"创设"出一个不如自己的人。

关于下行社会比较，著名的研究出自泰勒与其合作者伍德和利希特曼（Taylor，Wood，& Lichtman，1983）之手。他们到医院对患有乳腺癌的妇女及其丈夫进行了调查，发现他们频繁地通过下行社会比较应对不幸的生活。例如，当被问及自己的病情时，80%的患者认为自己比其他患者要"稍微好些"或"好得多"。进一步的访谈发现，无论自己的疾病有多严重，患者都相信其他人比自己的情况更糟糕。这是前文所说的被动下行比较。如果这些病人实在找不到一个比自己状况还糟的真实他人，他们就会刻意"创设"出这样一个人，以帮助自己应对疾病。这就是所谓的主动下行比较。

后续的一系列研究都发现，在患有严重疾病的人群中和受到自我威胁的人群中，下行社会比较非常普遍。例如，在拥有比较严重的进食障碍的群体中，人们主动地寻求下行社会比较（Gerrard，Gibbons，& Boney McCoy，1993）。烟民们倾向于与比自己烟瘾更大的人交往（Gibbons，Gerrard，Lando，& McGovern，1991）。在一个研究（Spencer，Fein，& Lomore，2001）中，他们探讨了自我威胁与下行社会比较之间的关系。他们先让一组被试进行自我肯定（self-affirmation），另一组被试不进行自我肯定。自我肯定是一种消除自我威胁的手段。也就是说，通过这一程序，前一组被试感受到的自我威胁程度小于后一组被试。之后，研究者给两组被试提供上行社会比较信息和下行社会比较信息，让被试选择想要查看哪类信息。结果显示，进行自我肯定的被试更倾向于查看上行社会比较信息，而没有进行自我肯定的被试则更倾向于查看下行社会比较信息。

那么，下行社会比较真的是一味缓解负面情绪的解药吗？没错，它真的能让受到威胁的人们的感觉变好。例如，当面临亲密关系问题的人们罗列在哪些方面自己的亲密关系好于其他人的亲密关系后，他们对自身亲密关系的满意度有所提升（Buunk，Ybema，Gibbons，&

Ipenburg，2001)。又如，老年人一旦与比自己的身体状况更糟糕的其他老年人进行比较之后，他们对自己的身体情况就会有比较积极的评估(Suls，Marco，& Tobin，1991)。总之，下行社会比较能在一定程度上减轻人们受到的威胁，并缓解其不佳情绪。

但是，并不是所有受到自我威胁的人们都会寻求下行社会比较。也有一些研究表明，有些人在面临威胁时反而会避免下行社会比较，而寻求上行社会比较。例如，在一个研究（Wheeler & Miyake，1992)中，被试表示当自己感觉较差时会进行上行社会比较，而当自己感觉较好时则会进行下行社会比较。还有一些类似的研究也发现，当人们面临压力时，反而更加偏好上行社会比较（Buunk，1995；Molleman，Pruyn，& Van Knippenberg，1986)。

这些看似自相矛盾的结果让人疑惑：为什么研究者会得到截然不同的结果？在面临压力或威胁时，人们究竟是进行下行社会比较还是上行社会比较？有研究者（Taylor & Lobel，1989)认为，对上行社会比较或下行社会比较的选择取决于人们拥有的动机类型。如果人们希望从他人身上汲取力量、获得希望，从而解决问题，那么他们就更可能进行上行社会比较，因为上行社会比较提供了一种问题导向的应对方式，能有效帮助人们实质性地改变当前不利的处境。相反，如果人们想通过与他人的比较来改善情绪，让自己对所处境遇有比较积极的评价，那么他们就更可能进行下行社会比较，因为下行社会比较提供了一种情绪导向的应对方式，旨在缓解人们不良的情绪体验。

在《闲情偶寄》一书中，清朝著名戏剧家、文学家李渔写道："穷人行乐之方，无他秘巧，亦止有'退一步'法。我以为贫，更有贫于我者；我以为贱，更有贱于我者；我以妻子为累，尚有鳏寡孤独之民，求为妻子之累而不能者；我以骈胝为劳，尚有身系狱廷，荒芜田地，求安耕凿之生而不可得者。以此居心，则和苦海尽成乐地。

如或向前一算，以胜己者相衡，则片刻难安，种种桎梏幽囚之境出矣。"

这段话体现的正是下行社会比较。穷人行乐的方法，没有别的秘诀，也只有"退一步"。可以这样想：自己贫穷，还有人比我更贫穷；自己卑贱，但还有人比我更卑贱；我把妻儿当累赘，却还有鳏寡孤独，想求妻儿的拖累而不得；我觉得自己干活非常劳苦，手脚都磨出老茧，但是还有人被关在监狱里，田地变得荒芜，他们想安心过种田耕地的生活而不能。如果人们能这样想，那么苦海就会变成乐园。如果人们向上看，与那些比自己优秀的人比较，就会片刻难安，就像自己被套上枷锁，陷入牢笼。

综合来看，人们渴望准确地评价自己、为自己在人群中进行定位，因而会寻求社会比较，这种冲动难以抑制，甚至在五岁孩子身上都能发现它的影子。人们具有向上的驱力，寻求自我突破、追求卓越，因而他们经常进行上行社会比较，把更优秀者作为自身前行的目标。当然，这样做的一个负面结果就是，自己不如他人的事实让人们变得不幸福。但是，哪怕不开心，哪怕深受打击，人们仍然无法抵抗比较的冲动，陷入比较的困境。除了上行社会比较，有时人们还会进行下行社会比较，在那些不如自己的人面前，自己的情况就显得不太糟糕，所以下行社会比较能改善人们的情绪，并提升自信。

1.2　社会比较信息的压倒性优势效应

生活中充斥着社会比较信息：他人的成绩、他人的收入、他人的绩效、他人的地位、他人的幸福感……但是，除了社会比较信息，我们还会接触到其他信息，如时间比较信息、维度比较信息和他人状态信息。那么，当我们同时拥有这些信息时，哪种信息对自我评价的影响更大？有研究者（Van Yperen & Leander，2014）认为，社会比较信息对人们的判断与决策具有强大的影响。这种影响到底有多强？它强过时间比较信息、维度比较信息和他人状态信息的影响，这就是社会比较信息的压倒性优势效应。接下来，让我们对社会比较信息的压倒性优势效应进行详细的解读。

1.2.1 时间比较信息与社会比较信息的较量

艾尔伯特（Albert）早在 1977 年就提出了时间比较理论（temporal comparison theory）。该理论认为，为了保持自我概念的一致性，人们需要经常将当下的自己与不同时间点上的自己进行比较。如果说社会比较是个体间的比较，人们将自己和他人进行对比，那么时间比较则是个体内的比较，人们把现在的自己与过去的自己相比。时间比较的结果能反映随着时间的推移人们在某方面的表现有所进步还是退步。在日常生活中，时间比较经常发生：正在减肥的女士们会记录自己的体重信息，并与上个月的体重进行对比，以检验本月减肥的成效；长跑运动员也会记录自己在一段时间内的成绩变化，从而观察这段时间的训练效果；人们写日记的目的之一在于记录自己的思想与表现，以便日后总结自身的变化……

当时间比较信息与社会比较信息同时摆在人们面前时，人们更多地受哪种信息的影响？试想，在体育比赛中，某位选手打入决赛，尽管在决赛中不敌对手，但是，相比于上一次比赛，他的成绩已经得到了大幅提高。这位选手面临的是有利的时间比较信息，即相比于上一次比赛，自己的成绩有所提高；他也面临不利的社会比较信息，即自己的成绩不如决赛对手。那么，这位选手在赛后会感到高兴吗？很多时候，尽管这位选手的确会对自己的成绩比较满意，但也将体验到更多的遗憾。为什么遗憾的程度大于高兴的程度？从某种角度来说，这一现象体现了这位选手相对于时间比较信息，更加在意社会比较信息。

那么，这种现象具有普遍性吗？是不是绝大多数人都会重社会比较而轻时间比较？通常来说，人们在工作中拥有两种目标：掌握目标和绩效目标。掌握目标是指人们以学到知识作为目标，如果现在的自己比过去的自己有所提高，他们就会感到满意。绩效目标是指人们以超越他人作为目标，如果自己的绩效优于他人，他们就会感到快乐。在生活中，很多人都宣称自己拥有掌握目标。一项针对2158 名员工的调查显示，71.1％的员工认为自己拥有掌握目标，只有 28.9％的员工认为自己拥有绩效目标（Van Yperen & Orehek，2013）。

根据两种目标的定义，人们不难推测，拥有掌握目标的人应该更加关注时间比较信息，而拥有绩效目标的人应该更加关注社会比较信息。但事实果真如此吗？研究者（Van Yperen & Leander，2014）认为，无论人们的目标属于哪一类，在同时面对时间比较信息和社会比较信息时，他们都会对社会比较信息更为敏感，社会比较信息对自我评价的影响要大于时间比较信息对自我评价的影响。

为了检验上述假设是否正确，研究者（Van Yperen & Leander，2014）邀请了 156 名本科生参加了研究。首先，这些被试需要完成几轮"集中注意力任务"。研究者告诉被试，集中注意力的能力非常重要，它能有效预测大学生的成绩。在完成这个任务后，研究者向被试提供他们在测试中的成绩。当然，这些成绩都是虚假反馈。

反馈分为四组。在第一组中，被试得到有利的社会比较信息和有利的时间比较信息。被试被告知在几轮测试中，他们的成绩排名从前 50％提升到前 4％，平均来看，位于所有被试的前 27％。简单来说，这组被试的成绩进步了，而且名列前茅。在第二组中，被试得到有利的社会比较信息和不利的时间比较信息，即在几轮测试中，他们的成绩排名从前 4％降到前 50％，平均而言，位于所有被试的前 27％。简单来说，这组被试的成绩退步了，但依旧名列前茅。在第三组中，被试得到不利的社会比较信息和有利的时间比较信息，即在几轮测试中，他们的成绩排名从前 96％提升到前 50％，平均而言，位于所有被试的前 73％。简单来说，这组被试的成绩进步了，但排名仍然倒数。在第四组中，被试得到不利的社会比较信息和不利的时间比较信息，即在几轮测试中，他们的成绩排名从前 50％降到前 96％，平均而言，位于所有被试的前 73％。简单来说，这组被试的成绩退步了，而且排名倒数。

此后，研究者还测量了被试在完成"集中注意力任务"时拥有的是掌握目标还是绩效目标。接着，被试需要评价他们在"集中注意力任务"中的表现。结果显示，无论被试的目标属于哪一种，他们的自我评价都会受到社会比较信息和时间比较信息的影响，但社会比较信息的影响力要比时间比较信息的影响力大得多。这一结果表明，人们对自己的评价更多地受到社会比较信息的驱动。即使某个人拥有掌握目标，相比于时间比较信息，他仍然对社会比较信息更为敏感。

为什么社会比较会在与时间比较的较量中胜出？研究者提出了两个方面的原因。首先，如果人们基于社会比较信息进行自我评价的话，他们就很容易向他人解释自身行为的合理性。尽管时间比较信息也很重要，但其他人并不知道你过去的表现如何。社会比较信息是一种公开可得的信息，旁观者比较容易获得社会比较信息。很少有人会基于现在的你与过去的你的比较结果来评判你是否是一名成功者。也就是说，社会规范习惯以社会比较的结果来判断一个人的成就，那么，如果我们也用社会比较信息来评判自己的话，我们更容易向他人证明自己的评价方式是正确的。

由于整个社会都强调社会比较的结果，这种氛围加强了人们对社会比较信息的依赖。有些时候，对社会比较信息的依赖甚至已经成为一种无意识的反应。在意识层面上，人们可能并不知晓自己对社会比较信息非常敏感，但不知不觉中就基于这些信息来评判自己。从这个角度来看，尽管拥有掌握目标的人想用时间比较信息来评价自己，但他们还是会有意无意地依赖社会比较信息。

在实际生活中，我们不但需要评价自身的能力，很多时候还需要对他人的能力进行评价。例如，面试官对面试者的能力进行打分，裁判员对运动员的表现进行评判。那么，相比于自我评价，人们在评判他人的能力时对社会比较信息的倚重程度是增强还是减弱？

研究者(Zell & Alicke，2009a)探讨了这一问题。不难想象，当社会比较的结果显示自己比他人好时，人们会对自己感到满意；当时间比较的结果显示自己比过去有所进步时，人们也会对自己感到满意。当社会比较的结果显示某个人比他人好时，我们作为旁观者会对此人感到满意；当时间比较的结果显示某个人比他过去的表现有所进步时，我们也会对此人感到满意。

但是，如果时间比较和社会比较的信息相矛盾，在评价自己和评价他人时，人们对两类信息的倚重程度是否会有差异？这一问题涉及人们对自己与对他人的知觉差异。在评价自己时，人们渴望拥有积极的自我概念，因此会对有利于自己的信息比较敏感。只要社会比较或时间比较信息中的某一种对自身有利，人们就会关注这种有利的信息。但是，在评价他人时，人们很少考虑他人的自我概念需求，而更多地受社会文化的影响而倚重社会比较信息。也就是说，相比于评价自己，人们在评价他人时，社会比较信息的压倒性优势效应会更强。

为了检验假设，研究者(Zell & Alicke，2009a)招募了 310 名大学生参加实验。一组被试扮演行动者，研究者邀请这些被试参加一项"社会敏感性能力测试"。该测试由心理学家开发而成，用于测试人们能否准确地判断他人的感受和性格。这种能力反映了人们的社会敏感性，有助于人们获得职业生涯的成功。为了解大学生的社会敏感性，200多名大学生参加了这项测试。由于社会敏感性会随着时间的推移而略有变化，因此，参加测试的大学生都需要每隔一周进行一次测试，总共进行五次，前后历时十周。

被试在规定时间内通过网上链接完成"社会敏感性能力测试"。测试共包含50道题目。在完成测试之后的48小时内，被试会在网上得到成绩反馈。为了确保被试看到自己的成绩，研究者要求他们下载并打印成绩单，在下一次测试前将它交给研究者。在下一次实验正式开始前，研究者会再次向被试呈现他们在之前测试中的成绩。

反馈信息中包含时间比较信息和社会比较信息。在时间比较信息方面，被试得知自己在过去五次测试中的成绩越来越好或者越来越差。在社会比较信息方面，被试得知自己在过去五次测试中的成绩均高于平均分、等于平均分或者低于平均分。当被试完成全部五次测试并得到全部反馈之后，他们需要评价自己在该测试中的表现。

另外一组被试扮演观察者。研究者会给被试提供某位参加了"社会敏感性能力测试"的大学生的成绩以及他人的平均分。被试并不知道这位参加测试的大学生是谁，但他们需要根据得到的信息评价这名大学生的社会敏感性。

研究结果显示，无论评价对象是自己还是他人，人们对成绩进步者的评价高于退步者。这样的结果不足为奇。研究者也发现了一个有趣的现象：人们作为行动者在评价自己时会考虑时间比较信息，如果自己比过去有所进步，他们会对自己做出较高的评价，如果自己比过去有所退步，他们会对自己做出较低的评价。但是，时间比较信息不会影响旁观者对他人的评价，影响旁观者对他人评价的只有社会比较信息。

这一研究表明，时间比较信息和社会比较信息都会影响人们的评价。但是，当作为行动者评价自己时，人们既关注社会比较信息，又参考时间比较信息。当作为旁观者评价他人时，人们赋予时间比较信息的权重就大大降低，甚至压根不参考时间比较信息。此时，他们几乎只依赖社会比较信息对他人的表现做出评判。也就是说，社会比较信息的压倒性优势效应在评价他人的旁观者身上尤为凸显。

1.2.2　维度比较信息与社会比较信息的较量

现在，让我们再来看看维度比较信息与社会比较信息对自我评价的影响。请先想象以下情境：你是一名刚参加完高考的学生。你的理想是在大学里主修英语专业。你得知自己的高考成绩还不错，英语和数学成绩都高于平均分。但是，数学成绩远高于英语成绩。此时，你会如何评价自己的英语能力？你会参照社会比较信息，因为自己的英语成绩高于平均分而感到满意吗？你会参照维度比较信息，因为自己的英语成绩不如数学成绩而感到不满吗？这一事例涉及人们对社会比较信息和维度比较信息的权衡。

所谓维度比较，是指人们将自己在某一个领域的表现与其他领域的表现进行比较。已有研究发现，与社会比较、时间比较相似，维度比较也会影响人们的自我评价。当自己在某个维度的表现好于其他维度时，人们对自己在该维度的能力有较高的评价。当自己在某个维度的表现不如其他维度时，人们对自己在该维度的能力则有较低的评价。

在现实生活中，我们经常同时面临社会比较信息和维度比较信息。就像在上文高考的例子中，考生既知道社会比较的结果，也知道维度比较的结果。当两类信息相矛盾时，人们更在意社会比较信息还是维度比较信息？为了探讨这一问题，有学者（Strickhouser & Zell，2015）进行了研究。

122 名大学生参加了该研究。他们首先需要完成一项数学测验，再完成一项语言测验。这两项测验的难度都很大，因此，被试不太确信自己究竟能得多少分，这也给研究者向被试提供虚假反馈创造了机会。在完成上述两项测验之后，被试先得到社会比较信息。他们被告知，之前有 259 名同学已经参加了此项测验，自己的数学成绩比 81%、51% 或 21% 的人好。也就是说，他们的成绩高于平均水平、属于平均水平或低于平均水平。得到上述信息后，被试分别评价自己在数学方面的表现、数学能力以及在数学测验中体现的能力。之后，被试再得到维度比较信息。他们被告知自己的语言测试成绩比 53% 的同学好，也就是说，被试的语言测试成绩属于平均水平。关键在于，为了强调维度比较，研究者明确告诉被试他们的语言测试成绩优于、等于或差于数学测试成绩。之后，被试评价自己的语言能力。

结果显示，数学测试成绩的反馈对数学能力自我评价的影响大于对语言能力自我评价的影响。这说明，对于自我评价，社会比较信息的作用大于维度比较信息的作用，由此可见社会比较信息的压倒性优势效应。当同时面对社会比较信息和维度比较信息时，人们更多地参照社会比较信息对自己进行评价。

1.2.3　他人状态信息与社会比较信息的较量

接下来，让我们再从另一角度了解社会比较信息的压倒性优势效应。请设想你是一名专业棋手，已经参加了若干年职业比赛。这周，你分别要和另两位棋手对弈。其中一位的段位很高，而另一位才刚出道，段位较低。在对弈中，你分别战胜了这两位棋手。很显然，战胜段位较高的棋手会让你对自己的能力感到十分满意。那么，战胜刚出道的棋手会使你沾沾自喜吗？上述问题包含了两类信息：第一类是社会比较信息，即自己比对手表现好还是不如对手；第二类是对手的状态信息，即对手的水平如何。在这两类信息中，人们更加关注哪一类？

　　研究者(Zell，Alicke，& Strickhouser，2015)探讨了这一问题。他们邀请了 194 名大学生完成"谎言探测能力"测试。在这个测试中，被试需要观看 25 段视频，视频中的主人公陈述自己对当今校园事件的观点。例如，是否觉得大学校园是安全的？每段视频播放结束后，被试需要判断主人公有没有说谎。

　　测试结束后，研究者告诉被试，在他们之前完成测试的一位同学在所有的 25 道题目中答对了 17 道。此后，研究者还告诉被试他们自己的成绩。一部分被试得知，他们在所有的 25 道题目中答对了 20 道，在社会比较中处于优势地位；另一部分被试则得知，他们答对了 14 道，在社会比较中处于劣势地位。接着，研究者还告诉被试前一名同学的状态。第一部分被试得知，与先前参加测试的几百名同学相比，前一名同学的成绩比平均成绩好；第二部分被试得知，与先前参加测试的几百名同学相比，前一名同学的成绩比平均成绩差；第三部分被试没有得到此类信息。接下来，被试评价自己在"谎言探测能力"测试中的表现。

　　研究者发现，当自己的得分高于前一名同学时，被试对自己的评价较高，而当自己的得分低于前一名同学时，被试对自己的评价则较低。此外，当前一名同学的得分高于平均分时，被试对自己的评价较高，而当前一名同学的得分低于平均分时，被试对自己的评价较低。最为关键的是，社会比较信息对自我评价的影响大于比较基准的状态信息。当被试好于他人时，他们几乎不关心他人的状态，无论是他人好于平均还是差于平均，被试都对自己有较高的评价。但是，当被试的表现不如他人时，他们则会关注他人的状态。相比于他人差于平均的情况，人们在他人好于平均和不知道他人状态的情况下对自己的评价较高。

　　这一研究再一次显示了社会比较信息的压倒性优势效应。尤其是在自己的表现比他人好的时候，人们几乎完全忽略他人的状态，无论他人的实际水平在人群中处于前50％还是后50％，人们都会对自己的表现感到满意。这些结果体现了自我防御的动机。人们有选择地关注他人的状态信息。当他人的状态信息有利于维护积极的自我概念时，人们就选择关注它。这一规律反映在对自己不利的社会比较条件中。由于"我比他人差"这一事实威胁到了人们的自尊，人们会想方设法地寻找利于自己的信息。例如，虽然我不及对手，但对手的水平很高，因此，不及对手情有可原。相反，在对自己有利的社会比较条件中，"我仅仅比一个水平很低的人好"也会威胁到人们的自我概念，因此，此时的人们有意忽略他人的状态信息，以免他人的状态信息不利于维护积极的自我概念。

在这一部分，我们详细介绍了社会比较信息的压倒性优势效应。社会比较信息对自我评价的影响力大于其他形式的信息，包括时间比较信息、维度比较信息和他人状态信息。此外，旁观者评价他人时，社会比较信息的压倒性优势效应更加凸显。作为旁观者，我们在评价他人时几乎只参考社会比较信息。可见，社会比较具有足够强大的影响力。

1.3　人人都有比较式思维

1.3.1　随处可见的比较式思维

现在，让我们看看图1-1，哪个黑色圆圈更大？如果你和大多数人一样，一定会觉得右边的黑色圆圈比左边的大。但如果你用尺子量一下的话，就会惊讶地发现两者一样大。这是著名的艾宾浩斯错觉（Ebbinghaus illusion）。为什么会产生这种错觉？原因在于，在进行大小判断时，人们采用了比较式思维（comparative thinking）。人们把黑色圆圈和周围的白色圆圈进行了比较。在左图中，周边的白色圆圈比黑色圆圈大，对比之下就显得中间的黑色圆圈小；而在右图中，周边的白色圆圈比黑色圆圈小，对比之下就显得中间的黑色圆圈大。

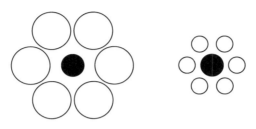

图 1-1　艾宾浩斯错觉图

　　在进行温度判断时，人们也会采用比较式思维。如果你把左手浸在冰水里若干秒，右手浸在 45℃ 的水里若干秒，再同时把两只手浸入 20℃ 的水，左手会感觉很热，而右手则会感觉很凉。夏日里，在连续经历十天 37℃ 的高温天气后，我们会觉得 30℃ 的天气很凉快。但是，在连续经历十天 20℃ 的天气后，我们又会觉得 30℃ 的天气过于炎热。

　　我们在前文所述的社会比较、时间比较、维度比较都是比较式思维的体现。人们之所以采用比较式思维是因为在很多情况下缺少评判的绝对标准，只能通过相对标准的比较来进行判断。例如，当我们要选购一台笔记本电脑时，除了该方面的专家，绝大多数人对如何判定笔记本电脑的质量毫无头绪。尽管商家会给我们提供很多参数，如 CPU 是五代 i7，但我们不了解五代 i7 意味着什么。此时，消费者就会将目标电脑与其他电脑进行比较，猜测五代 i7 应该比四代 i7 好，但不如六代 i7。所以，有人戏称，人类的大脑是一台比较信息处理器。这种物体与物体之间的比较叫作选项比较（option comparison）。

　　在工作七年之后，本书作者的一位同事开始抱怨自己的工作缺乏挑战、不能体现自己的价值，我们将之戏称为"工作的七年之痒"。

前不久，这位同事临时被借调至另一部门。该部门的工作内容简单却也琐碎。在将近一个月的时间里，该同事的任务都是按规定的格式制作图表、打印图表、裁剪图表、张贴图表。大量的重复性工作使他不禁怀念原部门的工作。"那份工作简直太有意思了，每天可以接触不同的人与事，太能实现自我价值了！"原部门的工作还是那份工作，内容没有发生任何变化，但是，在经历了一份不太有趣的工作之后，对比之下，原部门的工作居然瞬间从"缺乏挑战"变成了"可以实现自我价值"。这就是选项比较的力量。当发现员工对工作产生职业倦怠之后，不妨给员工一些不如现有任务的新任务。利用选项比较，可能是解决职业倦怠的一条有效途径。

　　在生活的方方面面，我们都可以发现比较式思维。例如，在面试的过程中，面试官会将几位面试者进行比较，从而选出比较优秀的。所以说，很多时候，面试官选择的并不是"绝对优秀"的人，而是"相对优秀"的人，即在一群面试者中相对优秀的候选人。在各式各样的比赛中，评委也会对参赛者进行比较。现在，请想象这样一种情况：你将参加一场重要的演讲比赛。评委需要根据每名参赛者的临场表现进行打分。按理说，一位理性的、公正的评委应该完全参照参赛者的演讲表现给出分数，他对 A 参赛者的打分不应受到 B 参赛者的表现的影响。也就是说，无论位于 A 参赛者之前的参赛者是否擅长演讲，A 参赛者的得分都应该保持不变。但是，生活经验告诉很多人，在类似的比赛中，出场顺序非常重要，先于自己的其他参赛者的发挥很可能会影响评委对自己的打分，哪怕自己的表现保持恒定。

　　研究者(Damisch，Mussweiler，& Plessner，2006)探究了评委在打分时是否会使用比较式思维。他们把研究背景聚焦到体育比赛中，因为在被国际奥林匹克委员会承认的所有运动项目中，有将近三分之一的项目采取了裁判打分制。

　　事实上，裁判面临很大的挑战。第一个挑战来自比赛时长。很多比赛要连续进行好多天。例如，奥运会中的跳水比赛几乎随着奥运会开幕而开始，直到奥运会闭幕前一两天才全部结束。而每一个比赛日都被安排得满满当当：一大早进行预赛，几十名选手展开角逐，下午进行半决赛，晚上进行决赛。在连续十几小时内，裁判都需要保持注意力的高度集中，这样的状态需要维持十多天。哪怕对专业性颇高的国际级裁判而言，这都是一个极大的挑战。第二个挑战来自参赛选手完成动作的速度和复杂程度。以体操比赛为例，无论是女子跳马还是自由体操，无论是男子鞍马还是双杠，选手需要在短短几秒钟内完成一系列动作。这对裁判提出了很高的要求，他们的眼睛和大脑需要高速运转，观察每一个细节，不能遗漏任何一点蛛丝马迹。第三个挑战来自规则的复杂性。很多运动项目的规则非常复杂，裁判需要不断地将选手的动作与规定进行比对，从而给出正确的判罚。总之，裁判面临很大的认知负荷(cognitive load)。

　　当认知负荷超载时，人们对信息的处理就变得不那么得心应手了。此时，人们往往会寻找一些简单的认知加工方法。所以，很多裁判的评分就会受到一些本该无关的因素的影响。研究发现，当裁判得知其他裁判的评分后，会产生从众现象(conformity；Scheer，Ansorge，& Howard，1983)。又如，有些裁判会根据选手的出场顺序判断选手比赛的质量，他们认为，出场越晚的选手水平越高(Plessner，1999)。比较式思维是一种相对比较快速的加工方式，在一定程度上能节约认知资源。因此，裁判在评分时很可能会利用比较式思维。

　　为了检验他们的猜想，研究者(Damisch，Mussweiler，& Plessner，2006)收集了 2004 年雅典奥运会体操比赛中裁判在所有项目上的所有打分，共计 1373 个得分。他们把每名运动员与比他早一个位次出场的运动员的得分的相关记为($N-1$)相关；把每名运动员与比他早两个位次出场的运动员的得分的相关记为($N-2$)相关；每名运动员与比他早三个位次出场的运动员的得分的相关记为($N-3$)相关。研究者发现，($N-1$)相关的相关系数达到 0.30，说明如果前一个出场的运动员表现较好，那么裁判倾向于给后一个出场的运动员打出较高的分数，如果前一个出场的运动员表现较差，那么裁判倾向于给后一个出场的运动员打出较低的分数。($N-2$)相关的相关系数为 0.26，($N-3$)相关的相关系数为 0.18。这些相关系数都达到了统计意义上的显著水平。这些结果表明，在雅典奥运会的体操比赛中，裁判的评分的确依赖了比较式思维。另外，($N-1$)相关的相关系数显著高于($N-2$)相关的相关系数，而($N-2$)相关的相关系数又显著高于($N-3$)相关的相关系数，这说明，裁判们倾向于将选手与邻近的选手进行比较，而不是与出场顺序隔得较远的选手进行比较。

读到这里，也许你会心生疑惑：出场顺序本身就蕴含着一定的含义，上述结果真的能说明裁判使用了比较式思维吗？的确，在很多比赛中，越晚出场的选手往往是水平越高的选手，或者是在预赛中表现越好的选手。因此，($N-1$)相关、($N-2$)相关、($N-3$)相关很可能只反映了选手的能力与前一位选手的能力的相关，无法反映裁判对选手的打分参照了前一位选手的表现。研究者（Damisch, Mussweiler, & Plessner，2006）也意识到了该问题，于是，他们又做了新的统计分析。在控制了出场顺序后，上述结果仍然成立。这就有力地说明，裁判在打分过程中的确采用了比较式思维，他们把选手与先前出场的选手进行比较，尤其是与出场顺序相邻的选手进行比较。当前面出场的选手表现上佳时，裁判会给后面出场的选手较高的分数；而当前面出场的选手表现欠佳时，裁判会给后面出场的选手较低的分数。

此外，研究者还考察了相邻选手的国籍异同会不会对上述规律产生影响。当前后两位选手来自同一国家时，($N-1$)相关的相关系数为 0.29，而当前后两位选手来自不同国家时，($N-1$)相关的相关系数为 0.30，两者均达到统计意义上的显著水平。这些结果告诉我们，裁判的比较式思维并不受相邻选手国籍的影响。无论选手是否来自同一国家，相关系数均为正值。

　　人们总认为奥运会是非常神圣的比赛，裁判的裁决也应该是绝对公正和公平的。然而，该研究（Damisch，Mussweiler，& Plessner，2006）却揭示了一个惊人的结果：运动员在奥运会打分项目中的比赛成绩居然受到先前出场选手表现的影响。那么，奥运奖牌还是绝对实力的体现吗？从某种角度来说，决定奥运奖牌得主的不仅是选手的绝对实力，还有裁判的比较式思维。可见，奥运会的比赛成绩具有一定的运气成分，取决于在你之前出场的选手表现如何。但是，我们并不能认为奥运会的裁判就是不公正的或不公平的。绝大多数的裁判都是本着公平公正的原则的，他们尽可能地不受干扰因素的影响。但是，比较式思维往往是无意识的，不受人们主观意志的影响。裁判在不知不觉中就采用了比较式思维。

　　就连奥运会体操比赛裁判都难以摆脱比较式思维，我们也就不难理解绝大多数人都会在判断与决策中有意识或无意识地依赖比较式思维了。

1.3.2　正确认识比较的作用

　　比较式思维如此常见，那么，它是否具有某种优势？从进化的角度来说，存在的事物必然有其合理性与优势，否则早就在漫长的进化过程中被淘汰了。那么，比较式思维的优势体现在哪里？研究者（Mussweiler & Epstude，2009）认为，比较式思维具有效率优势。要采用比较式思维，人们需要先激活一个比较基准。哪些事物会被选为比较基准？研究发现，人们会选取他们拥有大量信息的事物或经常使用的事物作为比较基准。例如，如果你要判断某位同事是否守时，你很有可能将自己作为比较基准，因为你拥有很多关于自己是否守时的信息。由于对比较基准拥有非常丰富的信息，在之后的比较过程中人们就不用再花费太多的时间和精力去搜寻更多的信息，仅仅依赖有关比较基准的信息就足够了。因此，比较式思维具有效率优势。

在比较的过程中，人们会判断比较对象和比较基准在哪些方面具有可比性，又在哪些方面不具有可比性。随后，人们仅在具有可比性的维度上对事物进行比较，并忽视那些不具有可比性的维度。忽视冗余信息也使得比较式思维具有效率优势。

由于比较式思维具有效率优势，人们开始推崇这种思维，认为这种思维是帮助人们判断与决策的有力工具。但是，需要警惕的是，有些时候，我们高估了比较的作用。例如，在之前提到的例子中，同事预期在经历了一份枯燥的工作之后，重返原岗位会使他非常享受原来的工作。又如，人们预测在使用了一段时间的高端品牌商品之后，当再次使用普通品牌商品时，由于发生了比较，自己会对普通品牌商品心生不满。但是，当重返原工作岗位后，这位同事真的会如预期的那样满意吗？当用过高端品牌商品后，人们真的会对普通品牌商品不满吗？研究者（Morewedge，Gilbert，Myrseth，Kassam，& Wilson，2010）认为，事实并非如此，人们高估了比较的作用。

在第一个实验中，这些研究者为哈佛大学的 23 名学生提供了 32 种食品，要求被试按照喜欢程度对这些食品进行排名。根据排名结果，研究者选出了最受大家欢迎的食品——歌帝梵巧克力，以及最不受欢迎的食品——沙丁鱼罐头。另外，乐事薯片的受欢迎程度居中。这三种食品将作为正式实验的材料。

接下来，研究者邀请了另外 45 名哈佛大学的学生参加正式实验。研究者把歌帝梵巧克力或沙丁鱼罐头作为比较基准，而将乐事薯片作为目标商品。被试被随机分成预测者和体验者。预测者需要先预测他们是否会喜欢比较基准(歌帝梵巧克力或沙丁鱼罐头)，然后再预测他们是否会喜欢目标商品(乐事薯片)。体验者则需要品尝比较基准(歌帝梵巧克力或沙丁鱼罐头)，并评价自己是否喜欢它，然后再品尝目标商品(乐事薯片)，并评价是否喜欢它。

实际上，研究者关心的是被试对目标商品(乐事薯片)的喜欢程度。他们发现，预测者认为，相比于品尝了优于目标商品的比较基准(歌帝梵巧克力)，在品尝了不如目标商品的比较基准(沙丁鱼罐头)之后，他们会更加喜欢目标商品(乐事薯片)。但是，对体验者而言，无论之前品尝的是优于目标商品的食物(歌帝梵巧克力)，还是不如目标商品的食物(沙丁鱼罐头)，他们对目标商品(乐事薯片)的喜欢程度并没有差异。这些结果表明预测者高估了比较的作用。

在第二个实验中，被试是来自哈佛大学的 31 名学生。这一次，研究者变换了预测和品尝的顺序。预测者需要先预测自己是否会喜欢目标商品(乐事薯片)，然后再预测自己是否会喜欢比较基准(歌帝梵巧克力或沙丁鱼罐头)。体验者先品尝目标商品(乐事薯片)，并评价自己是否喜欢它，然后再试吃比较基准(歌帝梵巧克力或沙丁鱼罐头)，并评价自己是否喜欢它。其他程序与第一个实验完全相同。

研究者关心的仍然是被试对目标商品(乐事薯片)的喜欢程度。研究结果与之前的非常类似。预测者认为，未来将要评价的食物会影响他们对现在正在评价的食物的喜欢程度。相比于未来要评价优于目标商品的比较基准(歌帝梵巧克力)，在未来要评价的比较基准(沙丁鱼罐头)不如目标商品的情况下，他们会更加喜欢目标商品(乐事薯片)。但是，对于体验者而言，无论未来要品尝的是优于目标商品的食物(歌帝梵巧克力)还是不如目标商品的食物(沙丁鱼罐头)，他们对现在正在品尝的目标商品(乐事薯片)的喜欢程度没有差异。这些结果再一次表明，预测者高估了比较的作用。

在第三个实验中，研究者考察在没有刻意提及比较基准的情况下，人们是否仍然会高估比较的作用。研究者选取了五种优于乐事薯片的比较基准和五种不如乐事薯片的比较基准。45名哈佛大学的学生参加了这个实验。他们被告知这是一个"消费者评价研究"，他们坐在一张桌子前，桌子上摆有目标商品（乐事薯片）。在被试左手边的房间角落里，堆放着比较基准（五种优于乐事薯片的商品或五种不如乐事薯片的商品）。在整个研究过程中，研究者不会刻意提及房间角落里的商品，也不会引导被试注意这些产品。被试依旧扮演预测者或体验者，并对目标商品（乐事薯片）进行喜欢程度的打分。

与前两个实验一样，预测者对目标商品（乐事薯片）的打分受到比较基准的影响。但体验者对目标商品的打分则不受比较基准的影响。可见，在不刻意提及比较基准的情况下，预测者仍然高估了比较的作用。

那么，为什么预测者会高估比较的作用？众所周知，人们的认知资源（cognitive resource）是有限的。当某一项任务消耗了较多的认知资源后，其他任务只能分占剩余的认知资源。品尝食物就是一项消耗认知资源的任务。而在选项之间进行比较也是需要认知资源的。因此，体验者在品尝食物的时候，其认知资源已经被占用了一部分，剩余的认知资源不足以支撑他们进行选项之间的比较。相反，对于预测者而言，他们在进行预测时没有消耗过多的认知资源，因此，有足够的认知资源以支撑比较式思维。

为了检验上述猜想，研究者（Morewedge，Gilbert，Myrseth，Kassam，& Wilson，2010）给被试创设了两种条件。在一种条件中，被试拥有有限的认知资源，而在另一种条件中，被试的认知资源充足。他们认为，如果上述猜想正确的话，在前一种条件中，应该存在预测者和体验者的差异，而在后一种条件中，这种差异会减小甚至消失，因为体验者像预测者一样拥有充足的认知资源，可以进行选项之间的比较。

在第四个实验中，研究者试图通过改变选项比较的难度来操纵认知资源。119名哈佛大学的学生参加了实验。与之前的实验一样，他们或扮演预测者，或扮演体验者。这一次，目标商品是巴赫曼薯片。在较难比较的条件中，比较基准是与目标商品（巴赫曼薯片）不相似的食物：巧克力作为优于目标商品的食物，而沙丁鱼罐头作为不如目标商品的食物。在较易比较的条件中，比较基准是与目标商品（巴赫曼薯片）相似的食物：高价薯片作为优于目标商品的食物，而低价薯片作为不如目标商品的食物。显然，在前一种情况中，被试需要消耗较多的认知资源，而在后一种情况中，他们消耗的认知资源较少。被试都是先评价比较基准，再评价目标商品（巴赫曼薯片）。

结果显示，在较难比较的条件中，预测者对目标商品（巴赫曼薯片）的评价受比较基准的影响，但体验者对目标商品（巴赫曼薯片）的评价不受比较基准的影响。这一结果与之前几个实验的结果完全一致。但是，在较易比较的条件中，预测者对目标商品（巴赫曼薯片）的评价不受比较基准的影响，但体验者对目标商品（巴赫曼薯片）的评价则受到比较基准的影响。从另一个角度来说，比较难度改变了体验者的评价。这一结果与研究者的预期完全一致。

在第五个实验中，研究者则通过改变时间压力来操纵认知资源。他们观察到，在前四个实验中，体验者品尝一片薯片大约要花15秒。于是，在这个实验中，研究者要求一组被试花15秒品尝每片薯片，而要求另一组被试花45秒品尝每片薯片。前一种情况对被试认知资源的消耗较多，而后一种情况对被试认知资源的消耗较少。被试是98名哈佛大学的学生，他们或扮演预测者，或扮演体验者。在该实验中，目标商品是薯片，优于目标商品的食物是巧克力，不如目标商品的食物是沙丁鱼罐头。其他程序与前几个实验大致相同。

结果显示，在15秒的条件中，预测者对目标商品（薯片）的评价受比较标基准的影响，但体验者对目标商品（薯片）的评价不受比较基准的影响。然而，在45秒的条件中，预测者和体验者对目标商品（薯片）的评价都受到比较基准的影响。这些结果说明，有限的认知资源阻碍了体验者进行选项比较，这也导致了预测者高估了比较的作用。

从这一研究中我们能发现，只要人们采用了比较式思维，比较就需要消耗一定的认知资源。另外，人们在预测时往往高估比较的作用。比如说，上文中的同事认为当他回到原来的工作岗位时，他会特别喜欢这份工作。但是，当他真正回到原来的工作岗位时，未必会像他预期的那样如此珍惜这份工作。

本章总结

社会比较如影随形。在生活中，被人们用来调侃的"别人家的孩子""别人家的父母""别人家的男朋友"都是社会比较的例子。人们面临一个关于比较的困境——一方面，社会比较很多时候有损幸福感；另一方面，人们又克制不住要与他人进行比较的冲动。社会比较具有帮助人们认识自我、减少不确定感的功能。为了更准确地认识自己，人们非常关心社会比较信息，这一倾向甚至在五岁儿童身上也有体现。

由于人们拥有向上的驱力，追求自我超越，因此经常进行上行社会比较。尽管上行社会比较揭示出自身的劣势，但它为人们指明了努力的方向。当人们需要寻找良好的自我感觉时，他们倾向于进行下行社会比较，从不如自己的他人身上寻求自我安慰。

社会比较对我们的影响有多大？当人们同时拥有社会比较信息和时间比较信息时，人们会更在意社会比较信息。当社会比较信息和维度比较信息、社会比较信息和他人状态信息同时呈现在人们面前时，人们依旧赋予社会比较信息更大的权重。这正是社会比较信息的压倒性优势效应。

　　无论是社会比较、时间比较还是维度比较，都体现了人们的比较式思维。更形象地说，人类的大脑是一台比较信息处理器。无论是职场面试官的录用选择还是奥运赛场打分制项目裁判员的给分，都体现了比较式思维。比较式思维具有效率优势，因而采用比较式思维能在一定程度上节省人们所消耗的认知资源。

社会治理启示

　　管理者需善用上行社会比较。人们拥有向上的驱力，愿意与优于自己的他人进行比较，但是，这种比较将威胁人们的自我概念，降低幸福感。为了维护自我形象、保持良好的心情，在公开场合，人们不愿意进行上行社会比较。因此，管理者要避免在公开场合诱发上行社会比较，以免"揭人伤疤"。

　　在实施新政策时，国家要善用比较式思维。如何让民众体会到新政策的优势？大力宣传新政策也许"吃力不讨好"，省时省力的方法是将新政策与旧政策进行比较。对比之下，人们能更直观地发现新政策的好处，从而拥护新政策。

第 2 章

爱比较的那些人

不是每个人都热衷于社会比较，也不是在所有的场合人们都喜欢进行比较。有些人乐于踏上比较的舞台，有些人不愿被拖进比较的囚笼。为了展现自己的能力水平，求职者愿意比试与竞争；为了逃避跟亲戚、朋友的对比，年轻人甚至可以放弃回家过年。

就如人有高矮胖瘦之分，社会比较行为也存在个体差异。你我身边总有一些人对社会比较无动于衷，他们似乎深谙"没有比较就没有伤害"的道理，无论周边的朋友有多出色或有多不幸，他们都不会去比较，而是专心过好自己的生活。但另外一群人则执着于与他人的比较：在学校里与同学比成绩，恋爱时与朋友比谁的男朋友更帅气或谁的女朋友更漂亮……让我们通过一个案例来看看爱比较的那些人。

案例

不想回的家，不愿过的年

漂泊在外，家是心灵的港湾。奋斗一载，年是团圆的时刻。有钱没钱，理应回家过年。

然而，越来越多的年轻人不愿回家过年。每当春节的脚步声越来越近，他们就越发感到焦虑。在知乎上，"你为什么不想回家过年"这一问题的关注者达到一万多人，浏览次数高达三百多万。为什么不想回家过年？因为在父母的心里、在七大姑八大姨的嘴里永远住着一个比自己更优秀的人。天外有天，人外有人。这些优秀的邻居或朋友让自己感到羞愧，在他人面前抬不起头，甚至严重威胁了自我形象。让我们看看回家过年时，有些年轻人会面临怎样的"拷问"。

"这一年，在外面赚了多少钱啊？隔壁张阿姨家的儿子，光年终奖就得了 10 万！"

"你现在有多少存款了？你看三舅家的儿子多顾家，一年能省下两万块钱给家里盖房子。"

"有对象了吗？你老大不小了，该找男朋友了。瞧瞧你小学同学，儿子都会打酱油了。"

"刚交了个男朋友啊，他人多高？长得帅气吗？隔壁小囡的男朋友一米八几，长相好得不得了。"

"我记得你已经结婚三年多了吧。你们打算什么时候要孩子啊？三叔家的媳妇刚生了二娃。你别介意，阿姨说这话也是为你好，我真是为你们着急啊。"

很多人觉得，回家过年，不过是吃吃喝喝，为了各自的体面而进行炫耀，为了各自的自尊心而攀比，比婚姻、比事业、比物质……于是，一些年轻人萌生了逃离的冲动，对炫耀与攀比避而远之。与此同时，他们心中暗生疑惑：为什么父母和亲戚们如此爱比较？

想逃避回家过年，其实是想逃避被比较。这些年轻人的想法不难被理解。生活中总有人抵挡不住比较的诱惑，也有人对比较不为所动。那么，什么样的人爱比较？他们是否有共同特征？他们在任何场合中都热衷于进行社会比较吗？哪些场合会激发人们与他人比较的欲望？我们将在本章中一一解答这些问题。

2. 1 谁爱比较

2. 1. 1 社会比较倾向

自从费斯廷格 1954 年提出社会比较理论，社会比较就吸引了大批心理学家的关注，成为社会心理学领域重要的研究主题。有心理学家认为，社会比较就像是人类的天性，是非常常见，甚至是无法避免的。

心理学家的观点正确吗？社会比较真的如此频繁发生吗？现在，请你回答：你在生活中经常与他人比较吗？再请你找身边的十个人，并把这一问题抛给他们。调查结果如何？你也许会惊讶地发现，与心理学家声称的情况不一样，很多人都否认自己经常进行社会比较。

"我不经常与别人比较，比较没有意义。"

"为什么要与他人比较？只要自己做得好就行了，别人的情况与我无关。"

这究竟是怎么回事？是不是研究者高估了社会比较发生的频率？抑或是人们有意或无意隐瞒了自己的社会比较行为？为了回答上述问题，我们需要一个能准确测量社会比较发生频率的工具。

研究者认为，有些人很乐意与他人比较，而另一些人则不愿意与他人比较。是否愿意与他人进行比较是一种人格特质，具有个体差异，这就跟人们究竟是内向还是外向一样。吉本斯和布恩克(Gibbons & Buunk，1999)把这种有关社会比较的人格特质命名为社会比较倾向(social comparison orientation)。他们还编制了社会比较倾向量表，用于测量人们在多大程度上愿意并经常与他人进行比较。该量表由 11 道题组成，前 6 道题测量的是对能力进行比较的倾向，后 5 道题测量的是对观点进行比较的倾向。一个人在该量表上的得分越高，就说明他的社会比较倾向越强。如果你想了解自身的社会比较倾向，不妨回答以下题目。

　　绝大多数的人会将自己与其他人进行比较。例如，人们会比较自己与他人的感受、想法、能力或者处境。这种比较不涉及好坏对错，一些人比另一些人更频繁地进行比较。我们想了解你将自己与他人比较的频率。请阅读以下陈述，并在量表上表明你对每个陈述的赞同程度。你可以进行 1～5 打分，1 表示非常反对，5 表示非常赞同。

　　1. 我经常将我挚爱的人（如男朋友、女朋友、家人等）与他人进行比较。

　　2. 我常常注意与他人相比自己做得如何。

　　3. 如果我想知道自己在某件事上做得如何，我就会把自己所做的与他人所做的进行比较。

　　4. 我经常将自己在社交方面的表现（如社交技能、受欢迎程度）与他人的表现进行比较。

　　5. 我不是那种经常与他人进行比较的人。＊

　　6. 我经常将自己在生活中取得的成绩与他人进行比较。

　　7. 我经常喜欢与他人谈论彼此共有的观点与经历。

　　8. 我经常试图找到那些与我面临相似问题的人。

　　9. 我总想知道与我身处相似境遇的人会怎么做。

　　10. 如果我想更多地了解某件事，我会试图了解他人对这件事的想法。

　　11. 我从不考虑相比于他人而言自己的生活处境究竟如何。＊

　　＊表示反向计分。例如，你在这些题目上得 1 分，需记作 5 分，得 2 分，需记作 4 分，依此类推。

吉本斯和布恩克（1999）用该量表对美国和荷兰的不同人群进行

了多次施测。得到的总分如表 2-1 所示。从总体来看，美国人的社会比较倾向高于荷兰人，女性的社会比较倾向高于男性。

表 2-1　美国和荷兰样本的施测结果

国家	样本	样本量	平均值	标准差
美国	高中生	403	40.19	6.88
	大学生	407	41.27	5.75
	大学生	646	40.95	6.37
	青少年	220	40.05	6.38
	大学生	446	40.43	6.27
	大学生	847	39.08	6.57
	大学生	816	39.26	6.41
	大学生	172	39.80	6.70
	女性成人	222	36.96	6.70
	男性成人	185	35.33	6.35
荷兰	大学生	172	39.17	6.49
	大学生	142	38.59	6.57
	大学生	152	37.09	7.26
	大学生	140	37.01	7.59
	大学生	80	37.80	6.54
	治疗师	102	33.55	6.53
	成人	1614	32.70	7.84
	成人	329	32.80	6.70
	成人	244	31.68	7.26
	成人	73	33.44	8.46
	成人（个别人抑郁）	122	35.87	9.18
	癌症患者	104	30.78	9.05

　　如果为社会比较倾向高的人群做一描述，我们将发现他们的三个特点。第一，这些人的自我意识（self-consciousness）较强。自我意

识是指人们对自己的觉察，包括公众自我意识（public self-conscious-
ness）和内在自我意识（private self-consciousness）。前者指人们对自
己在他人眼中形象的觉察，后者指人们对自身情绪或体验的觉察。
例如，我意识到在朋友眼中我是一个开朗的人，这体现了公众自我
意识；而我意识到自己当下有些生气，这体现了内在自我意识。社
会比较倾向与公众自我意识和内在自我意识都具有较强的正相关关
系。经常与他人进行比较的个体能更好地察觉自身的情况。第二，
具有较高社会比较倾向的个体对他人比较敏感，他们乐意了解别人
的想法，容易感同身受地体会他人的感受，善于察觉他人的需求。
第三，愿意与他人进行比较的人往往具有较高的自尊水平（self-es-
teem）和较高的神经质水平（neuroticism），他们渴望体现自身的价
值，但是，情绪稳定性水平不高。

　　社会比较倾向量表的效度如何？它能否有效地反映人们的社会比
较行为？一些研究探讨了人们在该量表上的得分与他们在实际生活中
进行社会比较的频率的关系，结果显示，在量表中得分较高的人们的
确表现出更多的社会比较行为。例如，有研究者（Van der Zee，Olders-
ma，Buunk，& Bos，1998）给癌症患者提供了 24 段针对其他癌症患者
的访谈录像，被试自行决定要观看多少段录像。此外，研究者还用社
会比较倾向量表测量了被试的社会比较倾向。结果显示，社会比较倾
向较高的被试比社会比较倾向较低的被试花费了更多时间观看更多录
像，因为他们更想了解其他癌症患者的情况。另外，针对西班牙护工
的研究也表明，社会比较倾向得分较高的护工更多地与同事进行比较，
无论同事的表现比他们好还是比他们差（Bunnk，Zurriaga，Gonzalez-
Roma，& Subirates，2003；Buunk，Zurriaga，Peiró，Nauta，& Go-
salvez，2005）。

　　此外，具有较高社会比较倾向的人也更容易受社会比较信息的
影响。例如，在一个研究中，布恩克（2005）告诉一组被试，一起来

参加研究的另外一名被试的爱情具有自主性和独立性，这是男性眼中理想的爱情模式；他告诉另一组被试，另外一名被试的爱情具有承诺性和亲密性，这是女性眼中理想的爱情模式。在得知这些社会比较信息后，社会比较倾向高的被试应该会比社会比较倾向低的被试在心中进行更多的社会比较。然后，研究者测量了所有被试对爱情的态度。结果表明，只有那些具有较高社会比较倾向的男性被试在得到社会比较信息后才会对自主性的爱情表现出更为积极的态度；只有那些具有较高社会比较倾向的女性被试才会对承诺性的爱情表现出更为积极的态度。这就说明，那些更愿意进行社会比较的人们更多地受到社会比较信息的影响。

上述这些研究结果均表明，社会比较倾向量表具有较高的效度，能有效地反映人们在真实生活中与他人进行比较的频率。

2.1.2　最优化决策者

设想你是一位应届毕业生，正在求职。目前，你已经被两家公司录用，这两家公司都还不错。此时，你是停止求职，在这两家公司中选择较为心仪的一家，还是选择继续投递简历，并参加所有向你发出邀请的公司的笔试和面试？人们在面对这一问题时会有不同的反应，而这些反应关乎最优化倾向（maximizing tendency）。在后面的部分，我们具体阐述。

经典决策理论认为，人们的行为是理性的。在面临各种选项时，人们能够识别每一个选项的优点和缺点，并对所有的选项在每个维度上进行逐一比较，从而选择那些具有最高效用（utility）的选项。但是，几十年来，这些理论遭到了强有力的挑战。很多研究者认为，人们的真实行为经常违背理性的原则。

西蒙（Simon，1955；1956；1957）提出了"有限理性"（bounded rationality）的概念。在了解"有限理性"之前，让我们先来认识这位研究者。他的全名叫赫伯特·亚历山大·西蒙（Herbert A. Simon），是人工智能、信息处理、决策制定、问题解决、注意力经济、组织行为学、复杂系统等当代重要学科的创始人。西蒙于 1916 年出生于美国威斯康星州密尔沃基，年少时接受了良好的基础教育，阅读了大量经济学和心理学书籍。1933 年到 1936 年，西蒙就读于美国芝加哥大学政治学系并获得政治学学士学位。在那几年里，他打下了扎实的经济学和政治学学科基础。1943 年，西蒙于芝加哥大学政治学系获得博士学位。1949 年起，他任教于美国卡内基梅隆大学。他的研究聚焦于解析人类的决策行为。

令人叹为观止的是，西蒙获得了九个博士学位：美国芝加哥大学政治学博士学位、美国凯斯工学院科学博士学位、美国耶鲁大学科学博士学位、美国耶鲁大学法学博士学位、瑞典隆德大学哲学博士学位、加拿大麦吉尔大学法学博士学位、荷兰鹿特丹伊拉斯姆斯大学经济学博士学位、美国密歇根大学法学博士学位、美国匹茨堡大学法学博士学位。

西蒙在各科学领域硕果累累。因在人类心理识别和决策理论方面突出的成就，西蒙于 1975 年荣获了计算机科学领域的最高奖——图灵奖，并于 1978 年获得诺贝尔经济学奖。此外，他还获得了美国心理学会杰出科学贡献奖，荣获美国全国科学奖章。

西蒙与中国也颇有渊源。1972 年，他作为美国计算机科学家代表团成员第一次访问中国。其后，他又来华访问了九次。除了美国，西蒙在中国待的时间最长。他受聘成为北京大学、天津大学和中国科学院管理学院的名誉教授，以及中国科学院心理研究所名誉研究员。1995 年，西蒙当选中国科学院外籍院士。西蒙在中国期间，我国著名心理学家荆其诚先生为他取了一个地道的中文名字——司马贺，西蒙欣然接受。

2001 年 2 月 9 日，西蒙去世，享年 85 岁。

接下来，让我们走近西蒙的学术思想。他认为，有两类局限限制了人们做出理性的行为。第一类是人类在认知能力上的局限，第二类是决策环境的局限，它们就像一把剪刀的两个刀片。因此，人们只能做到有限理性。换言之，经典决策理论所提倡的优中选优的目标是不切实际的。人们在决策过程中，无法遵循最优化（maximization）的原则，他们遵循的是满意即止的原则。也就是说，人们在进行选择之前会给自己设立一个满意阈限，只要某个选项达到或超过这个满意阈限，人们就会停止搜索其他选项，立即选择这一选项。

与有限理性的思想一脉相承，其时身在美国斯沃斯莫尔学院的施瓦茨等人（2002）提出了最优化决策倾向的概念，他们将人群划分为最优化决策者（maximizer）与满意型决策者（satisficer）。最优化决策者以效用最大化为决策目标，在选择时，他们会搜索所有可能的选项，并选出最好的那一个。而满意型决策者则以寻求满意的选项为决策目标，一旦找到达到或超过满意阈限的选项，他们就停止搜索。回想我们之前提到的找工作的事例，在已经被两家还不错的公司录用后，满意型决策者很有可能会在这两家公司中挑选一家更令人满意的公司，而最优化决策者很有可能不满足于这两家公司，继续投送简历、参加笔试和面试，他们的目标是在所有能得到的选项中找到最好的。

尽管我们能大致把人们划分为最优化决策者和满意型决策者两类，但是，最优化倾向是一个连续的概念，是一种人格特质。研究者使用"最优化决策者"和"满意型决策者"两个名词只是为了说法上的方便。最优化倾向较高的人就是最优化决策者，而最优化倾向较低的人则是满意型决策者。

施瓦茨等人（2002）开发了包含 13 道题目的最优化量表。这 13 道题目可细分为三个维度：选项搜索（包括第 1～6 题）、决策困难（包括第 7～10 题）和完美标准（包括第 11～13 题）。人们在量表上的得分越高，说明其最优化倾向越高，他们是通常所说的最优化决策者。

　　　　请阅读以下陈述，并在量表上表明你是否符合每个陈述。你可以进行 1～7 打分，1 表示完全不符合，7 表示完全符合。

　　1. 看电视时，我会不断地更换频道。哪怕只打算看一个节目，我还是会把能搜到的频道都浏览一下。

　　2. 听广播时，即使我对正在收听的节目比较满意，我也会经常调到其他频道，看看是否有更好的节目在播出。

　　3. 我对待感情的态度类似于挑衣服：在找到最合适的选择前，我期望多尝试几次。

　　4. 不管我对自己现在的工作多么满意，对我来说，留心更好的工作机会总是好的。

　　5. 我常常幻想一些与我实际生活很不同的生活方式。

　　6. 我非常喜欢了解排行榜信息(如最佳电影、最佳歌手、最佳运动员、最佳小说排行榜)。

　　7. 我常觉得为朋友选购礼物是一件困难的事。

　　8. 购物时，我发现要找到自己真正喜欢的衣服是非常困难的事情。

　　9. 选影碟真难，为了挑一部最好看的片子，我总要费一番周折。

　　10. 我发现写作是一件很困难的事，即使是给朋友写信，因为要做到措辞精准是非常困难的。即使是写很简单的东西，我也会打好几遍草稿。

　　11. 不管做什么，我总为自己设立最高的标准。

　　12. 我从不愿意退而求其次。

　　13. 每当我面临一个选择时，我会试图想象所有其他的可能性，哪怕有些可能性目前不存在。

　　与很多人格特质类似，最优化倾向不仅可以用量表测得，也可以采用适当的方法启动（prime）。换言之，我们可以通过合适的方式让人们暂时性地成为一个最优化决策者，或者暂时性地成为一个满意型决策者。有研究者（Mao，2016）认为，最优化决策者的目标是优中选优，而满意型决策者的目标是选择一个较优的选项即可。因此，他通过给被试呈现一系列的题目，要求被试选出最优选项以启动最优化人格，而通过要求被试选出较优选项以启动满意型人格。具体的启动方式如下。

　　　　最优化人格启动方式

　　　　（1）以下五个城市，你觉得哪一个最宜居？（只能选一个）

　　　　A. 苏州　　　　B. 杭州　　　　C. 珠海

　　　　D. 厦门　　　　E. 大连

　　　　（2）以下五种职业，你觉得哪一种的收入最高？（只能选一种）

　　　　A. 外科医生　　　　　　　　B. 超市收银员

　　　　C. 国际航线飞行员　　　　　D. 出租车司机

　　　　E. 牙医

　　　　（3）以下五所大学，你觉得哪一个的教学水平最高？（只能选一个）

　　　　A. 哈佛大学　　　　　　　　B. 耶鲁大学

　　　　C. 剑桥大学　　　　　　　　D. 普林斯顿大学

　　　　E. 牛津大学

　　　　（4）以下五种动物，你觉得哪一种的智商最高？（只能选一种）

　　　　A. 兔　　　　　B. 猫　　　　　C. 龟

D. 鱼　　　　　　　E. 仓鼠

(5)以下五种电影，你最喜欢哪一种？（只能选一种）

A. 恐怖　　　　　　B. 浪漫/爱情　　　　　C. 喜剧

D. 悬疑　　　　　　E. 动作/枪战

(6)以下五个国家，你觉得哪一个的自然环境被保护得最好？（只能选一个）

A. 澳大利亚　　　　B. 新西兰　　　　　　C. 加拿大

D. 美国　　　　　　E. 新加坡

(7)以下五种职业就收入与工作压力综合而言，你觉得哪一种是最好的工作？（只能选一种）

A. 银行职员　　　　B. 公务员　　　　　　C. 外企职员

D. 高校教师　　　　E. 软件工程师

满意型人格启动方式

(1)以下五个城市，你不介意去旅游的有哪些地方？（可多选）

A. 苏州　　　　　　B. 杭州　　　　　　　C. 珠海

D. 厦门　　　　　　E. 大连

(2)以下五种职业，以你家乡的标准来说，哪些职业的收入应该能保证还算不错的生活？（可多选）

A. 外科医生　　　　　　　　B. 超市收银员

C. 国际航线飞行员　　　　　D. 出租车司机

E. 牙医

(3)以下五所大学，你可接受去哪里当一年的交换生？（可多选）

A. 复旦大学　　　　　　　　B. 哈尔滨工业大学

C. 北京师范大学　　　　　　D. 江西财经大学

E. 厦门大学

（4）以下五种动物，你愿意和哪些一起生活？（可多选）

A. 兔　　　　　　　B. 猫　　　　　　　C. 龟

D. 鱼　　　　　　　E. 仓鼠

（5）以下五种电影，你不介意观看的有哪些？（可多选）

A. 恐怖　　　　　　B. 浪漫／爱情　　　C. 喜剧

D. 悬疑　　　　　　E. 动作／枪战

（6）以下五个国家，你觉得哪里的自然环境被保护得还算不错？（可多选）

A. 澳大利亚　　　　B. 新西兰　　　　　C. 加拿大

D. 美国　　　　　　E. 新加坡

（7）以下五种职业就收入与工作压力综合而言，你觉得哪些算是不错的工作？（可多选）

A. 银行职员　　　　B. 公务员　　　　　C. 外企职员

D. 高校教师　　　　E. 软件工程师

其实，最优化倾向反映的是人们在"最优"与"满意"之间的权衡。那么，哪类决策者更倾向于比较？心理学家认为，最优化决策者将目标选项与其他选项进行比较，据此确定目标选项是否是最好的选项。满意型决策者不会过多地进行选项比较，只需要依照内心的标准判断一个选项是否不及或超过自己的满意阈限，因此，不需要与他人进行社会比较。

施瓦茨等人（2002）考察了最优化倾向与社会比较、选项比较的关系。他们采用最优化量表测量了被试的最优化倾向，并要求被试报告他们过往的消费行为。结果显示，那些在最优化量表上得分较高的被试在消费决策中表现出更多的社会比较行为。更有意思的是，最优化倾向与上行社会比较和下行社会比较均呈现出正相关关系。也就是说，最优化决策者的社会比较是不分对象的，无论他人的处境如何，最优化决策者都要与他人一比高下。此外，那些在最优化量表上得分较高的被试也更频繁地进行选项比较。

为了进一步揭示最优化倾向与社会比较的关系，施瓦茨等人（2002）又招募了一些被试，采用最优化量表测量了他们的最优化倾向，并从中挑选出得分非常高的人（最优化决策者）和得分非常低的人（满意型决策者）。然后，他们要求这些被试完成一个计时的"能力测试"。在开始测试之前，被试先评估自己的能力，并接受情绪测量。之后便正式开始测试。在完成测试之后，研究者向被试反馈他们的成绩——完成上述能力测试花了多少时间以及另一名被试的成绩。当然，这些反馈都是虚假的。一半被试得知同伴的速度比自己快，此时，他们面临的是上行社会比较；另一半被试则得知同伴的速度比自己慢，此时，他们面临的是下行社会比较。在得到反馈后，被试需要再次评估自己的能力，并再次接受情绪测量。

研究者关心的是最优化决策者和满意型决策者在两次测量中的得分会发生怎样的变化。结果显示，当得知自己的表现优于他人后，两类决策者对自身的能力评价几乎都没有发生变化。但是，当得知自己技不如人时，两类决策者对自己的评价都有所下降，而且最优化决策者下降的程度远大于满意型决策者下降的程度。该结果表明，最优化决策者要比满意型决策者更加关注他人的成绩，对自己能力的评价更多地受到社会比较结果的影响，尤其是上行社会比较结果的影响。

此外，研究者还分析了被试的负性情绪体验。这一结果与能力自评的结果非常类似。当得知自己的表现优于他人后，两类决策者的负性情绪体验几乎都没有发生变化。但是，当得知自己的表现不如他人后，两类决策者都体验到更多的负性情绪，而最优化决策者负性情绪的增加程度远大于满意型决策者负性情绪的增加程度。可见，满意型决策者较少受他人的影响，而最优化决策者非常关注他人的成绩，心情随他人成绩的变化而跌宕起伏。

最优化决策者在意社会比较会造成哪些后果？有研究者（Ma & Roese，2014）认为，由于最优化决策者追求最好，同时又十分在乎社会比较与选项比较，因此，在消费场景下，当他们无法确定自己是否选到了最优选项时将体验到后悔，并对自己所做的决策心生不满，进而表现出退换商品等行为。但是，一旦最优化决策者确信自己得到了最佳结果，他们就不会感到后悔与不满。

在第一个研究中，研究者（Ma & Roese，2014）将被试随机分为三组。第一组是最优化组，被试需要回答一系列关于什么是最佳选择的问题。例如，最适合你的工作是什么？第二组是控制组，被试需要回答类似的问题，但不包含最优选择。例如，你的工作是什么？第三组是基线组，被试不需要回答任何问题。之后，所有被试需要在给定的五个决策问题中进行决策，而这些问题都具有最佳答案。做完选择后，研究者公布最佳答案，并奖励给五道题都选对的被试1美元。最后，被试需要评价自己体验到的后悔情绪。结果非常有意思，尽管最优化组的被试比其他两组被试更多地选到了最佳选择，但是，他们却比其他两组的被试体验到更强烈的后悔情绪。

在第二个研究中，研究者将被试随机分为两组。最优化组的被试看到一系列问题，他们需要在给定的五个选项中选出最好的选项。控制组的被试比较两幅画，并指出两者的不同之处。接着，所有被试想象自己刚对手机系统进行了升级，但升级之后发现新版本存在一个致命的漏洞，导致手机时不时出现问题。这时，被试评估是否对升级系统这一行为感到后悔、是否对手机感到满意以及是否可能将手机退货。结果显示，最优化组的被试比控制组的被试体验到更强烈的后悔情绪，同时，他们的满意度更低，且更可能退货。

在第三个研究中，被试被分为三组。第一组为最优化组，被试需要在给定的五个选项中选出最好的选项。第二组为满意型组，被试需要在给定的五个选项中选出所有还不错的选项。第三组为基线组，被试不需要回答任何问题。之后，被试得知自己可以在五种商品中选择一种作为参加研究的礼物带走。计算机屏幕上只显示五种商品的名字，如想得到更多关于商品的信息，被试需要点击商品名字从而查阅详细信息。在被试查阅的过程中，计算机会自动记录被试的点击次数，以此作为搜索深度的指标。在被试做出选择之后，研究者告诉他们所选商品的价格。研究者认为，如果被试没选到价格最高的商品，他们就会感到后悔。此后，被试评价自己的后悔情绪，并对自己所选商品进行满意度的打分。

　　研究者发现，相比于满意型组和基线组的被试，最优化组的被试对自己的选择感到更加后悔、更不满意，同时，他们还搜索了更多关于商品的信息。但是，最优化组的被试并没有更多地选到价格最高的产品。当控制住信息搜索深度之后，最优化组的被试仍然比另外两组的被试感到更加后悔、更不满意。研究者还发现，76％的被试没有选到价格最高的那件商品。在这些人中，最优化组的被试比其他两组的被试感到更后悔、更不满意。另外 24％的被试选到了价格最高的商品。在这些人中，最优化组的被试和其他两组的被试在后悔程度、满意度上没有区别。这些结果表明，只有当决策结果不尽如人意时，最优化决策者才会比满意型决策者感到更加后悔、更加不满意；一旦做出最佳决策，最优化决策者就不会比满意型决策者体验到更强烈的后悔与不满。

　　在第四个研究中，研究者想探讨在得到和未得到最佳选项时，最优化决策者和满意型决策者的情绪体验和行为表现。被试来到实验室后，先完成一项写作任务。最优化组的写作题目"什么是送给朋友的最佳礼物"。控制组的写作题目是"描述你这学期上的一门课程"。之后，研究者给所有被试提供六种食物，被试需要选择一种自己最喜欢的。在得到最佳选项的条件中，研究者将被试所选的食物送给被试。在没有得到最佳选项的条件中，研究者表示，被试所选的食物正好发完了，并在剩余的五种食物中随机选择一种送给他们。接着，被试评价是否对自己的选择感到后悔以及是否喜欢得到的食物。随后，研究者要求被试当场品尝他们得到的食物，并评价其口味，再表明自己愿意为该食物支付多少钱。最后，研究者又给被试提供了六种来自加拿大的食物，并询问被试是否愿意用他们所得的食物换取这些来自加拿大的食物。

研究结果显示，如果得到了最佳选项，最优化组的被试体验到的后悔程度与控制组的被试没有显著差异；但是，如果未能得到最佳选项，最优化组的被试就会比控制组的被试体验到更强烈的后悔。研究者在喜欢程度、口味评价上都发现了类似的结果。但是，上述规律没有体现在愿意支付的价格这一指标上。最后，研究者分析了更换商品的被试比例。在得到了最优选项的情况下，最优化组的更换比例是 47%，控制组的更换比例是 53%，两者在统计学上没有显著差异。但是，在未能得到最优选项的情况下，最优化组的更换比例是 68%，控制组的更换比例是 32%，前者显著高于后者。

为检验上述效应是否稳定，研究者又进行了第五个研究。这一次，被试到达实验室后先要完成一个字母游戏。他们需要判断不同字母之间的相似程度，反应越快越好。之后，研究者给最优化组的被试提供了五种背包的品牌，要求他们判断哪种品牌的背包最好，并陈述理由。控制组的被试需要描述自己所使用的背包有哪些特点。紧接着，被试得到他们在字母游戏中的成绩反馈。一组被试被告知他们的成绩位于所有被试的前 10%，已经取得了最好成绩。另一组被试则被告知他们的成绩比所有被试的平均成绩差，未能取得最好成绩。随后，被试评价对自己在字母游戏中的表现的后悔程度和满意度。

研究者发现，在已经得到了最佳结果的情况下，最优化组被试的后悔程度和满意度与控制组被试的没有显著差异；但是，在未能得到最佳结果的情况下，最优化组的被试比控制组的被试感到更加后悔、更加不满意。

上述几个研究均表明，在没有得到最优选项时，最优化决策者比满意型决策者对自己的表现感到更加后悔且更加不满意，从而在消费场景中做出更多的退换行为。而在已经得到最优选项的情况下，最优化决策者就不会感到后悔与不满。之所以会出现上述效应是因为最优化决策者具有比较式思维，与此同时，他们还想追求最好。一旦自己得到的结果不佳，比较式思维就会使最优化决策者感到后悔与不满。

从社会比较的定义与性质来看，它的结果决定了人们能得到的相对效用（comparative utility），即相对于他人自己能得到多少，或者相对于他人自己的表现如何。与之对应的是绝对效用（absolute utility），即从客观的标准来看，自己的表现是好是坏。举例而言，某人在股市投资中亏损了 1000 元，他的朋友亏损了 3000 元。从绝对效用来看，此人处于绝对损失的状态，但从相对效用来看，因为此人比朋友亏得少，所以处于相对获益的状态。假设某人在股市投资中赚了 1000 元，他的朋友赚了 3000 元。从绝对效用来看，此人处于绝对获益的状态，但从相对效用来看，此人处于相对损失的状态。

那么，最优化决策者和满意型决策者分别会关注哪些效用？朱冬青（2012）认为，因为最优化决策者精益求精，希望得到最好的结果，所以他们既在意绝对效用又在意相对效用，而满意型决策者追求令其满意的结果，所以只要某个选项具有较高的绝对效用或相对效用，他们就会感到满足。简单来说，最优化决策者追求"鱼"与"熊掌"兼得，而满意型决策者只要得到"鱼"和"熊掌"其中之一就会感到满足。研究者通过一系列研究检验了这一观点。

第一个研究在绝对获益的情境中探讨两类决策者对绝对效用和相对效用的倚重程度。一名真被试和一名假被试一同进入实验室，他们先要填写最优化量表，以此确定其最优化倾向。然后，被试再完成一些与该研究目的无关的任务。之后，主试告诉被试，他们可以获得 7 元及以上的被试费，但具体的额度需要通过抽签决定。被试费分为两档：第一档的金额较高，即绝对效用高，其中一位被试获得 11 元，另一位被试获得 13 元；第二档的金额较低，即绝对效用低，其中一位被试获得 7 元，另一位被试获得 9 元。此时，主试邀请真被试抽签。在第一种条件中，真被试抽到 13 元，假被试因此获得 11 元。即真被试获得绝对效用高的第一档被试费，而且他的被试费高于假被试，所以真被试获得较高的相对效用。在第二种条件中，真被试抽到 11 元，假被试因此获得 13 元。即真被试获得绝对效用高的第一档被试费，但是他的被试费低于假被试，真被试获得较低的相对效用。在第三种条件中，真被试抽到 9 元，假被试因此获得 7 元。即真被试获得绝对效用低的第二档被试费，但是他的被试费仍高于假被试，真被试获得较高的相对效用。在第四种条件中，真被试抽到 7 元，假被试因此获得 9 元。即真被试获得绝对效用低的第二档被试费，而且他的被试费低于假被试，真被试获得较低的相对效用。抽签结束后，被试评价是否满意自己在抽签中的表现。

结果显示，只有当决策结果在绝对效用和相对效用方面都处于优势地位时，最优化倾向较高的被试才会对自己的表现感到满意。只要决策结果在其中一种效用方面处于劣势地位，最优化倾向较高的被试就会对自己的表现感到不满。然而，对于最优化倾向较低的被试来说，只要决策结果在其中一种效用方面处于优势地位，他们就会对自己的表现感到满意。

第二个研究采用不同的决策任务，再次探究上述问题。被试进入实验室后先填写最优化量表。然后，他们完成一些无关任务。之后，主试向被试发放被试费，并告诉被试，实验室正在销售大学电影院面值 5 元的购票优惠券。此时，被试被随机分配到四种条件中。在第一种条件中，被试可以以 1 元购得价值 5 元的优惠券，他们还得知前一位被试以 2 元购买了这张优惠券。此时被试无论从绝对效用上来看，还是从相对效用上来看都处于优势地位。在第二种条件中，被试可以以 2 元购得价值 5 元的优惠券，他们还得知前一位被试以 1 元购买了这张优惠券。被试在绝对效用方面处于优势地位，而在相对效用方面处于劣势地位。在第三种条件中，被试可以以 3 元购得价值 5 元的优惠券，他们还得知前一位被试以 4 元购买了这张优惠券。被试在绝对效用方面处于劣势地位，但在相对效用方面处于优势地位。在第四种条件中，被试可以以 4 元购得价值 5 元的优惠券，他们还得知前一位被试以 3 元购买了这张优惠券。被试在绝对效用和相对效用方面都处于劣势地位。此后，被试表明自己是否愿意购买优惠券。结果有 43 名被试掏钱购买了优惠券。这 43 名被试在购买之后，对自己的购买决策进行满意度的评价。

　　该研究的结果与之前的结果非常类似。只有当决策结果在绝对效用和相对效用方面都处于优势地位时，最优化倾向较高的被试才会对自己的表现感到满意。但是，对于最优化倾向较低的被试来说，只要决策结果在一种效用方面处于优势地位，他们就会对自己的表现感到满意。

　　前两个研究都在绝对获益的情况下探讨了最优化决策者和满意型决策者对绝对效用和相对效用的在意程度。在接下来的两个研究中，研究者考察了在绝对损失的情况下两类决策者如何权衡绝对效用和相对效用。

　　在第三个研究中，一名真被试和一名假被试一同进入实验楼，并分别进入两个不同的实验室。之后，研究者向被试发放 10 元被试费。然后，被试完成三个走迷宫的游戏。事实上，该任务的目的在于启动被试的最优化人格或满意型人格。在最优化人格启动条件中，被试得到的指导语为："请完成走迷宫的游戏，请你尽力找出最短的路径通关，并标记路径。"在满意型人格启动条件中，被试得到的指导语为："请完成走迷宫的游戏，请你在每个任务中随意找出一条通关的路径，并标记路径。"

接下来，被试需要完成一个打气球游戏。游戏结束后，研究者告诉被试，他们在游戏中表现不佳，需要在已经得到的 10 元被试费中扣除一定的金额。被试还被告知，另一实验室中的被试在打气球游戏中也表现不佳，也会被扣除一定的金额。此时，被试被随机分配到四种条件中。在第一种条件中，被试被扣除 1 元，另一名被试被扣除 3 元。在第二种条件中，被试被扣除 3 元，另一名被试被扣除 1 元。在第三种条件中，被试被扣除 3 元，另一名被试被扣除 5 元。在第四种条件中，被试被扣除 5 元，另一名被试被扣除 3 元。在交还相应的被试费之后，被试评价对自己在打气球游戏中的表现是否满意。

第三个研究的结果与前两个研究的结果略有不同。在相对效用方面处于优势地位时，两类决策者的满意度都不随绝对损失水平的变化而变化。在相对效用方面处于劣势地位时，最优化决策者的满意度不随绝对损失水平的变化而变化，而满意型决策者的满意度随着绝对损失水平的降低而上升。这说明，相比于满意型决策者，最优化决策者更加希望自己在所有效用方面都取得好结果。

在第四个研究中，研究者依旧通过走迷宫的游戏启动被试的最优化人格或满意型人格。之后，被试设想自己以某价格购买了一个卡包。过了不久，该商品打折出售，现价仅为 2 元。此外，被试还得知自己的好朋友以某价格购买了同款卡包。在第一种条件中，被试的购入价为 3 元，朋友的购入价为 5 元。在第二种条件中，被试的购入价为 5 元，朋友的购入价为 3 元。在第三种条件中，被试的购入价为 7 元，朋友的购入价为 5 元。在第四种条件中，被试的购入价为 5 元，朋友的购入价为 7 元。此后，被试评价对自己购买决策的满意度。该研究得到了与第三个研究一致的结果，相比于满意型决策者，最优化决策者更加希望自己在所有效用方面都取得好结果。

可见，最优化决策者希望自己的选择既具有较高的绝对效用，又具有较高的相对效用。正所谓，两手都要抓，两手都要硬。但是，满意型决策者的要求就没有那么高了，无论是绝对效用还是相对效用，只要有一方面表现较好，他们就会感到满意。换言之，满意型决策者只有在面临双重损失时才会感到不满。不难想象，满意型决策者的幸福感唾手可得，而最优化决策者的幸福感则来之不易。

有研究者（Weaver，Daniloski，Schwarz，& Cottone，2015）探讨了相同的问题。他们发现，最优化决策者既希望自己在绝对标准上有很好的表现，同时希望自己在相对标准上有很好的表现。更有意思的一个问题是，当"鱼"和"熊掌"不能兼得时，最优化决策者会如何选择？也就是说，如果一个选项在绝对效用中处于优势地位而在相对效用中处于劣势地位，另一个选项在绝对效用中处于劣势地位而在相对效用中处于优势地位，那么，最优化决策者会做出怎样的决策？

他们给被试提供一系列的决策问题，要求被试进行选择。例如，情况 A 是自己拥有一辆得分为 5 的汽车，朋友拥有一辆得分为 3 的汽车。情况 B 是自己拥有一辆得分为 7 的汽车，朋友拥有一辆得分为 9 的汽车。此后，研究者还测量了被试的最优化倾向。结果发现，最优化倾向越高的被试越偏好情况 A。当"绝对好"和"相对好"不可兼得时，相比于满意型决策者，最优化决策者宁可牺牲"绝对好"而追求"相对好"。

这一系列研究揭示出最优化决策者爱比较的特点。相比于满意型决策者，最优化决策者更频繁地与他人进行比较，也更频繁地拿一个选项与另一个选项进行比较，一旦比较结果不理想，他们就会备受打击，体验到强烈的后悔与不满，甚至在消费情境中做出退换货的举动。

2.2　与谁比较

社会比较是一种人格特质，有一些人乐意与他人比较，但另一些人则回避与他人比较。那么，人们会与谁进行比较？我们的周围充斥着不同的人，如与我们关系最好的朋友、同班同学、同学校的同学、同处一个省的同学……假设你是一名刚参加完高考的高三学生，成绩公布后，你可以将自己的成绩与同桌的成绩进行比较，也可以与班级平均分、学校平均分、全省平均分进行比较。哪种比较的结果会影响你对自己的认识与评价？

2.2.1　局部主导效应

有研究者(Zell & Alicke，2010)认为，上述事例包含了两类社会比较。第一类叫作局部比较(local comparison)，指人们将自己的表现与几个人进行比较，如与好友进行比较、与同班同学进行比较。第二类叫作总体比较(general comparison)，指人们将自己的表现与他人进行比较，如与同一学校的同学进行比较，甚至是与所有参加考试的考生进行比较。

尽管人们既可以进行局部比较又可以进行总体比较，但是总体而言，局部比较受到青睐，人们基于局部比较的结果形成对自己的评价。研究者将这一效应称为社会比较的局部主导效应(local dominance effect)。根据社会比较的局部主导效应，我们不难想象，在得知高考成绩之后，相比于全省平均分、全校平均分，考生更在意与同桌或是同班同学的比较结果，这些结果对考生的自我评价有更大的影响。

自我评价对人们非常重要，人们希望能准确地认识自己。但是，社会比较的局部主导效应往往导致不准确的自我评价，因为局部比较的结果更可能受到不可控的随机因素的影响。例如，某位同学恰好与全省高考成绩第一名的同学是同桌，尽管这位同学的成绩也不错，但与同桌的比较结果显示出自己不如同桌成绩好，因此这位同学对自己的考试表现感到沮丧，认为自己学无所成。总体比较则能提供全面的信息和客观的结果，基于总体比较的自我评价更为准确。

2.2.2　局部主导效应的原因

为什么会出现社会比较的局部主导效应？从进化的角度来说，人类的祖先一直生活在小群体中，他们习惯与小群体中的同伴维持亲密的人际关系。小群体的群体身份帮助我们的祖先保护自己并获取生存与繁衍所必需的资源。为了生存下来，我们的祖先不断地与小群体中的他人进行比较，从而评估自身的能力。另外，由于认知能力的局限，人们无法处理大量的信息，因此，只能加工有限的关于他人的信息。这种认知能力的限制也阻碍了人们与更多的他人进行互动。在人类进化的历程中，这种与小群体成员互动的倾向被保存了下来。即使在当代社会，人们也习惯与一小部分他人进行互动。英国牛津大学的人类学家邓巴提出了邓巴数字（Dunbar's number）（Dunbar，1992；1993），他认为人们最多与 148 人维持社交关系，四舍五入后为 150 人。

另外，古代社会由于技术和设施的限制，人们无法接触远方的他人，很难了解绝大多数他人的信息。也就是在最近的几十年中，随着科技的发展，人们才得以通过电视和互联网比较方便地了解生活在远处的他人。尽管如此，当代社会的人们仍然更多地与熟悉的小群体中的他人接触。无论在何种社交网站上，我们依旧与个别熟悉的人进行互动。也就是说，在很大程度上，人们会忽略总体信息，而关注个别他人的信息。

此外，根据布鲁尔（Brewer）1991年提出的最佳独特性理论（optimal distinctiveness theory），人们同时存在两种动机，其一是与他人保持一致的动机，其二是保持自身独特性的动机。小群体同时满足了这两种需求。人们既可以从小群体中获得归属感，又可以与社会上的绝大多数他人保持独立。正因如此，人们更倾向于加入小群体，与小群体中的他人进行互动，而不是大规模地与他人维持社交关系。同时，人们也更加关注自己在小群体中所处的位置。

从个体发展的角度来说，孩子成长在核心家庭中，从很小的时候开始，他们就更多地与有限数量的他人进行互动。上学之后他们也只是与一小部分同伴接触并玩耍。因此，他们慢慢学会了与个别他人进行比较，并基于这些比较结果评价自己的能力。到了青春期和成年期，这种与个别他人进行比较的习惯不断被强化。无论是择偶、找工作还是完成其他事情，人们总是与环境中的个别他人进行比较或竞争。

2.2.3　局部主导效应的表现

近十几年来，研究者通过一系列研究从多个角度检验了社会比较的局部主导效应。第一方面的证据来自青蛙—池塘效应（frog-pond effect）的研究。对孩子而言，最多的社会比较来自学校。在中国，家长愿意付出很高的代价为孩子择校，如买学区房、交赞助费，总之，家长想方设法让孩子进入质量较高的学校。青蛙—池塘问题描述的就是类似的情况：究竟是在小池塘里做一只大青蛙还是在大池塘里做一只小青蛙？做"大青蛙"和"小青蛙"是否会影响学生对自己学业能力的评价？

　　研究显示，学生对学业能力的自我评价取决于他们在局部环境中的社会比较结果。也就是说，学生倾向于将自己的成绩与同校的学生进行比较，而不是与其他学校的学生进行比较。因此，来自高水平学校的学生的自我评价往往低于来自低水平学校的学生。"大青蛙"的自我评价高于"小青蛙"的自我评价。无论学生的种族、国籍、家庭经济情况如何，都存在青蛙—池塘效应。该结果为社会比较的局部主导效应提供了有力证据。

　　第二方面的证据来自个体比较（individual comparison）与总数比较（aggregate comparison）的研究。有研究者（Buckingham & Alicke，2002）要求被试完成一个谎言探测测试。此后，研究者向被试反馈他们在测试中的成绩，当然，反馈是虚假的。一组被试被告知他们的得分高于一起参加测试的另一名同性别同学，另一组被试被告知他们的得分低于一起参加测试的另一名同性别同学。这些信息是个体比较的结果。之后，研究者还告诉一组被试他们的成绩高于已经参加了该测试的 500 名同学的平均分，告诉另一组被试他们的成绩低于已经参加了该测试的 500 名同学的平均分。这些信息是总数比较的结果。之后，被试需要评价自己在谎言探测任务中的表现。

　　研究者发现，被试的自我评价更多地受到个体比较结果的影响。无论与平均分的比较结果如何，只要自己的成绩比一起完成测试的那名同学好，被试就会对自己的表现有较高的评价；只要自己的成绩不如一起完成测试的那名同学，被试就会对自己的表现有较低的评价。可见，人们对总数比较的结果视而不见，只关心个体比较的结果。

　　第三方面的证据来自组间比较（intergroup comparison）与组内比较（intragroup comparison）的研究。在一个研究中（Zell & Alicke，2009b），被试需要完成一个虚假的文字推理测试，之后，他们得到组内比较的结果。一组被试被告知他们的成绩高于他们所在大学绝大多数同学的成绩，另一组被试被告知自己的成绩低于他们所在大学绝大多数同学的成绩。随后，他们又得到组间比较的结果。一组被试被告知自己所在学校的成绩比绝大多数其他学校的成绩都要好，另一组被试被告知自己所在学校的成绩比绝大多数其他学校的成绩都要差。得到这些信息后，被试需要评价自己在文字推理测试中的表现，并评定自己的情绪状态。

研究者发现，相比于组间比较，自我评价和情绪都更多地受组内比较结果的影响。只有当被试不知道组内比较的结果时，他们才会参考组间比较的结果。该结果表明，相比于更为广泛的外群体，人们更多地将自己与内群体成员进行比较，而且，这种比较对自我评价的影响更为直接。

之后，研究者(Zell & Alicke，2009b)又进行了另一个研究重复验证了社会比较的局部主导效应。在这个研究中，研究者缩小了内群体和外群体的规模。被试需要与其他四位同学一起完成一个虚假的文字推理测试。测试之后，研究者告诉被试组内比较结果，即被试的成绩在五位同学中排名第一或最后。然后，被试又得知组间比较结果，即自己所在小组的成绩比其他90％或30％的小组都要高。最后，被试评价自己在该测试中的表现。研究结果符合社会比较的局部主导效应，相比于组间比较结果，被试的自我评价更多地受到组内比较结果的影响。

第四方面的证据来自三类反馈信息(three feedback sources)的研究。无论是青蛙—池塘效应、个体比较与总数比较，还是组间比较与组内比较，被试都只得到两类信息。但是在现实生活中，人们往往能获得三类甚至更多信息。例如，很多运动员既知道与队友相比自己的运动天赋如何，又知道与国内其他运动员相比自己的运动天赋如何，还知道与国外运动员相比的结果。此时，他们得到三类信息，第一类是局部信息，第二类是中间信息，第三类是总体信息。

那么，运动员的自我评价更多地受哪类信息的影响？当人们得到三类信息时，是否仍存在社会比较的局部主导效应？

研究（Zell & Alicke，2009b）还考察了三类反馈信息中的局部主导效应。他们邀请被试完成一个虚假的文字推理测试，并为被试提供三类反馈信息：在一起参加测试的几个同学中自己的成绩排名、在 1500 名参加了测试的同校同学中自己的成绩排名以及在所有参加了测试的其他学校同学中自己的成绩排名。有些被试得到了上述所有三类信息，有些被试得到了其中的两类，还有一些被试只得到了其中的一类。之后，被试需要评价自己在该测试中的表现。

结果显示，那些获得了三类反馈信息的被试在评价自己的表现时只参考了最为局部的社会比较信息，那些获得了两类反馈信息的被试在评价自己的表现时也只参考了较为局部的社会比较信息。当被试只获得中间信息或总体信息时，他们才会依照这些信息评价自己的表现。也就是说，当人们同时具有多种信息时，他们更倾向于参照最为局部的信息对自己的能力与表现进行评价。

可见，社会比较的局部主导效应非常普遍，人们对自己的评价往往依据局部的比较结果。那么，除了自我评价，在其他方面是否也存在局部主导效应？有研究（Zell & Alicke，2013）探讨了健康风险认知的局部主导效应。风险认知与自我评价存在相似之处。首先，人们的风险认知与自我评价都可能具有偏差。其次，与自我评价类似，风险认知也取决于两类社会比较。一类是局部比较。例如，与办公室的同事相比，某人患某种疾病的风险有多大。另一类是总体比较。例如，与全国的人相比，某人患某种疾病的风险有多大。那么，当人们同时拥有局部比较和总体比较信息时，风险认知更多地受哪类信息的影响？

在第一个研究中，研究者告诉一组被试，在全校 400 名学生中，他们罹患糖尿病的可能性排在前 32%，另一组被试则得知，在全校

400 名学生中，他们罹患糖尿病的可能性排在前 68％。这是总体比较信息。接着，研究者还告诉被试，在现在正在参加研究的几个学生中，他们罹患糖尿病的可能性排在前 32％或者前 68％。这是局部比较信息。此后，被试需要评价自己患糖尿病的风险。结果显示，相比于总体比较信息，被试对自身患糖尿病的风险知觉更多地受局部比较信息的影响。

在第二个研究中，被试需要完成一个视觉敏锐性测试，研究者告诉被试，视觉敏锐性与车祸发生的概率密切相关。因此，视觉敏锐性测试已经成为考驾照流程中的一个重要环节。与第一个研究相似，完成这一测试之后，被试得到总体比较信息和局部比较信息。最后，被试评价自身发生车祸的风险。结果与前一个研究的结果非常相似，被试的风险认知更多地受到局部比较信息的影响，而不是总体比较信息的影响。上述两个研究表明，与自我评价相似，在风险认知领域，同样存在社会比较的局部主导效应。

2.2.4　局部主导效应的影响因素

我们已经发现，社会比较的局部主导效应普遍存在。那么，在哪些情况下，该效应更为凸显？在哪些情况下，该效应将有所减弱？第一个影响因素是人们的自我保护动机。自我保护动机是指人们希望尽可能地保护自己，因而选择性地忽略对自己不利的信息。随着自我保护动机的增强，人们更加偏好局部比较信息，无论局部比较信息对自己有利还是不利，人们都会非常关注它。但是，对总体比较信息而言，只有当它对自己有利时，人们才会关注它。

第二个影响因素是接近性。接近性既包含身体上的接近性，又包含心理上的接近性。在一个研究（Buckingham & Alicke，2002）中，他们安排一组被试与另外一名同学在同一个房间中完成谎言探测任务，另一组被试与另一名同学分处两个房间完成谎言探测任务。

研究者发现，当两名被试在身体上接近时，社会比较的局部主导效应更强；当两名被试在身体上距离较远时，社会比较的局部主导效应减弱。研究者认为，自己与他人在身体上的接近性促使被试忽略抽象的总体比较信息。

另外，研究者也考察了心理接近性对局部主导效应强度的影响。总体比较信息一般都是与陌生人的比较信息，而局部比较中的他人可能是与自己心理距离较近的他人，如朋友，也可能是与自己心理距离不太近的他人，如关系一般的同学。有研究（Tesser，1988）发现，人们倾向于与心理上较为接近的他人进行比较。因此，当局部环境中的他人与我们的心理距离较近时，社会比较的局部主导效应会增强。

2.3　助长比较的社会环境

> 　　晏子将使楚。楚王闻之，谓左右曰："晏婴，齐之习辞者也，今方来，吾欲辱之，何以也？"左右对曰："为其来也，臣请缚一人，过王而行。"王曰："何为者也？"对曰："齐人也。"王曰："何坐？"曰："坐盗。"
>
> 　　晏子至，楚王赐晏子酒，酒酣，吏二缚一人诣王。王曰："缚者曷为者也？"对曰："齐人也，坐盗。"王视晏子曰："齐人固善盗乎？"晏子避席对曰："婴闻之，橘生淮南则为橘，生于淮北则为枳，叶徒相似，其实味不同。所以然者何？水土异也。今民生长于齐不盗，入楚则盗，得无楚之水土使民善盗耶？"王笑曰："圣人非所与熙也，寡人反取病焉。"

《晏子春秋·杂下之十》的这则故事描述了环境的作用。同样的橘树，因为自然环境不同，在淮南长成了橘树，所结果实甘甜，而在淮北则长成了枳树，所结果实酸苦。同样的人，因为社会环境不同，在齐国不偷东西，一到楚国就偷起东西来了。

环境对社会比较也有不小的影响。同样一个人，在某些环境中不怎么与他人进行比较，但到了另一些环境中，社会比较的欲望就被唤起了。在这一部分，我们将介绍促发社会比较的社会环境因素。

2.3.1 竞争人数的 N 效应

如果打一形象的比喻，生活就好比一场比赛。人们在比赛中奋力前行，争取尽早抵达终点。那么，在这一场竞争中，参与者的竞争动机和社会比较倾向是否会因为参赛人数的变化而不同？有学者（Garcia & Tor，2009）提出了竞争人数的 N 效应。他们认为，随着竞争人数的增加，参与者之间的社会比较就会减弱，从而导致参与者竞争动机的下降。

社会比较和竞争动机之间存在密切的关联。正是社会比较的过程诱发了人们与他人竞争的动机。例如，当人们在重要维度上与他人进行比较之后会变得更具竞争性。又如，有研究（Garcia，Tor，& Gonzalez，2006）发现，当人们的表现接近某个有意义的位置时，社会比较行为会增多，竞争动机会增强。在 500 强财富榜中名列第三位和第四位的人之间存在较强的竞争动机，因为他们都接近第一位——一个具有较强社会意义的位置。在 500 强财富榜中名列第 500 位和第 501 位的人之间也存在很强的竞争动机，因为他们都位于第 500 位这个社会意义上的"门槛"附近。但是，在 500 强财富榜中名列第 103 位和第 104 位的人之间就不存在很强的竞争性，因为在 500 强财富榜中，第 100 位似乎没有什么竞争意义。

社会比较是一种人际过程，当参与竞争的人数较少时，人们会与某个特定的他人进行社会比较，从而诱发竞争动机。但是，随着参与竞争的人数不断增加，与多个他人或一大群人进行比较的可行性降低，此时人们进行社会比较的可能性减小，竞争动机也随之减弱。

这一思想和我们之前所介绍的社会比较的局部主导效应相似。人们更倾向于和几个人进行比较，而不是和一大群人进行比较。因为无论是从进化心理学还是从发展心理学的角度而言，人们都习惯与小群体中的他人进行交往，关于小群体中的他人的信息具有很强的社会意义，而且人们有足够的认知资源加工这些信息。但是，当群体规模变得足够大之后，他人的信息过于复杂，人们没有充足的认知资源对这些信息进行充分的加工。

在第一个研究中，为了检验竞争人数的 N 效应，研究者收集了 2005 年美国 50 个州的学术能力评估测试（scholastic assessment test，SAT）成绩，以及在每个州中参加 SAT 考试的考生人数。SAT 成绩是美国学生在申请绝大多数大学时所必需的，类似于我国的高考成绩。为了精确考察考生人数对 SAT 成绩的作用，研究者控制了一些可能会影响 SAT 成绩的额外变量，如当年考生中高中生所占比例、考生的父母是大学生的比例、种族等。此外，研究者还控制了人口统计学变量，如当地政府对基础较的资助力度、考试前一年当地的人均收入、当地的人口密度等。统计结果显示，参加 SAT 考试的考生人数与 SAT 成绩之间存在负相关关系。考生人数越多，SAT 成绩越低。在控制了额外变量之后，这种负相关关系仍然存在。这一结果在一定程度上支持了竞争人数的 N 效应，参与竞争的人数越多，参与者的竞争动机越弱，从而导致较低的成绩。

在第二个研究中，研究者收集了密歇根大学的学生在认知反射测试（cognitive reflection test）中的成绩。该测试成绩与智力测试成绩具有较高的正相关。总共有 1383 名大学生在不同时间点参加了这项测试，每次测试的环境大致相同。研究者还统计了每次参加测试的学生人数。他们对参加测试的人数与当次测试的成绩做了相关分析，结果显示，参加测试的学生人数越多，学生的平均测试成绩越低。在控制了额外变量之后，研究者仍然发现了这一负相关关系。该结果再次支持了竞争人数的 N 效应。

现实生活中的数据已经初步为竞争人数的 N 效应提供了证据。接下来，研究者要在实验室这一控制严格的环境中检验该效应。他们邀请了 74 名密歇根大学的本科生参加第三个研究。这些被试的母语都是英语。研究者给被试一份两页纸的问卷。被试需要完成一项简单的测试，测试题都是常识题，被试需要在给定的若干个候选项中选择正确的答案。研究者告诉被试，他们的目标是在确保正确性的基础上尽快完成所有题目。如果完成速度能在所有被试中位于前20%，被试就可以获得 5 美元的奖励。这时，一组被试被告知共有10 人与他们竞争，另一组被试则被告知共有 100 人与他们竞争。然后，被试开始答题。一名不知实验目的的研究者在一旁计时。

结果显示，在 10 人组中的被试完成测试的速度显著快于在 100人组中的被试。研究者认为，在 10 人组中，被试的竞争动机较强，因此完成任务的速度较快；而在 100 人组中，被试的竞争动机大大减弱，因此完成任务的速度较慢。

在第四个研究中，研究者考察了社会比较在竞争人数的 N 效应中所起的作用。他们测量了被试的社会比较倾向。如果竞争人数的N 效应的确是由社会比较引起的，那么，该效应应该在社会比较倾向较高的个体身上更为明显，而在社会比较倾向较低的个体身上则不太明显。47 名本科生参加了这一研究。他们依次阅读两个情境。在第一个情境中，他们将与 50 人进行一场跑步比赛，如果速度在所有人里位于前 10% 的话，他们将获得价值 1000 美元的奖励。阅读完情境后，被试进行 1～7 打分，评价自己将以何种速度完成比赛，1代表比常规速度快，7 代表人生中最快的速度。

在第二个情境中，被试将与 500 人进行一场跑步比赛，如果速度在所有人里位于前 10％ 的话，他们将获得价值 1000 美元的奖励。阅读完情境后，被试再次评价自己将以何种速度完成比赛。一般被试先阅读第一个情境并回答题目，再阅读第二个情境回答题目，另一半被试以相反的顺序阅读情境并回答题目。最后，研究者使用社会比较倾向量表测量了被试的社会比较倾向。

结果显示，相比于在 500 人的条件中，被试在 50 人的条件中会更加卖力，想以更快的速度完成比赛。另外，相比于社会比较倾向较弱的被试，竞争人数的 N 效应在社会比较倾向较高的被试中更为明显。这一结果说明的确是社会比较导致了竞争人数的 N 效应。

阅读至此，你可能心生疑惑：竞争人数的 N 效应究竟是由社会比较造成的还是由比例偏差（ratio bias）造成的？让我们这样假设：第一个瓶子中有 100 个球，其中有 10 个红球；第二个瓶子中有 10 个球，其中有 1 个红球。从哪个瓶子摸到红球的可能性更大？从客观上来说，两个瓶子中红球的比例完全相等，因此，摸到红球的可能性完全一样，不存在难易之分。但是，很多人倾向于认为，相比于第二个瓶子，他们更可能从第一个瓶子中摸到红球。这就是比例偏差。在竞争情境中，由于存在比例偏差，人们可能觉得在人数多的情况下自己的排名更容易靠前，因此降低了努力程度。

为了证明是社会比较而不是比例偏差导致了竞争人数的 N 效应，研究者（Garcia & Tor，2009）进行了第五个研究。共有两批被试参加了这个研究，第一批被试为 54 名本科生，第二批被试为 48 名本科生。所有被试都设想自己即将参加某公司的面试，只有 20％ 的同学会被录用，当自己独自在等候室等待面试时，发现另一名学生完成了面试。第一批被试需要回答，如果总共有 10 名（或 30 名或 50 名或 100 名）同学参加面试，当自己看到完成了面试的同学时，自己在多大程度上体验到竞争感。第二批被试需要回答，如果总共有 10 名（或 30 名或 50 名或 100 名）同学参加面试，当自己看到完成了面试的同学时，自己在多大程度上会将自己与他进行比较。每名被试要回答四次相同的问题，在这四个问题中，参与面试的总人数不同。

之后，所有的被试进行关于比例偏差的测量。他们想象一个叫拉尔法（Ralph）的人参加了两个抽奖游戏。在第一个抽奖游戏中，共有 1000 个不同的数字，抽到其中某一个数字才能中奖。在第二个抽奖游戏中，共有 10000 个不同的数字，抽到其中某十个数字才能中奖。结果，拉尔法在两个抽奖游戏中都中奖了。人们开始怀疑拉尔法是不是作弊了。被试需要回答自己更加怀疑拉尔法在哪个游戏中作了弊：是第一个抽奖游戏，是第二个抽奖游戏，还是两个抽奖游戏作弊的可能性相当。

结果显示，对于第一批被试，随着参加面试的人数不断增加，他们体验到的竞争感不断减弱。但是，被试在比例偏差测试题中的回答不受人数的影响。对于第二批被试，随着参加面试的人数不断增加，他们与他人进行社会比较的可能性不断减小。同样，他们在比例偏差测试题中的回答不受人数的影响。这些结果表明，首先，竞争人数的 N 效应的确存在；其次，竞争人数的 N 效应与比例偏差无关；最后，竞争人数的 N 效应与社会比较有关。

在第六个研究中，研究者再次检验了社会比较在竞争人数的 N 效应中的作用。被试是 50 名本科生，一组被试需要在一周内在网络平台上尽可能多地交到朋友。这是一个共有 10 人参加的比赛，如果自己的成绩位于前 20％，被试将获得 100 美元的现金奖励。另一组被试需要在一周内在网络平台上尽可能多地交到朋友。这是一个共有 10000 人参加的比赛，如果成绩位于前 20％，被试将获得 100 美元的现金奖励。阅读完情境后，被试先评价自己的竞争动机有多强，再评价自己是否进行了与竞争对手的社会比较。

研究者发现，相比于 10000 人组的被试，10 人组的被试具有更强的竞争动机，且更有可能与竞争对手进行社会比较。随着竞争人数的增加，被试进行社会比较的可能性减小，从而减弱了竞争动机。

有研究（Garcia & Tor，2009）表明，参与竞争的人数越少，人们就越倾向于进行社会比较。此外，有研究者发现，竞争人数的 N 效应与社会促进（social facilitation）和社会浪费（social loafing）现象有很强的关联。

社会促进是指当有他人存在时，人们会更加积极地工作，同时也表现出较强的竞争动机。关于社会促进，最经典的研究当属霍桑实验。1924 年，哈佛大学的梅奥带领其研究团队进驻某电气公司的霍桑工厂，探究怎样的工作条件与环境能有效提高劳动生产率。他们选定了六名女工作为研究对象。在实验中，研究者不断改变照明、工资、休息时间、午餐、环境等因素，并观察这六名女工的劳动生产率。奇怪的是，不管外在因素变得如何恶劣，女工的生产效率从未下降。后来，研究者发现，导致这一现象的原因是女工知道自己的工作被他人观察，因此，竭尽全力想要表现得优秀。无论外界条件变得有多恶劣——照明有多暗、休息时间有多短、工资有多低——她们都卖力工作。这些女工的行为体现了社会促进现象。

但是，竞争人数的 N 效应提示我们，社会促进现象的发生是有前提条件的。当存在他人时，人们可能会投入更多的精力，更卖力地工作。但是，随着他人人数的进一步增加，社会促进效应可能就会变弱。

社会浪费是指随着参与任务的人数增加，人们付出的努力程度降低，也就是"一个和尚挑水吃，两个和尚抬水吃，三个和尚没水吃"。但是，提醒人们进行社会比较能有效减少社会浪费现象。其实，无论是竞争人数的 N 效应，还是社会促进，抑或是社会浪费，它们都表明竞争人数会影响人们的绩效、社会比较和竞争动机。这也提示人们，在理解很多社会现象时，不可忽视竞争人数的影响。

2.3.2　私密性与公开性

你一定听说过"包治百病"。它一般是指一切疾病都可以治疗。但是在网络上，它却指买包可以缓解人们不开心的情绪。正所谓"没有什么事是买一个包解决不了的，如果有，那就买两个"。为什么有些人如此沉迷于买包？

我相信，没有任何一位包包狂热者是因为看重包的功能——如口袋大、能装下更多的东西——而疯狂买包的。很多时候，他们看上的是包的炫耀功能。一个小包外面镶嵌着知名品牌的标志，而且，标志越大越好，一定要大到足以让周围的人注意到。其实，炫耀包含了社会比较成分——显示自己比他人好。疯狂买包、疯狂买名牌包的重要动机就是显示自己比他人有钱、有品位、有地位。

有人通过买名牌包来达到社会比较和炫耀的目的，也有人通过买名牌车来炫耀，还有人通过买名牌手表来炫耀，但是，你听说过有人疯狂购买名牌睡衣，通过名牌睡衣来炫耀的吗？几乎没有。那么，包、车、手表和睡衣的区别在哪里？前者大多在公开场合使用，能被他人看到，有炫耀的价值，后者大多在私密场合使用，几乎无法被他人看到，没有炫耀的价值，因此睡衣没有社会比较的意义。换句话说，场合的公开性会助长社会比较行为，而场合的私密性则会降低社会比较倾向。

之前，我们已经了解了最优化决策者的特点，他们比满意型决策者更看重社会比较。那么，在私密场合中，原本热爱比较的最优化决策者还会那么在意与他人的比较吗？韦弗（Weaver）与其合作者（2015）探究了这一问题。他们将被试随机分为他人可见组与他人不可见组，然后给被试呈现两个选项，一个选项具有较高的绝对效用，另一个选项具有较高的相对效用。最后，研究者测量了被试的最优化倾向。具体决策情境如下。

最近，你收到一份礼物，是一件针织毛衣，绝大多数人从外观上就能判断这件毛衣的价值（或者绝大多数人仅凭外观无法判断这件毛衣的价值）。你更希望自己得到的毛衣是哪件？

A. 你的毛衣是普通品牌，你认识的人穿的毛衣都是低档品牌。

B. 你的毛衣是中档品牌，你认识的人穿的毛衣都是高档品牌。

结果显示，在他人不可见组中，最优化倾向不影响人们的选择，大约有一半被试选择了绝对效用高的选项，还有一半被试选择了相对效用高的选项。在他人可见组，最优化倾向影响了人们的决策，最优化倾向高的被试比最优化倾向低的被试更倾向于选择相对效用高的选项。这些结果说明，私密情境削弱了人们进行社会比较的动机，而在公开情境中，人们更愿意与他人进行比较，尤其是最优化决策者。

在另外一个研究中，被试需要完成 15 个决策，其中 10 个决策和公开使用的物品有关，如毛衣和钱包，另外 5 个决策和私下使用的物品有关，如睡衣和垃圾桶。被试需要在绝对效用高的商品和相对效用高的商品中做出选择。最后，研究者还测量了被试的最优化倾向。

结果显示，对于私下使用的物品，如睡衣和垃圾桶，最优化倾向不影响人们的选择。对于公开使用的物品，如毛衣和钱包，最优化倾向高的被试比最优化倾向低的被试更倾向于选择相对效用高的选项。这一结果再次说明，很多人在公开情境中才会在意社会比较，在私密情境中，没有进行社会比较的必要。

可见，社会比较行为不仅仅是人格倾向的体现，更是社会环境的体现，有些社会环境会助长社会比较行为。例如，在竞争人数较少的时候，以及在公开场合，人们大多更希望自己比他人好，因此更在意社会比较。

本章总结

社会比较倾向是一种人格特质，具有个体差异。有些人乐于与他人比较，另一些人则避免与他人比较。社会比较倾向量表是一份有效测量人们是否经常与他人进行比较的工具。社会比较倾向高的个体具有较强的自我意识，他们对自己在他人眼中的形象以及自己的内心感受十分敏感。同时，他们也更关注他人，善于探测他人的需求与想法。

最优化决策者比满意型决策者更频繁地进行比较，包括社会比较与选项比较。最优化决策者很在意比较的结果，他们希望自己在社会比较中取胜，希望自己选择的商品优于其他商品。正是由于最优化决策者看重比较的结果，一旦他们没有做到最好，或者他们所选的商品不是最佳商品，他们就会体验到后悔与不满，甚至会做出退换货行为。在"绝对好"与"相对好"的权衡中，最优化决策者力争两全其美的选项，只有做出两全其美的选择时，他们才会感到满意；满意型决策者在"鱼"和"熊掌"之间只求其一，只要选项满足"绝对好"和"相对好"中的一个标准，他们就感到开心。当"绝对好"与"相对好"不可兼得时，最优化决策者更在意"相对好"，比他人好对他们而言具有重要意义。

人们既可以与局部的几个人进行比较，也可以与整体的所有人进行比较，在两者之间，局部比较对自我评价有更大的影响。这是社会比较的局部主导效应。产生该效应的原因是人们在进化和发展的过程中，习惯与小群体中的他人互动，相比于大群体，小群体中的他人对人们更有意义，人们更容易处理关于这些人的信息。

社会环境因素也会影响人们的社会比较动机。当参与竞争的人数较少时，人们的社会比较动机较强，从而表现出竞争性。当参与竞争的人数逐渐增多时，人们的社会比较动机则减弱，竞争性也随之减弱。此外，在公开情境中，人们的社会比较动机较强，但是，在私密情境中，社会比较动机则减弱。这也正是很多人追求名牌包而不追求名牌睡衣的原因——他人能看见我们使用什么包，因此，包承载着社会比较的功能，但是我们穿什么睡衣是别人不得而知的，睡衣无法承载社会比较的功能。

社会治理启示

识别人们的最优化倾向并区别对待最优化决策者和满意型决策者有重要意义。为最优化决策者提供比他人好的选项能提高最优化决策者的满意度，满意型决策者追求超越他人的动机较弱。

管理者需要区分决策的公开性，在公开情境中需要满足人们追求比他人好的动机，强调某种行为可以帮助人们表现得比他人好，但是在私密情境中则无须强调某种行为能帮助人们达到比他人好的目标。

第二篇　满意从何而来：
比较对个体的效应

　　要想活得满意，要义之一是正确认识自己，人们熟谙这一点。为了认识自己，人们常常会评估自己的能力、审视自己做出的决策，而这一切都与比较有关。然而，在使用以"相对"为特性的比较评价系统时，人们总是有意无意地朝着比较所引导的方向解读所得的结果。例如，高估自己的聪明才智、欣然走进商家设置的营销陷阱、在理财投资中做出不够理性的选择等。本篇将从个体的角度出发，解读比较如何改变人们在自我评价、风险决策、消费决策等方面的思维模式，帮助你更客观、合理地自评和决策。

第 3 章

自我评价中的比较

想要准确评价自己，还得先和别人比一比。正是比较使人们得以认识自身的水平和位置。然而在比较的过程中，人们的认知未必总是能保持准确和理性。例如，人们常常以为自身的智商已经超越平均水平，却又总是以为自己参加知识竞赛的获胜概率不如他人。同样是和成绩糟糕的同桌比较，有时你觉得自己学业有成，有时你觉得自己的成绩很差。为何会出现这些看似矛盾的心理现象？比较的尺子扭曲了人们对进退得失的看法。本章将为你解读社会比较的信息如何影响人们的自我评价，帮助你更客观地看待他人、看待自己。

在本章的最后部分，我们会对读者进行测试，请读者回答一些题目，这些题目都和本章所介绍的内容有关，目的是检测你是否理解了本章内容。现在，先请预测你的成绩会比百分之多少的读者好。请记住你给出的预测。

人们进行社会比较的初衷是给自己一个准确的定位，告诉自己我们在人群中的排名如何、相比于他人的表现如何。人们能如其所愿地得到准确的自我评价吗？理想大多是美好的，而现实总是残酷的，很多时候，人们求之而不得。让我们先来看一个关于怀才不遇的事例。

案例

怀才不遇的苦恼

大唐太宗皇帝仁明有道，信用贤臣。文有十八学士，武有十八路总管。天下有才之士、有智之人，都被举荐在位，济济一堂。他们施展才华，实现抱负。因此，天下太平，万民安乐。

有位书生，姓马名周。父母双亡，一贫如洗；年过三旬，尚未娶妻，孑然一身。自幼精通书史，广有学问，志气谋略。只为孤贫无援，没有人荐拔他，分明是一条神龙困于泥淖之中，飞腾不得。眼见别人才学万倍不如他，却一个个出身通显，享用爵禄，偏则自家怀才不遇。每日郁郁，自叹道："时也，运也，命也。"一生挣得一副好酒量，闷来时只是饮酒，尽醉方休。

《喻世明言》问世后，马周便成了"怀才不遇"的典型人物。当代社会，也有不少人感叹自己怀才不遇。

明明自己博学多才，为什么在求职面试中屡屡失败？

明明自己能力过人，为什么在工作中总得不到赏识？

明明自己才华横溢，为什么职业发展停滞不前？

明明自己努力有加，为什么依旧没有朋友赚得多？

久而久之，工作的热情被磨灭，这些人没了心气，开始敷衍应对工作或频频跳槽，上班终成了煎熬。

一位工作若干年的王先生曾去进行职业规划咨询，向咨询师吐露了心迹。王先生毕业于上海某大学机械制造与自动化专业，毕业后的第一份工作是在一家大型制造业合资公司做技术审核。该公司管理理念先进，发展前景一片大好。王先生认为自己的专业背景良好、工作能力很强，踌躇满志地开始了工作。然而，两年多来，他却一直得不到主管的认可，狠狠心，他便跳槽去了第二家公司。这是一家一般制造业的合资公司，在国内的竞争力一般。结果，刚工作了一个月，王先生就辞职了。他说："我所工作过的这两家公司都还不错，我也努力干活，为什么总是得不到认可？这让我感到很挫败。”

经过咨询师的一番分析，王先生若有所思，“我终于知道自己为何总是怀才不遇了，是我的能力还不够。”

在现实生活中，有像马周那样怀才不遇的人吗？即使有怀才不遇的人，也只是个别案例。在绝大多数情况中，“怀才不遇”反映的是“怀才不够”。

为什么人们认为自己博学多才、能力过人、才华横溢、努力有加？这是一种普遍存在的错觉。人们觉得自己在很多方面都优于他人，然而事实并非如此。心理学家将该现象称为好于平均效应（better than average effect）。换言之，在社会比较过程中，人们形成的自我评价往往存在偏差。

3.1　人人都是好司机

你觉得你的驾驶技术如何？高于全世界的平均水平还是低于全世界的平均水平？你十有八九会回答“高于”。

你觉得自己漂亮吗？帅气吗？“颜值”高于全世界的平均水平还是低于全世界的平均水平？估计你还是倾向于回答“高于”。

你觉得你聪明吗？智力高于全世界的平均水平还是低于全世界的平均水平？在你心中，“高于”的声音再次响起。

假设人们的自我评价是准确无误的，应该有大约50%的人认为自己的表现好于平均水平，还有大约50%的人认为自己的表现不及平均水平。但是，当研究者将类似的题目抛给人们后，绝大多数人与你一样，都坚信自己的表现要比平均水平好（Alicke，1985；Brown，1986）。显然，人们的回答与现实生活中的客观情况不符，他们对自己的评价过于乐观了。

3.1.1　好于平均效应

心理学家把上述现象叫作好于平均效应，它是指人们在做比较性判断时，倾向于认为自己在积极维度上的表现比所在人群的平均水平好。你可能会问，是不是回答上述问题的人知识水平有限？他们无法清晰地认识自己。为了解答这一问题，心理学家找了不同的人并向他们提问。

研究者问中学生，你如何评估自己在中学生群体中的领导力？70％的学生认为自己的领导力名列前茅。研究者问司机，你如何评估自己在司机群体中的驾驶能力？90％的司机认为自己的驾驶能力高于平均水平。研究者问大学教授，你如何评估自己在教授群体中的能力？94％的教授认为自己的能力高于教授群体的平均水平。

可见，似乎没有一个群体能逃离好于平均的魔咒。无论是怎样的人、无论是对人格特质还是对能力的评价，都存在好于平均效应。人们觉得自己的道德水平位于平均水平之上，自己比起平均水平更富有同情心，自己的智力超过平均水平，自己的外貌比平均水平要好。

还记得在本章开篇部分我们请你估计你在测试中的成绩会好于百分之多少的读者吗？你当时给出的答案是什么？估计不少人认为自己的成绩会超过至少50％的读者。顺便说明，在本章结束部分其实没有我们声称的测试。之所以这么问，是想了解你对自己的评价。

更有意思的是，好于平均效应不仅存在于人们对自身人格特质与能力的评价中，哪怕在判断自己的态度时，也存在好于平均效应。在一个研究（Stavrova，Köneke，& Schlösser，2016）中，被试需要分别评价自己与大多数人在一些社会政治问题上的态度。在这些问题中，有些有明确的是非标准，而另一些则没有对错之分。研究者发现，在那些有是非对错标准的问题上，被试认为自己比绝大多数他人更支持这些标准。

为什么会出现好于平均效应？心理学家把原因分成了两类：动机方面的原因和认知方面的原因。

3.1.2　寻求自我肯定

导致好于平均效应的原因之一是人们具有自我增强的动机。在第 1 章中，我们已经介绍了自我增强的动机，它是一种追求自我肯定的动机。简单来说，人们都希望自己表现良好。自我增强的动机越强，人们在自我评价时越可能夸大自己的积极表现，而对负面表现视而不见。然而，在评价他人时，人们不具有肯定他人的动机，因此就出现了好于平均效应。

布朗（Brown，2012）认为，人们在自己认为重要的特质上会表现出较强的自我增强动机，希望自己表现得好，而在不太重要的特质上，这种自我增强的动机就会减弱。那么，要考察好于平均效应是否是自我增强的动机导致的，只要改变特质的重要性即可。如果人们在重要的特质上表现出较强的好于平均效应，而在不太重要的特质上表现出较弱的好于平均效应，那么就可证明该效应的确是由自我增强的动机造成的。相反，如果好于平均效应的强度不受特质重要性的影响，那么，导致该效应的原因就不是自我增强的动机。

在第一个研究中，布朗（Brown，2012）让 29 名本科生判断以下十个形容词在多大程度上可以描述自己。这十个形容词分别是诚实的、和蔼的、负责的、聪明的、胜任的、可靠的、尽责的、宜人的、富有想象力的和外向的。接着，被试再评价这些形容词在多大程度上可以描述绝大多数其他人。一部分被试先评价自己，再评价绝大多数他人；另一部分被试先评价绝大多数他人，再评价自己。最后，被试还需判断拥有这些特质对自己而言是否重要。

研究者发现，对这些被试而言，最重要的特质是诚实，接下来依次是和蔼、负责、聪明、具有胜任力、可靠、尽责、宜人、富有想象力，最不重要的是外向。另外，在除外向以外的九种特质上，都出现了好于平均效应，人们认为自己的表现优于平均水平。而且，好于平均效应的强度与特质的重要性之间呈现显著的正相关关系。在越是重要的特质上，人们表现出的好于平均效应越强。

接着，研究者把最重要的五种特质归为一类，最不重要的五种特质归为一类，并分析了好于平均效应在这两类特质中的强度。结果显示，在重要的特质上，被试表现出较强的好于平均效应，而在不重要的特质上，好于平均效应明显减弱。这些结果说明，自我增强的确是好于平均效应的幕后推手。

那么，当被试将自己与某一特定他人而不是一群他人进行比较时，是否也认为自己优于他人？为探究该问题，在第二个研究中，布朗（Brown，2012）邀请了 55 名本科生参与研究。他们首先以四人为小组针对某主题进行 20 分钟的小组讨论，小组讨论的目的是增进被试的相互了解。之后，研究者为每名被试随机选定一位小组成员，被试分别评价自己和这位小组成员在之前提到的十种特质上的表现。研究结果显示，在重要的特质上，好于平均效应仍旧存在，被试认为自己的表现优于某小组成员。但是，在不重要的特质上，好于平均效应的强度大大减弱。

在第三个研究中，研究者选取了五种特质，分别是宜人性、尽责性、想象力、外向性和可靠性，并告诉一半被试这是五种重要的、人人都想拥有的特质，而告诉另一半被试这是五种普通的特质。然后，被试分别评价自己与绝大多数他人在这五种特质上的表现。

研究者发现，当这五种特质被描述成重要特质时，人们表现出了好于平均效应，认为自己在这些特质上的表现优于绝大多数他人。但是，当这五种特质被描述成普通特质时，好于平均效应却消失了，人们对自己与绝大多数他人的评价没有差异。该结果再一次说明，自我增强的动机是导致好于平均效应的重要原因。

3.1.3　关注一个人，忽略一群人

尽管很多研究都说明好于平均效应源于人们对自我肯定的追求，但是，一些研究者对这一结论并不认同。他们认为得出这一结论的研究都有一个致命的局限——要求被试将自己与一群人进行比较。在这一范式中，自己是一个具体的人，而他人是一群抽象的人，研究者发现的好于平均效应可能源于具体与抽象的差异，而不是自我增强的动机。批评者据此提出，动机不是产生好于平均效应的根本原因，至少不是诱发好于平均效应的唯一因素。

那么，原因究竟是什么？批评者认为，人们往往对某个人的信息投以足够的关注，充分加工这些信息，无论这个人是自己还是其他人。而关于其他人的信息就不那么吸引眼球了，它们经常被忽略。因此，好于平均效应反映的是人们信息加工的特点。简言之，就是人们关注一个人而忽略一群人。

这些研究者认为，不妨要求被试将一个具体的他人与一群他人进行比较。如果好于平均效应的幕后推手是自我增强的动机，那么，在评价一个具体他人与一群他人时，人们不会认为这个具体他人的表现好于平均水平，因为在评价他人时人们不具有自我增强的动机。如果好于平均效应是由信息加工特点造成的，那么在评价一个具体他人与一群他人时，人们依旧会认为这个具体他人的表现好于平均水平。

有研究者（Klar & Giladi，1997）遵循了上述逻辑，他们把被试分成了四组。在第一组中，研究者告诉被试，在他们所在大学中有一个名叫塔（Tal）的女学生，并向被试呈现塔的照片。这张照片是经过事先筛选的，照片中的女学生具有中等吸引力。被试需要将塔与该大学的女学生在七个维度上的表现进行比较。这七个维度包括聪

明、友好、计划性、公正性、体贴、礼貌、大方。在第二组中，研究者不给被试呈现塔的照片，请被试将塔与该大学的女学生进行比较。在第三组中，塔的名字被更换成罗妮（Ronnie）。研究者给被试呈现罗妮的照片，被试需要将罗妮与该大学的女学生进行比较。在第四组中，研究者不给被试呈现罗妮的照片，被试将罗妮与该大学的女学生进行比较。

　　结果显示，无论评价的是塔还是罗妮，无论是否看到了塔或罗妮的照片，被试都认为塔或罗妮在所有维度上的表现高于平均水平。这就说明，人们不仅觉得自己的表现好于平均水平，还认为每个人的表现都好于平均水平。这说明自我增强动机不是引发好于平均效应的关键因素，人们对一个人和一群人的信息加工特点才是主要原因。

　　为了进一步演示好于平均效应，研究者（Klar & Giladi，1997）又进行了另外一个研究。他们隐去了特定他人的姓名，仅仅告诉被试有一个学号为 024238583 的女大学生。被试需要在相同的七个维度（聪明、友好、计划性、公正性、体贴、礼貌、大方）上将这名女学生与其所在学校的女学生进行比较。结果显示，即使隐去了特定对象的姓名，被试依旧认为这名女学生在所有维度上的表现都好于平均水平。

　　针对好于平均效应的成因，动机阵营与认知阵营的争论从未停止。其实，研究者不宜简单地割裂动机原因与认知原因，因为两者都扮演了重要角色。在某些情况中，寻求自我肯定发挥更大的作用，而在另一些情况中，关注一个人、忽略一群人的信息加工特点发挥更大的作用。

3.1.4　如何避免好于平均错觉

　　既然好于平均是一种有偏差的自我认识，人们如何才能避免产生好于平均的错觉？

　　俗话说，当局者迷，旁观者清。出于追求自我肯定的动机，人们眼中的自己总是"自带滤镜"。但是，旁观者就要客观许多，他们会无情地去除"滤镜"，给你呈现一个真实的自己。因此，寻求外部反馈是避免产生好于平均错觉的一条有效途径。请身边的朋友与同事评价自己，有助于我们形成更准确的自我认知。

　　不过，寻求外部反馈也不是一副万能药。还记得前文介绍的好于平均效应吗？由于信息加工的特点，你的亲朋好友能得到很多关于你的信息，他们也会认真加工这些信息，但他们无法得到关于他人的信息，即使能够得到，也不会对这些信息进行充分的考虑，因此，在亲朋好友的眼中，你可能依旧比绝大多数其他人表现得更好。此时，寻求更多关于他人的信息，并对这些信息加以足够的重视，能帮助你和你的亲朋好友对你做出较为准确的评价。

3.1.5　差于平均效应

　　尽管很多研究都揭示了好于平均效应，但我们仍要问：人们真的觉得自己好于平均吗？

　　你觉得你骑自行车的技能高于平均水平吗？你觉得你计算机编程的技能高于平均水平吗？如果你和大多数人一样，那么在第一题中你倾向于回答是，而在第二题中你倾向于回答否。可见，人们的自我评价并非在所有维度上都过于乐观，有时，人们会表现出悲观的一面。研究者发现了一个与好于平均效应截然相反的现象——差于平均效应（worse than average effect），它是指人们认为自己在某些积极的维度上的表现不及平均水平。

　　例如，当老年人评价自己与一位同伴的运动能力和外表吸引力时，他们表现出明显的差于平均效应，认为自己的运动能力与外表吸引力均比这位同伴差；人们认为自己活到 100 岁的可能性比他人小；自己的成绩位列全班前 1％的可能性也比他人小。

那么，何时会出现好于平均效应？何时又会出现差于平均效应？第一个决定因素是任务的难度。在面对容易的任务时，人们往往能预料到自己较好的表现，但不能充分意识到其他人的表现也会不错，因而出现了好于平均效应。在面对高难度的任务时，人们能预料到自己较差的表现，但不能充分意识到其他人也不擅长完成此任务，因而出现了差于平均效应。

克鲁格（Kruger，1999）考察了任务难度与好于平均效应的关系。他给被试一张能力清单，上面罗列了不同方面的能力，如与他人相处、书面表达、口头表达等，要求被试判断练就这些能力的难度。结果显示，难度由高到低分别是：技工、表演、销售、艺术、运动、音乐、组织工作、科学、创造性写作、数学、领导力、口头表达、书面表达、与他人相处。

此外，克鲁格（1999）还要求被试评价自己与他人在这些方面的表现。结果显示，在越是简单的任务中，越多人表现出好于平均效应。例如，89％的被试认为自己与他人相处的能力高于平均水平，64％的被试认为自己的书面表达能力高于平均水平，63％的被试认为自己的口头表达能力高于平均水平。但是，在较难的任务中，表现出好于平均效应的人数百分比直线下降。在技工能力方面，只有38％的被试认为自己的能力高于平均水平；在表演能力方面，这一百分比也是 38％；在销售能力方面，这一百分比是 50％；在艺术能力方面，这一百分比是 39％。

其他研究者也得到了相同的结果。例如，有研究（Windschitl，Kruger，& Simms，2003）发现，在关于美索不达米亚地区的知识竞赛中，大学生认为自己只有 6％的可能性击败来自同一学校的同学。但是，在关于电视情景剧的知识竞赛中，他们自认为击败其他同学的可能性高达 70％。很显然，前者的难度较大，后者的难度较小。

　　在简单的任务上，人们知道自己知道，但不知道他人也知道，因此过于乐观地认为自己好于平均水平。而在困难的任务上，人们知道自己不知道，但不知道他人也不知道，因此，悲观地认为自己差于平均水平。这也就是为什么你认为自己骑自行车的技能位于平均水平之上，而编程的技能则位于平均水平之下。

　　第二个决定因素是人们对事件的控制感。当人们对事件感知到较高的控制感时，倾向于认为自己在这件事情上的表现好于平均水平；当人们对事件缺乏控制感时，更可能认为自己在这件事情上的表现差于平均水平。

　　有研究者（Menon，Kyung，& Agrawal，2009）把被试分成两组。一组为高控制感组，研究者告诉被试他们下学期将选修某门课程，该课程成绩完全取决于他们的期末考试分数，而期末考的题目都是课上讲过的内容。另一组为低控制感组，研究者告诉被试期末考的题目都是关于如何将课堂讲授的知识应用于实际生活的。接着，被试需要评价自己和另一名同学在这门课程中获得好成绩的可能性。

　　结果显示，高控制感组的被试出现了好于平均效应，自信满满地认为自己比他人更可能获得好成绩。但是，低控制感组的被试出现了差于平均效应，悲观地认为他人比自己更有可能获得好成绩。

　　第三个决定因素是任务的真实性。在假想的任务中，人们对自己的表现有更为乐观的预测，更可能出现好于平均效应。但是，在真实的任务中，过分自信的现象有所减少，更可能表现出差于平均效应。

　　总之，尽管好于平均效应非常普遍，但它的出现仍需要一些前提条件，如简单的任务等。在个别情境中，人们也会对自己感到不自信，悲观地认为自己的表现位于平均水平之下。

3.2　我优故我优于他人

在生活中，许多重要的决定都依赖对自己与他人之间相对情况的判断。例如，运动员并非在每一场比赛中都拼尽全力，而常需要判断自己与竞争对手的能力差距，并依此决定自己在比赛中需要付出多少努力；员工会将自己的薪酬与同事进行比较，来判断自己所得的酬劳是否合理，并决定是否应该要求加薪；企业决定要在其条业务线投入大量资源前，往往需要先判断自己与竞争对手之间的实力差距……因此，只有准确地判断差距的大小，人们才能认清自己与他人的情况，从而做出明智的决策。然而，人们真的能够对差距做出准确的判断吗？

3.2.1　差距知觉

社会比较中往往会存在差距。例如，当你和一位朋友同时进行投资，你们的投资结果之间就会产生不同的差距：一月，你在投资中获益 1200 元，而朋友获益 1000 元；二月，你获益 1000 元，而朋友获益 1200 元；三月，你在投资中损失 1000 元，而朋友损失 1200 元；四月，你损失 1200 元，而朋友损失 1000 元。在这四个月中，你和朋友投资结果之间的差距都是 200 元。但是，对于这客观上相同的 200 元差距，你的感受是否相同？你所处的状态是否会使你对这些差距产生误判？

在上述情境中，你在一月的获益 1200 元和二月的获益 1000 元都是绝对获益，三月的损失 1000 元和四月的损失 1200 元都是绝对损失。另外，一月和三月你的投资结果好于朋友，这是相对获益，二月和四月你的投资结果差于朋友，这是相对损失。人们的绝对状态和相对状态如何影响差距知觉？

当人们只知道自己的绝对表现而不知道他人的绝对表现时，推断自己与他人表现的相对好坏时常常会出现偏差。我们之前已经介绍过，在简单的任务中表现出色会使人们做出自己好于平均水平的判断；在困难的任务中表现不佳会使人们做出自己差于平均水平的判断。这些偏差体现出人们对自身相对表现的评估会在很大程度上受到自身绝对表现的影响。当自身在绝对维度上表现较好时，人们大多会高估自己相对于他人的地位；而当自身在绝对维度上表现较差时，人们大多会低估自己相对于他人的地位。

当人们明确知道自己的绝对状态，也明确了解他人的绝对状态时，人们如何判断自己与他人之间的差距？

3.2.2　泛化效应

本书作者曾探讨了上述问题，并提出了差距知觉的泛化效应。

尽管绝对状态和相对状态都会影响人们的判断与决策，但人们会先考虑绝对状态，后考虑相对状态。这是因为绝对损益会直接影响到个人的实际所得，而相对损益则不产生实际影响。因此，当缺乏绝对标准时，人们常依赖相对标准；当存在绝对标准时，社会比较的影响力就大大降低。因此，人们在判断自我与他人之间的差距大小时，优先考虑绝对状态。

那么，绝对状态如何影响差距知觉？本书作者提出了泛化假设。社会认知中常常会出现泛化现象。例如，晕轮效应（halo effect）指人们会将自己对他人某些特征的印象泛化到此人其他有关甚至无关的方面。人们常常认为长相好看的人也很可能更诚实、更善良。刻板印象（stereotype）也是泛化的例证。人们会对某个群体产生一种固定的印象，并将这个群体中部分成员身上的特征泛化到群体所有成员的身上。人们看到某位程序员爱穿格子衬衫，就会认为所有程序员都爱穿格子衬衫。

　　人们在判断自己的相对表现时，也会受到泛化的影响。由于绝对损益的作用优先于相对损益，人们会将对自己绝对表现的评价泛化到对自己相对表现的评价上。当人们在绝对维度上获益时，会认为自己在相对维度上表现较好，因而将相对获益时的差距判断得较大，将相对损失时的差距判断得较小；当人们在绝对维度上损失时，会倾向于认为自己在相对维度上表现较差，因而将相对获益时的差距判断得较小，将相对损失时的差距判断得较大。

　　简单来说，在面对下行社会比较时，人们大多认为，我做得好所以我比你好很多，你很难追上我；我做得差所以你不比我差多少，轻而易举就能被你追上。在面对上行社会比较时，人们大多认为，我做得好所以我不比你差多少，追上你指日可待；我做得差所以我比你差很多，需要花大力气才能追上你。

　　为检验差距知觉的泛化机制，我们将被试分成四组。在第一组中，被试得知自己在投资中赚了 300 元，同学赚了 200 元；在第二组中，被试赚了 300 元，同学赚了 400 元；在第三组中，被试亏了 300 元，同学亏了 400 元；在第四组中，被试亏了 300 元，同学亏了 200 元。被试需要判断自己与同学之间的差距有多大。

　　结果显示，当人们赚钱时，也就是在绝对维度上表现较好时，大多会夸大自己在相对维度上的优势，认为自己比他人好很多，或者自己不比别人差多少。而当人们亏损时，也就是在绝对维度上表现较差时，大多会夸大自己在相对维度上的劣势，认为自己不比他人好多少，或者自己比他人差很多。

　　此外，我们还使用社交媒体情境重复检验了差距知觉的泛化效应。被试得知自己与同事都是职业写手，各自在社交媒体的公众平台上发布了一篇文章。读者可以对每一篇文章点击"赞"或者"踩"。每位写手所获得的"赞"和"踩"的数量会影响到他们获得的酬劳。一段时间后，两人得到了不同数量的"赞"和"踩"。在第一组中，被试得到 60 个"赞"，同事得到 40 个"赞"；在第二组中，被试得到 40 个"赞"，同事得到 60 个"赞"；在第三组中，被试得到 40 个"踩"，同事得到 60 个"踩"；在第四组中，被试得到 60 个"踩"，同事得到 40 个"踩"。被试需要判断自己与同事之间的差距。

研究结果与之前的完全一致：人们把自己在绝对维度上的表现泛化到差距知觉上。当得到"赞"时，人们可能会夸大自己在相对维度上的优势；当得到"踩"时，人们可能会夸大自己在相对维度上的劣势。实际上，差距知觉体现了过度泛化偏差（overgeneralization bias）——人们将某些特定情境中的规律泛化到其他相关甚至不相关的情境中。

3.3 "你优故我优"与"你优故我劣"

在你所在的公司或学校，绩效或成绩最好的人是谁？请仔细回顾他在近期取得的成绩。现在，请再回顾你近期的表现有多好。

当与他人进行社会比较之后，人们对自己的自我评价会发生怎样的变化？你认为自己的表现与最优者的差距很小还是很大？

3.3.1 同化效应与对比效应

社会比较后的自我评价可能朝着两个方向发展。第一个方向是趋近比较基准的实际表现，即产生同化效应（assimilation effect）。例如，有些人与爱因斯坦进行智力方面的社会比较之后，觉得自己可与爱因斯坦比肩；有些人与科比进行篮球技能方面的社会比较之后，觉得自己的投篮水平堪比科比。上述两个例子是上行社会比较的同化效应。在下行社会比较中，也存在类似现象。有些同学与考试不及格的同桌进行社会比较后，认为自己的成绩也不好。

第二个方向是远离比较基准的实际表现，即产生对比效应（contrast effect）。例如，有些人与爱因斯坦进行智力方面的社会比较之后，觉得自己愚蠢不堪；有些人与科比进行篮球技能方面的社会比较之后，认为自己毫无运动细胞。对比效应也存在于下行社会比较中。例如，有些同学与考试不及格的同桌进行社会比较后，认为自己学业有成。

在哪些情况中会发生同化效应，而在哪些情况中会发生对比效应？这些影响因素大致可以分为三类：自我相关因素、他人相关因素以及自我与他人关系的相关因素。

在自我相关因素方面，第一个因素是自我的快乐水平。自我的快乐水平会影响同化效应和对比效应。在进行上行社会比较时，快乐的人可能会产生同化效应，认为自己如同优秀的他人一般出色，但是不快乐的人可能会产生对比效应，认为自己远不及他人优秀。但是，在进行下行社会比较时，无论是快乐还是不快乐的人均可能产生对比效应，觉得自己远胜于情况糟糕的他人。第二个因素是自尊水平。当面临上行社会比较信息时，高自尊者可能看到了希望，因此产生同化效应，他们对自己的评价更为积极；当面临下行社会比较信息时，低自尊者可能发现自身的长处，因此产生对比效应。第三个因素是自我认识的确定性。当人们不确定自己的表现究竟如何时，他们在进行社会比较之后可能产生对比效应；当人们对自己的认识具有较高的确定性时，他们在进行社会比较之后则可能产生同化效应。

在他人相关因素方面，他人的可达性（accessibility）影响同化效应和对比效应。如果人们觉得通过努力可以追上比较基准就会产生同化效应；如果感到再怎么努力都追不上比较基准则会产生对比效应。例如，有些男子篮球队运动员觉得自己的篮球技能有朝一日能比肩科比，在与科比进行社会比较之后，他们的自我评价会出现同化效应，觉得自己的篮球技能还不错。但是，对绝大多数普通人来说，再怎么努力练习都无法企及科比的水平，他们则会产生对比效应，觉得自己根本不是打篮球的料。对于下行社会比较，情况非常类似。如果人们认为自己的境遇不会像他人那么糟糕，他们的自我评价就会呈现出对比效应。如果认为自己的境遇很有可能跟他人一样糟糕，他们就会产生同化效应。

在自我与他人关系的相关因素方面，第一个因素是双方的相似性。即便人们与比较基准之间只有一个微不足道的共同点，如同月同日生，也会出现明显的同化效应；如果找不到任何共同点，则出现对比效应。第二个因素是类别。如果人们发现自己与比较基准属于同一群体就可能产生同化效应，相反则产生对比效应。

除了上述因素，还有一些很有意思的研究发现，让我们一一介绍。

3.3.2　物理趋近与远离

同化效应的定义中包含一个关键元素——趋近，对比效应的定义中同样包含一个关键元素——远离。那么，自我评价的"趋近"与"远离"和物理上的"趋近"和"远离"是否存在关系？当人们在物理上趋近某个对象之后，自我评价是否更可能出现同化效应？当人们在物理上远离某个对象之后，自我评价是否更可能出现对比效应？

尽管自我评价和物理自我是两个不同的概念，但是身心并非二元，从具身认知（embodied cognition）的角度来说，自我概念与物理自我具有一定的关联。有研究者（Fayant，Muller，Nurra，Alexo-poulos，& Palluel-Germain，2011）认为，物理上趋近或远离比较基准为人们提供了感官信息，这种信息继而转换成相应的自我评价。趋近某个对象就会产生同化效应，而远离某个对象就会产生对比效应。

在第一个研究中，费扬等人（Fayant et al.，2011）要求被试先完成一个迷宫任务。如图 3-1 所示，被试需要通过移动鼠标，帮助处于圆心位置的小老鼠走出迷宫。在趋近条件中，迷宫出口处放置着一块奶酪，小老鼠走迷宫是为了趋近这块奶酪。在远离条件中，迷宫里有一只猫头鹰，小老鼠走迷宫是为了远离这只猫头鹰。

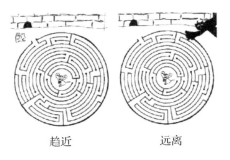

趋近   远离

图 3-1   走迷宫任务（引自 Fayant et al. ， 2011）

接下来，被试阅读一段描述亚历克斯（Alex）的文字。在一种条件中，亚历克斯搬至了一个新的城市，很快适应了新城市的生活，参加了很多社交活动，交到了不少新朋友。在另一种条件中，亚历克斯搬至了一个新的城市，他迟迟无法适应新城市的生活，很少参与社交活动，也没结识新朋友。最后，被试对自己的社交表现进行评价。

结果显示，在趋近条件中，被试的自我评价出现了同化效应。亚历克斯的表现好，被试的自我评价也高；亚历克斯的表现差，被试的自我评价也低。但是，在远离条件中，被试的自我评价出现了对比效应。亚历克斯的表现好，被试的自我评价反而较低；亚历克斯的表现差，被试的自我评价反而较高。

在第二个研究中，研究者要求被试在加工社会比较信息的同时做出趋近或远离的动作。所有被试都站在一个大屏幕前。在趋近条件中，被试需要向屏幕方向前进两步，与此同时，屏幕上播放关于亚历克斯的描述。在远离条件中，被试需要向远离屏幕的方向后退

两步，与此同时，屏幕上播放关于亚历克斯的描述。大致程序如图
3-2 所示。对亚历克斯的描述与之前的研究相同。最后，被试评价自
己的社交表现。研究结果再次显示，在趋近条件中，被试的自我评
价出现了同化效应。在远离条件中，被试的自我评价出现了对比
效应。

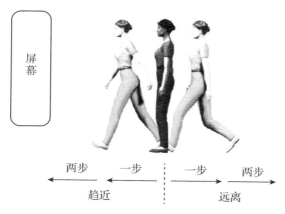

图 3-2　前进与后退任务（引自 Fayant et al. , 2011）

在第三个研究中，研究者变换了社会比较信息。被试还是完成
前进与后退的任务，这一次，屏幕上呈现的是若干张面孔照片。在
第一种条件中，这些面孔的颜值很高；在第二种条件中，这些面孔
的颜值较低。此后，被试需要评价自己的外貌。研究结果与前两个
研究类似，在趋近条件中，被试的自我评价出现了同化效应，在看
到美丽的面孔后，他们对自己的外貌感到自信，而在看到吸引力较
低的面孔后，他们对自己的外貌也缺乏信心。在远离条件中，被试
的自我评价出现了对比效应，在看到美丽的面孔后，他们觉得自己
貌不如人，而在看到吸引力较低的面孔后，他们对自己的外貌建立
起了自信。

由此可见，物理世界与心理世界具有千丝万缕的联系。物理上
的趋近与远离会影响人们心理上对自己的评价。启动趋近的概念或

真正的趋近某个对象会导致社会比较的同化效应，而启动远离的概念或真正的远离某个对象会导致社会比较的对比效应。

3.3.3 信息加工难度

设想你有一位朋友名叫王小山，还有一位朋友名叫阚韧珩。你更喜欢谁？很显然，"王小山"这个名字读起来朗朗上口，而"阚韧珩"则十分拗口。我们对前一个名字的加工非常流畅，而对后一个名字的加工则难度颇大。心理学家发现，信息加工难度会悄无声息地影响人们的判断。人们会把朗朗上口的流畅感归结于他们喜欢王小山，从而对他形成积极的态度；把拗口难念的不流畅感归结于不喜欢阚韧珩，从而对他形成消极的态度。

那么，在加工社会比较信息时人们体验到的难易程度是否会影响同化效应和对比效应？有研究者（Häfner & Schubert，2009）认为，当人们体验到对某个对象的加工流畅时，倾向于认为自己与他之间的距离较近，因此会出现社会比较的同化效应。当人们体验到对某个对象的加工有难度时，倾向于认为自己与他之间的距离较远，因此会出现社会比较的对比效应。

为了检验上述推测是否正确，有研究者（Häfner & Schubert，2009）招募了一群大学生被试，并向其呈现一些面孔照片。在第一组中，这些面孔都具有很高的吸引力，而且照片非常清晰。在第二组中，这些面孔的吸引力非常低，但是照片很清晰。在第三组中，这些面孔的吸引力高，但是照片非常模糊。在第四组中，这些面孔的吸引力低，而且照片很模糊。加工清晰的照片很容易，而加工模糊的照片则相当困难。最后，被试需要再对自己的外貌进行打分。

结果显示，在容易加工的条件中出现了社会比较的同化效应，当呈现的面孔具有较高的吸引力时，被试对自己外貌的评价较高，当呈现的面孔具有较低的吸引力时，被试对自己外貌的评价较低；

在较难加工的条件中出现了社会比较的对比效应，当呈现的面孔具有较高的吸引力时，被试对自己外貌的评价较低，当呈现的面孔具有较低的吸引力时，被试对自己外貌的评价较高。

在第二个研究中，研究者给第一组被试呈现一张犀牛的照片和一张河马的照片，要求他们找出两张照片的相似之处；给第二组被试呈现一张犀牛的照片和一张鳄鱼的照片，要求他们找出两张照片的相似之处；给第三组被试呈现一张犀牛的照片和一张河马的照片，要求他们找出两张照片的不同之处；给第四组被试呈现一张犀牛的照片和一张鳄鱼的照片，要求他们找出两张照片的不同之处。犀牛和河马比较相似，因此，被试能轻而易举地找出两者的相似之处，却难以找出两者的不同之处。然而，犀牛和鳄鱼截然不同，因此，被试能轻而易举地找出两者的不同之处，却难以找出两者的相似之处。

之后，研究者给被试呈现一张具有中等吸引力的女性面孔，要求被试评价其外貌。研究者发现，在容易加工的条件中出现了同化效应，在较难加工的条件中出现了对比效应。可见，社会比较信息的加工难度也会影响同化效应和对比效应。如果人们在加工信息的过程中感到非常困难，则可能出现对比效应；如果人们感到轻而易举，则可能出现同化效应。

3.3.4　生理温暖

请设想第一种情况，此刻寒风呼啸，你站在寒风中瑟瑟发抖，冻得直跺脚，你觉得周边的人与你亲近吗？再设想第二种情况，春暖花开，你沐浴在和煦阳光中，此时你觉得周边的人与你亲近吗？社会心理学的研究表明，生理温暖对人们的行为有诸多影响，它会诱发亲社会行为，让人们觉得自己与他人更加亲近。

当体验到生理温暖时，人们在社会比较后的自我评价会出现同化效应还是对比效应？有研究者(Steinmetz & Mussweiler，2011)认为，生理温暖有助于人们体验到自己与他人之间的相似性，进而引发社会比较的同化效应。

在第一个研究中，研究者招募了 58 名大学生作为被试。在生理温暖组，被试在气温为 25℃至 27℃的日子里参与研究；在生理寒冷组，被试在气温为 8℃至 12℃的日子里参与研究。这些日子的天气情况相似——多云且无雨。研究在室外进行。研究者给被试呈现六对物品，如白酒与红酒、自行车与摩托车，要求被试判断每一对中的两件物品是否相似。结果显示，相比于生理寒冷组，生理温暖组的被试认为每一对物品之间具有更高的相似性。这就说明，生理温暖能促进相似性判断。

在第二个研究中，研究者招募了 55 名男大学生。研究依旧在室外进行，生理温暖组的室外气温为 25℃至 27℃，生理寒冷组的室外气温为 8℃至 12℃。研究者向一半被试呈现一张男性照片，他的上身及脸部特征都表明他十分强壮。另一半被试看到的男性照片则显示，此人非常柔弱。之后，被试需要将自己与这位男性进行比较，并评价自己是否强壮。

结果显示，生理温暖组的被试在进行社会比较之后出现了同化效应。在他们看到强壮的模特之后，感觉自己也肌肉发达；在他们看到柔弱的模特之后，感觉自己也弱不禁风。但是，在生理寒冷组，被试在看到强壮或柔弱的模特之后的自我评价没有明显的区别。这一结果表明，相比于生理寒冷，生理温暖的确能诱发社会比较的同化效应。

在第三个研究中，研究者招募了 41 名男大学生。这一次的研究在室内进行。生理温暖组的被试进入一个温度恒定在 24℃至 25℃的房间，生理寒冷组的被试进入一个温度恒定在 17℃至 18℃的房间。进入房间后，研究者要求被试脱去外套，并花八分钟时间填写问卷。

这一任务的目的是让被试准确地体验到房间的温度。接下来的程序与第二个研究类似，被试观看一张男性的照片，照片中的人物或强壮或柔弱。最后，被试进行社会比较，并评价自己的强壮程度。研究者得到了与第二个研究非常类似的结果，在生理温暖组，被试在进行社会比较之后出现了同化效应。但是，在生理寒冷组，被试则出现了对比效应。

可见，人们在社会比较时的生理状态也会影响社会比较之后的自我评价。相比于瑟瑟发抖的情况，当人们沐浴在和煦的阳光中时，他们更有可能产生同化效应，因他人的优秀表现而提升对自己的评价，因他人不好的表现而降低对自己的评价。

3.3.5 同化效应与对比效应的整合框架

至此，我们已经介绍了一些影响社会比较结果的因素。但是，这些因素如同一个个零散的部件，它们的排列看似毫无章法。研究者亟须一个框架把这些排列零乱的部件整合起来。这时，穆斯魏勒（Mussweiler）站了出来。他是德国国家科学院的成员，也是社会比较领域的顶尖研究者。

穆斯魏勒（Mussweiler，2003）提出了选择可得性模型（selective accessibility model）。他认为，人们在进行社会比较的时候，不会搜寻关于比较事物的所有信息，而是根据当下最容易想起的信息进行比较。如图 3-3 所示，在比较过程中，人们首先根据这些信息评估比较目标与比较基准之间的相似性。如果两者相似，人们就会进一步寻找能证明两者相似的证据，从而导致同化效应。如果两者不相似，人们就会进一步寻找能证明两者不相似的证据，从而导致对比效应。

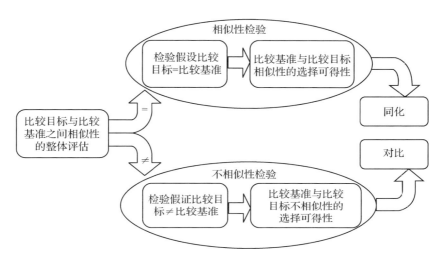

图 3-3　选择可得性模型（引自 Mussweiler，2003）

选择可得性模型能较好地解释生理温暖与同化效应之间的关系。当人们体验到生理温暖时，就倾向于认为事物之间具有较高的相似性，从而激活了支持这一假设的信息，由此引发了同化效应。

此外，布莱斯和施瓦茨（Bless & Schwarz，2010）提出了第二个整合模型——包含/排除模型（inclusion/exclusion model）。假设人们得到关于爱因斯坦的信息，并将自己与爱因斯坦进行社会比较，如果人们将关于爱因斯坦的信息整合进对自我的表征中，就会产生同化效应。如果人们在进行自我表征时排除了有关爱因斯坦的信息，那么就会产生对比效应。

包含/排除模型能较好地解释加工难易程度对同化效应和对比效应的作用。当人们感知到对信息的加工非常容易时，倾向于将他人的信息整合进对自我的表征中，因此更可能出现社会比较的同化效应。然而，当人们感知到对信息的加工比较困难时，在自我表征时倾向于将他人的信息排除在外，因此更可能出现社会比较的对比效应。

无论是选择可得性模型还是包含/排除模型，都解释了为什么会出现社会比较的同化或对比效应。前者关注比较目标与比较基准之间的相似程度，后者则关注人们是否将比较标准纳入对自我的表征中。简言之，更高的相似性和更强的包容性会诱发同化效应，反之，则诱发对比效应。

3.4 "我比他高"与"他比我矮"

如果此刻你正在与朋友就谁高谁矮一较高下，很幸运，你以微弱的优势取胜，你会如何向其他人描述比较的结果？你既可以说"我比他高"，也可以说"他比我矮"。同样，在比较能力时，既可以说"我比他强"，也可以说"他比我弱"。

从逻辑上来讲，这两种说法表达的是完全相同的意思。"我比他高"就等于"他比我矮"，"我比他强"就等于"他比我弱"。但是，逻辑上的等价并不意味着心理感觉上的等价。在这一部分，我们将探讨两个问题。第一，人们更喜欢哪种表述方式？第二，当采用不同的表述方式时，人们的自我评价是否会产生差异？

在介绍社会比较的框架效应（framing effect）之前，先让我们来了解经典的框架效应。

3.4.1 判断与决策中的框架效应

框架效应是判断与决策领域最重要的发现之一。它意指当用不同的方式描述同一件事情时，人们会产生不同的判断，从而做出不同的决策。所谓框架，就是对问题的描述方式。

框架效应有三类：风险选择的框架效应、属性的框架效应以及目标的框架效应。风险选择的框架效应是指，对同一问题的不同描述方式会影响人们的风险偏好（risk preference）。研究者（Tversky &

Kahneman，1981)的"疾病问题"很好地演示了什么是风险选择的框架效应。他们给被试呈现一段与疾病有关的决策问题。

假设美国正准备应对一种罕见的疾病，这一疾病预计将导致 600 人丧生。目前，有两种针对该疾病的治疗方案。据准确的科学估计，两种方案会导致的结果如下。

他们给 152 名被试以正性框架呈现了以下选择：

假如采用 A 方案，200 人会被救活。

假如采用 B 方案，1/3 的可能 600 人会被救活，2/3 的可能没有人能被救活。

你选择哪种方案？

同时，给另外 155 名被试以负性框架呈现了以下选择：

假如采用 C 方案，400 人会死亡。

假如采用 D 方案，1/3 的可能没有人会死亡，2/3 的可能600 人会死亡。

你选择哪种方案？

很显然，无论是正性框架还是负性框架，描述的是完全一样的候选项。600 人中有 200 人获救和 600 人中有 400 人死亡是同一件事情。也就是说，方案 A 的结果和方案 C 的结果一样，而方案 B 的结果和方案 D 的结果一样。但是，正是不同的描述方式导致了人们截然不同的风险偏好。在正性框架下，72％的被试选择了风险规避的A 方案，28％的被试选择了风险寻求的 B 方案。而在负性框架下，

22％的被试选择了风险规避的 C 方案，78％的被试选择了风险寻求的 D 方案。换言之，大多数人选择了 A 而拒绝了 C，大多数人选择了 D 而拒绝了 B，被试在不同框架下出现了风险偏好的反转。

　　属性的框架效应是指，描述同一件事情的不同属性会影响人们对该事情的评估。例如，有研究者（McNeil, Pauker, Sox, & Tversky, 1982)要求被试假想自己不幸患了肺癌，此时，他们面临两种方案：手术和放射疗法。研究者告诉一部分被试两种方案的存活率。

　　　　手术：在 100 名接受手术的病人中，术后有 90 人存活，术后一年有 68 人存活，术后五年有 34 人存活。
　　　　放射疗法：在 100 名接受放射疗法的病人中，预后所有人都存活，预后一年有 77 人存活，预后五年有 22 人存活。

　　此外，研究者告诉另一部分被试两种方案的死亡率。

　　　　手术：在 100 名接受手术的病人中，术后有 10 人死亡，术后一年有 32 人死亡，术后五年有 66 人死亡。
　　　　放射疗法：在 100 名接受放射疗法的病人中，预后没有人死亡，预后一年有 23 人死亡，预后五年有 78 人死亡。

　　无论是告诉被试存活率还是死亡率，决策问题的本质并没有发生改变。但是，在"存活率"这种正性框架中，只有 18％的被试选择了放射疗法，而在"死亡率"这种负性框架中，有 44％的被试选择了放射疗法。

　　事实上，这种属性的框架效应在生活中十分常见。凡事都有两面性。根据属性的框架效应，针对事物不同方面的描述会影响决策者对事物的判断。

　　例如，有研究者(Levin & Gaeth，1988)告诉一部分被试，有一块牛肉含有 75％的瘦肉，这是一种正性框架。他们告诉另一部分被试，有一块牛肉含有 25％的肥肉，这是一种负性框架。之后，所有被试需要判断这块牛肉的质量。研究者发现，正性框架组的被试比负性框架组的被试对牛肉的评价更高。牛肉还是那块牛肉，有 75％的瘦肉就意味着有 25％的肥肉，有 25％的肥肉就意味着有 75％的瘦肉，但是描述瘦肉和描述肥肉却导致人们对同一块牛肉有不同的评价。根据这一逻辑，如果想要人们对评价目标具有更为积极的态度，在描述时就应该采用正性框架，比如描述投篮者的命中率、医疗方案的成功率等。

　　目标的框架效应是指对目标的不同描述会影响信息的说服力。例如，同样是购买牙膏，有些消费者的目标是促进口气清新，而有些消费者的目标则是防止蛀牙。同样是购买防晒霜，有些消费者的目标是美白皮肤，而有些消费者的目标则是避免晒伤。同样是购买空气净化器，有些消费者的目标是改善空气质量，而有些消费者的目标则是避免空气污染。在这些例子中，前一种目标的核心都是达到一种理想的状态，后一种目标的核心都是避免一种不好的状态。研究者把前者称作趋近目标，把后者称作回避目标。

　　为使信息具有更强的说服力，人们需要针对具有不同目标的决策者给出不同的信息。营销者应该向具有趋近目标的决策者提供含有趋近目标的信息。例如，"本品牌的牙膏能有效美白牙齿""本品牌的空气净化器能改善空气质量"。营销者应该向具有回避目标的决策者提供含有回避目标的信息。例如，"本品牌的牙膏能有效防止蛀牙""本品牌的空气净化器能避免空气污染"。

　　对同一决策问题的不同描述方式会影响人们的判断与决策。尽管不同的描述方式在逻辑上是等价的，但它们带给决策者的心理感受是不同的。

3.4.2 "我比他高"的强说服力

尽管"我比他高"和"他比我矮"这两种说法描述的是同一个事实，但人们更习惯使用哪种表述方式？觉得哪种表述更为可信？会存在社会比较的框架效应吗？

有研究者（Hoorens & Bruckmüller，2015）认为，人们更频繁地采用"A 比 B 多"的表达方式，较少采用"B 比 A 少"的表达方式。人们也更喜欢"A 比 B 多"的表达方式，认为这种表达方式具有更强的说服力。这是为什么？因为人们觉得加工"A 比 B 多"比加工"B 比 A 少"更加容易，这种认知上的流畅性继而会体现为更强的说服力，人们觉得"A 比 B 多"比"B 比 A 少"更可信。

在第一个研究中，研究者（Hoorens & Bruckmüller，2015）考察了人们的使用习惯。他们邀请德国街头的民众描述男女差异。对于一半被试，研究者的问法是："请考虑一下，男性在哪些方面与女性有所不同？"对于另一半被试，问法则是："请考虑一下，女性在哪些方面与男性有所不同？"研究者发现，人们在 84% 的对比性描述中都采用了"A 比 B 多"的表达方式。

之后，两位研究者又走进了大学，要求大学生选定一位同性朋友，并罗列十种人格特质。之后，一半被试需要就这十种人格特质逐一将自己与朋友进行比较。另一半被试需要就这十种人格特质逐一将自己的朋友与朋友的朋友进行比较。结果显示，人们在 76.4% 的对比描述中都采用了"A 比 B 多"的表达方式。可见，站在说者的立场上，人们更常使用"A 比 B 多"的说法。

那么，站在听者的立场上，人们觉得哪种说法更可信？研究者邀请被试来到实验室，被试阅读一段比较不同年龄员工职业态度的文章。在"A 比 B 多"的条件中，他们读道："相比于年轻的员工，年长的员工认为对雇主的忠诚度更为重要；他们对自己的薪水更为满意，更具有职业道德，更重视自己与同事之间的关系。"在"B 比 A 少"的条件中，被试读道："相比于年长的员工，年轻的员工认为对雇主的忠诚度没有那么重要；他们对自己的薪水没有那么满意，没有那么具有职业道德，没有那么重视自己与同事之间的关系。"之后，被试评价这段材料的可信度和说服力。结果显示，人们认为"A 比 B 多"的说法更可信。

　　上述效应是否稳定存在？这一次，研究者请被试阅读一段关于抗过敏药的文章。第一种药物叫 Xylon，它是研究者虚构的，主要针对头痛和流泪，吸收快，但是有损注意力。第二种药物叫 Medovan，它也是研究者虚构的，针对免疫系统，长期有效，但会导致胃部不适。在"A 比 B 多"的条件中，文章里的比较信息都采用"某种药比另外一种药好"的描述方式，在"B 比 A 少"的条件中，文章里的比较信息都采用"某种药比另外一种药差"的描述方式。之后，被试评价文章的可信度和说服力。结果依旧是人们认为"A 比 B 多"的说法更可信。

　　接下来，研究者想考察人们在阅读完含有不同表述方式的文章之后对文中观点的赞同程度。他们要求被试阅读一段关于两性的文章。这段文章比较了男性和女性在各方面的表现，共有 104 条观点。其中，有些观点以"A 比 B 多"的形式呈现，有些观点则以"B 比 A 少"的形式呈现。有些观点符合人们对男性和女性的刻板印象，如男性的数学能力比女性强；有些观点则与刻板印象相反，如女性的空间定位能力比男性强。另外，有些观点关乎优良品性，有些观点关乎不可取的品性。在读完每一条观点后，被试需要评价自己是否赞同该观点。结果显示，无论是对于优良品性还是不可取的品性，无论是对于符合刻板印象的观点还是不符合刻板印象的观点，当观点以"A 比 B 多"的形式出现时，人们对它更为认同，而当观点以"B 比

A 少"的形式出现时，人们对它的认同程度有所降低。

研究者想进一步考察造成上述效应的原因是否是信息的加工流畅性。他们认为，由于被试没有意识到"B 比 A 少"的描述方式很难加工，他们错误地把加工不流畅造成的心理不适归因为观点不可信。但是，一旦让人们意识到"B 比 A 少"比"A 比 B 多"更难加工，他们就不会做出这种错误归因了。为了检验加工流畅性的作用，研究者把被试分为三组，三组被试都阅读关于两性的文章。第一组被试读到的是"A 比 B 多"的论点，第二组被试读到的是"B 比 A 少"的论点，第三组被试同样读到的是"B 比 A 少"的论点，但是他们被告知这样的表述显得有点奇怪，因此人们在处理这些信息时会感到比较困难。最后，被试需要评判自己对这些观点的认同程度。

结果显示，在"A 比 B 多"的条件中，被试的认同度最高；其次是"B 比 A 少"且被告知困难的条件；认同度最低的是"B 比 A 少"且未被告知困难的条件。上述结果证明了加工流畅性的作用。

综上，尽管"我比他高"和"他比我矮"描述的是同一个事实，但是，人们更习惯使用前一种表述方式，觉得前一种表述方式的可信度更高，因为人们很容易加工前一种表述，而加工后一种表述则颇有难度。可见，如果想说服他人，信息传播者最好使用"我比他高"的描述方式。

3.4.3 "我比他高""他比我矮"与自我评价

在上一部分中，我们介绍了"我比他高"和"他比我矮"在加工流畅性方面的差异，以及人们更常用哪种表达方式、更加信服哪种表达方式。那么，这两种表达方式将如何影响人们对自己表现的满意度？有研究者(Song，Xie，& Zhang，2017)探讨了该问题。

在他们的第一个研究中，被试阅读一段关于小华的描述，小华是一名与被试经历相似的学生。在上行社会比较的条件中，一组被试被告知，小华的社交能力比他们好；另一组被试则被告知，他们的社交能力比小华差。在下行社会比较的条件中，一组被试被告知，他们的社交能力比小华好；另一组被试则被告知，小华的社交能力比他们差。之后，被试评价对自身社交能力的满意度。

让人毫不意外的是，在上行社会比较中，人们对自身表现心生不满，而在下行社会比较中，人们对自身表现较为满意。关键是，在上行社会比较中，人们在得知"他比我强"时对自己的满意度高于在得知"我比他弱"时的满意度。在下行社会比较中，人们在得知"我比他强"时对自己的满意度高于在得知"他比我弱"时的满意度。

在第二个研究中，研究者给被试呈现的是学业成就方面的社会比较信息。被试想象小张是一名与自己选修同一门课程的同学。在上行社会比较中，一半被试得知"小张的期末考试成绩比我的成绩高十分"，另一半被试得知"我的期末考试成绩比小张的成绩低十分"。在下行社会比较中，一半被试得知"我的期末考试成绩比小张的成绩高十分"，另一半被试得知"小张的期末考试成绩比我的成绩低十分"。之后，被试评价对自己的成绩是否满意。

该研究的结果与前一个研究完全一致。在上行社会比较中，人们在得知"他比我强"时对自己的满意度高于在得知"我比他弱"时的满意度。在下行社会比较中，人们在得知"我比他强"时对自己的满意度高于在得知"他比我弱"时的满意度。

为什么会出现这一结果？研究者认为，人们对句子的主语很敏感，同时，对有关自己的信息很敏感。因此，在上行社会比较时，人们对"我比他弱"的信息进行了深度加工，仔细思量之后切实体会到了自己的劣势，进而心生不满。人们对"他比我强"的信息只进行有限的加工，不细究就无法体会自己有多差。而在下行社会比较中，被试对"我比他强"的信息进行了深度加工，在反复思索的过程中发现了自己的优势，进而对自己的表现感到满意。人们对"他比我弱"

的信息只进行有限的加工，不细究就无法感知自己有多好。

可见，虽然信息本身很重要，但传递信息的方式也十分关键。尽管不同的方式表述的是相同的意思，但是，对信息接收者而言，不同的信息引发的是完全不同的心理感受。"我比他强"让人最为满意，"他比我弱"位居第二；"我比他弱"让人最为不满，"他比我强"位居第二。与传统的框架效应类似，社会比较也存在框架效应。

本章总结

总有人感叹自己怀才不遇，但其实，怀才不遇可能只是一种错觉，残酷的现实是怀才不够。造成这种错觉的原因是好于平均效应，人们认为自己在很多方面的表现都在平均水平之上。好于平均效应的幕后推手有两个。一方面，人们追求自我肯定，希望自己比他人好。另一方面，人们对自己的信息赋予很大的权重，充分考虑这些信息，但忽略了关于他人的信息。然而，好于平均效应并非顽强的"钉子户"，有些时候，人们会悲观地认为自己不及平均水平，表现出差于平均效应。在面对困难任务、对环境缺乏控制感、对自己的表现不自信时，差于平均效应就有可能现身。

进行社会比较后，人们就会发现自己与他人之间存在差距——无论是自己优于他人还是自己不如他人。当明确自己的得分与他人的得分时，决策者对差距的知觉往往是不准确的。差距知觉遵循泛化原则，决策者可能会把自己在绝对维度上的表现泛化到相对维度上。当自己在绝对维度上表现优秀（如赢钱）时，决策者可能会乐观地认为自己在相对维度的表现也不错。当自己在绝对维度上表现糟糕（如赔钱）时，决策者则可能会悲观地认为自己在相对维度的表现也糟糕。

人们在社会比较后的自我评价或趋近比较基准，或远离比较基准，前者反映了同化效应，后者反映了对比效应。诸多因素影响同化效应或对比效应，总体来说，当人们感知到自己与他人之间的相似性，或把自己与他人归为一类时，自我评价更可能出现同化效应；当人们感知到自己与他人之间不具有相似性，或把自己与他人归为不同类时，自我评价更可能出现对比效应。

社会比较也存在框架效应。"我比他高"和"他比我矮"描述的是同一事实，但是，人们的心理感受却不同。人们更常使用"A 比 B 多"的说法，认为这种说法的可信度较高，人们容易被这类信息说服。

社会治理启示

管理者需要了解好于平均效应。如果一个人认为自己的表现优于绝大多数人，这很有可能体现了人们的过度自信。

信息传播者要善用社会比较的框架效应。为了提高信息的说服力，传播者应多使用"A 比 B 多"的说法，避免使用"B 比 A 少"的说法。

第 4 章

社会比较与风险决策

决策有风险，选择需谨慎。决策者在面临选择时的所思所想一直是学术界重点关注的话题。起初，人们以为自己能作为"理性人"去衡量纯粹的选项得失。但是，心理学家逐渐发现人们并不理性。除选项本身之外，人们还会考虑各种各样的线索，如当前处于获益还是损失状态。近年来，社会比较作为影响人们决策的一个关键因素越来越受到重视。作为比较的赢家和输家，决策时的心态也不同。是放手一搏还是保守退缩，在损失和获益时人们会做何选择，在不同的社会比较情境之下人们又会做何选择，本章将解答你的这些疑惑。

如何做出决策，是每个人一生中将会无数次面对的考验。决策从来都不是一件容易的事。面前的每个选项不仅意味着你所能获得的东西，还意味着你所要付出的代价。所谓得失，有得必有失，你我并非通晓未来无穷劫数的预言家，无法看清所有选择背后指向的命运，因此我们必须在风险之中做出决策：我们面对风险，权衡风险，然后承担风险，选择那个在某种意义上让自己可以接受的选项。这样的决策每一天都在发生，从是否要冒着被揭穿的风险撒谎这样的日常小事，到是否要冒着病情恶化的风险选择保守治疗这样的生死拷问。

社会比较的触角已经伸到了风险决策之中。决定权掌握在你的手中，却又并不仅仅只在你的手中。因为你赖以做出选择的依据，其实常常源于社会比较，源于你和别人的不同，源于你所认识到的自己跟他人相比的优势和不足。从这个角度来看，风险决策不是闭门造车的过程，而是在人们博采了广泛的社会信息，认清自己所处的地位和状态之后才得以进行的。那么，与他人相关的比较信息出现在你决策的理由清单上也就不足为奇了。我们不得不承认，无论是否情愿，我们在做风险决策时都或多或少地参考了社会比较提供的线索。

案例

从明清盐商到"套路贷"受害者

面对风险，人的决策有迹可循。无论是明清时期富可敌国却又忽然衰落的盐商世家，还是现今大学校园里屡见不鲜的"套路贷"受害者，都顶着可能的沉重代价而选择了某种意义上相似的道路。

回顾明清时期的贩盐市场，以个体商人为代表的新兴制盐业开始崛起，一时间众多家族商帮投入激烈的市场竞争中。由于盐是生活必需品，盐商得以广积人脉，扩大自己的专卖区，迅速积累财富。当然，朝廷为了管理市场，每年都会向盐商征税，这样就遏制了盐商一夜暴富的可能。面对这些限制，名噪一时的长芦大盐商王惠民家族动起了脑筋：如果不在朝廷登记在案，私自贩卖余盐，就可以攫取暴利，乃至富可敌国。但是，贩卖私盐也会带来巨大风险——一旦被发现，就得缴纳巨额罚金，这足以使得家底厚实的盐商在一夜之间衰落。尽管如此，王惠民家族还是开始了私盐交易。难道他们不知道可能面临的沉重惩罚吗？并非如此。老老实实正规贩盐，在市场竞争中眼睁睁地看着其他家族走向荣华富贵，是盐商所不愿看到的；贩卖私盐遭受罚款，使家族从此没落，也是盐商所不愿看到的。二者权衡之下，王惠民家族选择了铤而走险。然而纸包不住火，贩卖私盐一事终究暴露，王惠民家族无力偿还罚款而破产。

近年来高校中的"套路贷"受害者也打着类似的算盘。受害者不知道贷款应用程序的可疑之处吗？当然知道。向爸妈要钱也是借，用贷款应用程序借钱也是借，不如悄无声息地在手机上借笔小钱，把 iPhone 带回家。受害者往往贪图某些流行的电子产品、服饰、网络游戏，看着别人纷纷用起了新手机、挎上了新皮包、在游戏里呼风唤雨，自己岂能落后？他们不敢向父母开口，选择了背着家里冒个险，求助于贷款应用程序。殊不知尽管贷款金额乍看并不高，但经过复杂的利滚利之后，就变成了巨额的债务。而受害者的身份信息、家庭信息尽在放贷人的掌握之中，从此受害者在催款和要挟之下终日不得安宁，甚至连累到全家人，有的最后走上自杀的道路，可谓"一失足成千古恨"。

跨越时空，不管是明清盐商还是"套路贷"受害者，都走上了类似的道路——那条看起来更有风险的路。而在这一冒险的决策背后，明清盐商和"套路贷"受害者采取行动的原因是类似的：和富起来的竞争对手相比、和炫酷时髦的同学相比，自己的状况实在令人心有不甘。这种不甘推动着人们在命运的十字路口做出了选择，就算前方可能布满陷阱和荆棘也要搏一把。只不过，有时决策者能赌来财富和名声，有时却因冒险导致家破人亡。如何从心理学的角度来解读这种"明知山有虎，偏向虎山行"，而且还频频发生的现象，我们在本部分具体阐述。

4.1　风险决策理论的发展

想要明白社会比较在决策中扮演的角色，我们首先需要厘清风险决策这个研究领域的发展历程。现在，让我们来回忆一下那些我们见识或者体验过的决策情境：从投资者考虑为哪些创业者提供贷款融资的机会，到人们在一系列具有不同收益和损失概率的理财产品中仔细计算挑选；从球员在篮球比赛最后一秒决定投三分球还是两分球，到为了吃晚饭而在长时间排队和美味大餐之间游移不定，这些决策有什么共同点？它们是否可以被整合进某种理论的框架下，使人得到系统性的指导？

4.1.1　期望效用理论：零参照点

始于生活，归于学术，心理学家把决策的类型进行了细分，最重要的两类即不确定性决策和风险决策。不确定性决策意味着可选方案在未来造成各种结果的概率无法预测，如同第二次世界大战中盟军重返欧洲大陆时所面临的决策：在诺曼底登陆，还是在加来登陆；在这些地点登陆将会面临德军怎样的防守反击；成功和失败的概率各有几成。面对这些决策，即使是各国名帅也很难给出靠谱的估量。因此，在指挥官面前的地图上摊开的是巨大的不确定性。而在风险决策中，选项可能带来多种不同的结果，选择它们后的得失究竟如何不可预知，但各种结果出现的可能性却已知。如果指挥官得知在诺曼底登陆损失两个师的概率为 50％，在加来登陆损失两个师的概率为 60％，这个情境就成为风险决策情境。

在风险决策情境之下，己方军队的实力如何？与敌方军队相较之下如何？指挥官必须权衡各方面的因素。我们将指挥官需要考虑的这些诸多线索称为"参照点"（reference point），参照点是人们在决策中赖以参考和评价选项的重要标准。而风险决策相关理论发展的历史，就是心理学家不断挖掘出更多参照点的历史。

20 世纪 50 年代，风险决策领域的研究还处于早期。这个时期，风险决策的宏大蓝图中还不存在参照点的概念。研究者的目光聚焦于选项本身，他们提出的决策思路是"就事论事"，他们眼中的决策者是"理性人"，是一丝不苟的经济学家。理性人应当关注的只有每个选项的纯粹的利益，如人民币的面值是 100 元还是 50 元。经典的期望效用理论（expected utility theory；Von Neumann & Morgenstern，1947）就是这种思路下的成果。效用是指选项给决策者带来的心理上的价值。例如，蹦极对玩家的价值就是蹦极的效用，撒谎对撒谎者的价值就是撒谎的效用。很显然，同一件事情带给不同人的效用不尽相同。就拿撒谎而言，它带给一些人的效用是正的，这些人认为说谎会带来积极结果，而它带给另一些人的效用则是负的，这些人认为说谎会带来消极后果。

那么，如何计算效用？期望效用理论是一套纯粹建构于数学计算之上的决策理论，它认为人们应当将每个选项可能的损益与其概率相乘，再累加得出该选项的期望效用，也就是总的来看这个选项可能给你带来什么，使你的欲望与需求得到何种程度上的满足。效用可通过如下方程式计算得出：

$$E(U(x)) = \sum_{i=1}^{n} P_i U(x_i)$$

其中，$U(x)$ 表示决策者的效用函数，x 表示事件存在 n 种可能的结果，P 表示客观概率。因此，我们能为每个选项计算出确切的效用值。根据效用最大化的原则，哪个选项的效用值最高，理性的决策者就应当选择哪个选项。

现在，请考虑这一问题：

你在玩一个抽球的游戏，可以从两个装满小球的瓶子中的其中一个抽取一个小球。

瓶子 A：一共有十个球，包括两个红球、三个黄球和五个绿球。如果抽到红球，你将获得 50 元，如果抽到黄球，你将获得 20 元，如果抽到绿球，你将损失 30 元。

瓶子 B：一共有十个球，包括一个红球、三个黄球和六个绿球。如果抽到红球，你将获得 120 元，如果抽到黄球，你将获得 20 元，如果抽到绿球，你将损失 30 元。

你会选择从哪个瓶子里抽球？

根据期望效用理论，你应该根据上述的加权求和法计算每个瓶子的效用。

瓶子 A 的效用：

50 元×20％＋20 元×30％＋（－30 元）×50％＝1 元

瓶子 B 的效用：

120 元×10％＋20 元×30％＋（－30 元）×60％＝0 元

接着，依据效用最大化的原则，理性的决策者应该选择能提供最大效用的选项，即瓶子 A。但是，做出这个选择有一个前提：决策者体验到的选项价值（主观价值）与选项的实际价值（客观价值，表现为金钱数额）之间是线性关系。但在很多情况中，这一前提条件并不成立。例如，客观而言，120 元是 20 元的 6 倍，但是，在决策者心中，120 元的价值并非一定为 20 元的 6 倍。因此，$U(x)$ 体现的就是从客观价值到主观价值的转换。至于如何转换才是合理的，研究者至今未达成共识，因为对于不同的决策者，在不同的社会环境之中，影响转换的因素都不相同，研究者很难得出具有跨情境和跨个体普适意义的 $U(x)$ 函数。

期望效用理论的原则简单易行，人们只需把握结果的价值与概率即可做出理性的选择。但是，选择真的如此简单吗？让我们来思考这样两个问题：在过去一年中，你的月薪皆为 15000 元，本月你的老板给你发了 12000 元的薪水，在得到薪水的那一刻，你满意吗？如果在过去一年中，你的月薪皆为 9000 元，本月你的老板给你发了 12000 元的薪水，在得到薪水的那一刻，你满意吗？如果你和绝大多数人一样，那么在第一种情况中你将体验到失望、不满甚至愤怒，但是在第二种情况中你将喜出望外。

这一现象是无法用期望效用理论解释的。按照该理论，在两种情况中，你获得的都是 12000 元，这笔钱带给你的效用在两种情况中是恒定的。因此，如果你在第一种情况中感到失望，在第二种情况中也应该感到失望；如果你在第二种情况中感到惊喜，在第一种情况中也应该感到惊喜。为什么人们在两种情况中的体验具有天壤之别？这是因为我们把 12000 元与自己一贯的状态——15000 元或 9000 元——进行比较，当本月的薪水不及过往的月薪时，人们就会失望，而当本月的薪水高于过往的月薪时，人们自然会开心。过往的月薪扮演的就是参照点的角色，它为人们判断本月薪水是高是低提供了比较基准。可见，期望效用理论的一大问题在于它未考虑到人们的参照点。

此外，期望效用理论将选项简化为一个简单的数值，却牺牲了有关风险分布的信息。例如，一份工作有 50% 的可能给你提供 10 万元的年薪，也有 50% 的可能给你提供 12 万元的年薪；另一份工作有 50% 的可能给你提供 8 万元的年薪，也有 50% 的可能给你提供 14 万元的年薪。显然，这两份工作的期望效用都是 11 万元，但是前者的分布从 10 万元到 12 万元，后者的分布从 8 万元到 14 万元。如果你的目标是找一份至少提供 9 万元年薪的工作，那么就应该选择第一份工作。如果你的目标是年薪 13 万，那么就应该选择第二份工作。目标在此扮演的同样是参照点的角色。

除了未考虑到决策的参照点，期望效用理论还有以下局限（王晓田，陆静怡，2016）。首先，不是所有选项的结果都可以量化。试想，某人罹患一种疾病，手术治疗有 80% 的可能治愈该病，但还有 20% 的可能会使其恶化，保守治疗将维持此人的现状。在这一问题中，"治愈""恶化"与"维持现状"均难以量化。缺少确切的结果价值，人们就无法计算选项的期望效用。其次，由于决策者的认知局限以及选项的复杂性，人们在很多情况中几乎无法精确地计算出每一个选项的期望效用。想想生活中的彩票，它存在太多可能的结果，情况太过复杂，这大大妨碍了人们的计算。因此，在买彩票之前，很少有彩民会计算彩票的期望效用。另外，即使选项的期望效用在决策者的计算能力范围之内，人们也未必遵循加权求和的计算方式。由此可见，期望效用理论过于理想化，它不仅高估了人们的计算能力，还过度简化了决策问题，也未充分考虑到决策者的选择依据，如参照点。

4.1.2　前景理论：单一参照点

在科幻电影《流浪地球》中，人工智能系统这样说："让人类永远保持理智，是一种奢求。"我们必须承认，这句话戳中了人类的痛处，人的理性是有限的。20 世纪 70 年代，研究者逐渐注意到，决策者不会仅仅按照期望效用理论所预测的那样如数学公式一般精准地行事，他们在决策中会考虑参照点，此时他们的行为是期望效用理论难以解释的。

参照点第一次在风险决策这个领域中出现，可以追溯到诺贝尔经济学奖得主卡尼曼和特沃斯基（Kahneman & Tversky，1979）共同提出的前景理论（prospect theory）。前景理论的第一个基本观点是：人们在决策时，会设置一个参照点（见图 4-1 中的原点），并将选项与参

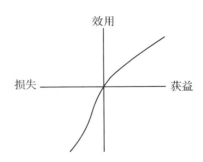

图 4-1　前景理论的价值函数

照点进行对比，好于参照点的部分被视为获益，而不及参照点的部分被视为损失。让我们回到前文提及的例子：在过去一年中，你的月薪皆为 15000 元，本月你的老板给你发了 12000 元的薪水。由于 12000 元比过往的 15000 元少，因此，你在面对 12000 元时感知到损

失。如果在过去一年中，你的月薪皆为 9000 元，本月你的老板给你发了 12000 元的薪水。由于 12000 元比过往的 9000 元多，因此你感知到获益。很多信息都可以被决策者当作参照点，但是，最常见的参照点是现状。

前景理论的另一个基本观点为人们具有损失厌恶（loss aversion）的倾向，也就是说人们对损失比对获益更加敏感。举一形象的例子，丢掉 100 块钱的痛苦要远远胜过捡到 100 块钱的快乐。损失厌恶反映在图 4-1 的价值函数中就是获益部分的函数曲线比较平缓而损失部分的函数曲线比较陡峭。

现在，请考虑以下这个由 2017 年诺贝尔经济学奖得主泰勒（Thaler，1980）在研究中提出的问题：

问题一

假设你很富有。但是，你已经接触到一种罕见的致命病毒。你患病的概率为十万分之一。如果患上此病，你在未来 12 个月内会毫无痛苦地死去。有一种解药能立马杀死该病毒，没有其他益处和副作用。你愿意花多少钱购买该解药？

问题二

假设你很富有，也很健康。现在，医院的研究人员正在研究一种罕见的致命病毒。他们需要招募一些志愿者，志愿者只需走进房间待五分钟，患病的概率为十万分之一。如果患上此病，患者在未来 12 个月内会毫无痛苦地死去。目前这种病没有任何解药。如果参加这个研究，你最少会向研究人员要多少钱？

我们猜你在第二种情况中的要价将明显高于在第一种情况中的出价。仔细分析不难发现，上述两个问题是类似的：你都不缺钱，患病的概率都是十万分之一，患病的后果都是在 12 个月内死亡。那么，人们的反应为何呈现出巨大差异？在第一种情况中，你目前的状况是不健康的，需要出钱买健康，因此，获得健康对你而言是一种获益。而在第二种情况中，你目前的状况是健康的，因此，失去健康对你而言是一种损失。由于损失厌恶，人们对失去比对获益要敏感得多，因此认为损失健康需要的金钱补偿要远远高于获得健康的金钱付出。

此外，前景理论还提出，人们面对获益时小心翼翼，希望规避风险，而面对损失时则感到痛苦，愿意承担风险赌一把。在一个研究中，研究者（Tversky & Kahneman，1981）要求每名被试做出两个选择，每个选择包含两个选项。问题如下：

假设你同时面临以下两个决策问题。请先仔细阅读两个问题，然后回答在每个问题中分别偏好哪个选项。

获益情境
A. 确定获得 240 美元。
B. 25％的可能获得 1000 美元，75％的可能什么也得不到。

损失情境
C. 确定损失 750 美元。
D. 75％的可能损失 1000 美元，25％的可能什么也不损失。

按照期望效用理论，选项 A 的期望效用为 240 美元，选项 B 的期望效用为 250 美元，人们理应选择选项 B。选项 C 的期望效用为 −750 美元，选项 D 的期望效用也为 −750 美元，由于边际效用递减（diminishing marginal utility），人们理应选择选项 C。但是，研究结

果却显示，在获益情境中，84％的被试的选择不符合期望效用理论
的预测，他们选择了期望效用较低的选项 A。在损失情境中，87％
的被试选择了选项 D。

此外，正如我们在第 3 章中曾经提到的，这个研究（Mcneil，
Pauker，Sox，& Tversky，1982）也证明了这一点。他们发现若用
"存活率"描述治疗结果，被试在选择治疗手段时更加保守，若用"死
亡率"描述治疗结果，被试在选择治疗手段时更加冒险。这些研究都
表明，决策者在进行风险决策时会考虑决策问题所处的情境，获益
和损失带给人们的心理感受大相径庭，因而人们在获益和损失的情
况下做出不同的选择。

关于获益和损失对风险决策的影响，经典的研究问题要数"疾病
问题"（Tversky & Kahneman，1981）。你可以回顾一下第 3 章我们
对该问题的阐述，不难发现，这个问题中也有参照点在起作用。如
果研究者用救活人数来描述治疗方案，决策者站在获益的位置上，
便会更倾向于选择保守的方案。相反，如果研究者用死亡人数来描
述同样的治疗方案，决策者站在损失的位置上，此时人们更想要"赌
一把"，于是更倾向于选择冒险的方案。这一结果说明，人们在进行
风险决策时，的确考虑了参照点，因此区别对待获益与损失。

卡尼曼和特沃斯基（Kahneman & Tversky，1984）将上述效应称
为框架效应。框架是指人们对问题的描述方式。框架效应是指即使
决策问题的本质没有发生改变，对问题的不同描述方式也会影响决
策者的选择。把选项的描述框架从一些人"会被救活"改为一些人"会
死亡"就会诱使决策者铤而走险。

特沃斯基和卡尼曼（Tversky & Kahneman，1986）进行了另一项
关于框架效应的研究。他们将被试置于获益与损失的决策问题中，
并请被试做出风险决策。

获益问题

假设你比你现在的情况更富裕，多拥有 300 美元，你需要在以下两个选项中做出选择。

A. 确定获得 100 美元。

B. 50％的可能获得 200 美元，50％的可能什么都得不到。

损失问题

假设你比你现在的情况更富裕，多拥有 500 美元，你需要在以下两个选项中做出选择。

A. 确定损失 100 美元。

B. 50％的可能什么都不损失，50％的可能损失 200 美元。

结果，在获益问题中，72％的被试选择了 A 选项，28％的被试选择了 B 选项；在损失问题中，36％的被试选择了 A 选项，64％的被试选择了 B 选项。事实上，无论是在获益问题还是损失问题中，选择 A 选项的被试都能确定得到 400 美元，选择 B 选项的被试都有 50％的可能得到 500 美元，也有 50％的可能得到 300 美元。唯一的不同在于，获益问题的起点是 300 美元，决策者把 300 美元作为参照点，因此，两个选项对他们而言都是获益，他们在面对获益时选择了保守；损失问题的起点是 500 美元，决策者把 500 美元作为参照点，因此，两个选项对他们而言都是损失，他们在面临损失时选择了冒险。

关于前景理论的这一系列成果，最终帮助心理学家卡尼曼摘下了 2002 年诺贝尔经济学奖的桂冠。可见，人们在选择时经常会为自己选择一个参照点，由此判断选项是发生在获益领域还是损失领域，并做出风险决策。虽然参照点从无到有已经是研究的一大飞跃，但仅考虑一个参照点还是略显单薄。于是在接下来的数十年中，研究者开阔思路，往决策模型中加入了更多的参照点。

4.1.3　风险决策的多参照点

风险决策理论从至简的理性大道——无参照点的期望效用理论——前进到了有单一参照点的前景理论，那么接下来就顺其自然有了下一步。打破理性人的桎梏之后，研究者开始进一步思考：在风险决策中，人们是否会同时考虑若干个参照点？

王晓田与其合作者约翰逊（2012）在前景理论的基础上提出了三参照点理论，认为参照点包括决策者的底线（可接受的最低要求）、现状以及目标（想要达成的要求）。三参照点理论的核心观点在于，人们会考虑三类不同的参照点，在努力使实现目标的可能性最大化的同时，使底线不保的可能性最小化。根据三类参照点，人们的决策结果可以分为失败（低于底线）、损失（高于底线但低于现状）、获益（高于现状但低于目标）和成功（高于目标）四个区域。面对不同的可能的决策结果，人们将采取不同的行动，其冒险倾向也会发生变化，离失败越近，人们越是倾向于冒险。

如何为这种变化提供理论上的解释？从进化的角度来看，其实这些行为模式源于我们的生物本能。让我们先来了解风险敏感性理论（risk-sensitivity theory），这一理论原本用于解释动物的觅食行为。假设一只鸟每天至少要摄取食量 M 才能存活，它可以去两个地点觅食。两个地点的每日平均期望摄取量（X）相同，但在变化范围方面存在差异。第一个地点的食物数量变化范围（V_1）较大，这只鸟有可能找到很多食物，也有可能只找到少量食物。第二个地点的食物数量变化范围（V_2）较小，提供的食物数量仅在平均期望摄取量附近波动。如果均值 X 低于最低需求 M，这只鸟应该去变化范围较大的地点觅食，这样更可能降低死亡的概率。如果均值 X 高于最低需求 M，那么理性的选择是去变化范围较小的地点觅食，因为这么做能保障生存。因此，当选项的均值在最低需求之上时，觅食的鸟儿需要规避风险，而当选项的均值在最低需求之下时，为了存活下来，觅食的鸟儿则需要冒险。

简单来说，当鸟类摄入的热量已经很多时，它们倾向于规避风险，选择低风险、低回报的觅食地点；当鸟类摄入的热量很少时，它们将开始寻求风险，选择高风险、高回报的觅食地点。不仅鸟类如此，人类的风险决策也在按照风险敏感性理论行事。你可以想象我们的祖先，当他们已经吃了个半饱时，他们可以在林间捡果子吃，虽然一个水果的热量并不高，但基本不会饿到，而且相对安全。但当他们饥肠辘辘时，也许就不得不去捕猎野兽了，而与野兽搏斗和追逐显然是一项充满危险的行动。

马克思说，人是社会关系的总和，那么社会与人际方面的得失出现在决策者的考察清单上也就不足为奇了。跳出决策中个人得失的局限，重视社会比较的双参照点理论应运而生。双参照点理论认为，决策中不仅仅只有现状参照点独领风骚，还有绝对参照点和相对参照点并驾齐驱。绝对参照点指决策者就个人而言的得失，相对参照点指决策者与他人相比之下的得失。决策者关注的不仅是绝对视角下的"自身的得失"，他们还非常关注相对视角下的"与他人相比的得失"。举个例子，人们不仅会盘算自己赚了多少钱（绝对参照点），还会和别人的工资水平对比（相对参照点），在这两者的共同影响下，才能确定"几家欢喜几家愁"。有些时候，即使自己的月薪看起来已经远远超过温饱水平，甚至达到了小康的门槛，就自身的绝对得失而言已经不错；但如果身边都是一群收入可观的成功人士，那么与他人相比，人们也同样不会满意。

社会参照点进入研究者的观察名单以后，社会比较也就成为风险决策中不可忽视的一个因素。人类是不理性的生物，他们不会满足于自身的得失。想要更加顺畅地理解和解释风险决策中出现的种种貌似不合理的现象，除了决策情境中选项带来的绝对得失之外，有些时候我们必须对社会比较这条线索加以关注。

4.2 以他人状态作为参照点

4.2.1 经济不平等与风险决策

在面临社会比较时，我们的决策会发生怎样的变化呢？研究者（Messick & Sentis，1985）提出，人们在评价选项效用时既会考虑自身的付出，又会考虑自己与他人相比的结果。前者反映了选项的非社会效用（nonsocial utility），后者反映了选项的社会效用（social utility），它取决于自己的情况与他人情况的差异。

有研究（Loewenstein，Thompson，& Bazerman，1989）发现，人们的确会考虑社会效用，他们觉得能给自己与他人带来相同结果的选项最具吸引力；随着自身的所得越来越不如他人，选项的吸引力大幅下降；而随着他人的所得越来越不如自己，选项的吸引力仅小幅下降。还有研究（Fox & Dayan，2004）发现，投资者在做股票买卖决定时，也会考虑自己与好友的盈亏情况，他们把自己赚得比朋友少的情境视作损失。

接下来，让我们把目光聚焦于经济领域这一全民共同参与的社会比较大舞台。经济不平等是众多国家面临的社会问题，而经济状况又偏偏是人们最喜欢进行社会比较的领域之一。我们总是对别人的月薪、家产、身价产生好奇，而一旦谈到这些，就无法回避社会比较。

身处经济不平等的社会环境中，人们的行为与决策也会受到影响。我们可以以维多利亚时代的伦敦为例。泰晤士河隔开了伦敦的东西区，在河的西岸是繁华高贵的富人区，而隔河相望的东区则是作家柯南道尔眼中的最危险之处——"暴力与堕落之地"。仅仅一河之隔，经济状况却有天壤之别，西区的灯光越是耀眼，东区的小巷就越是黑暗。不平等总是与各种形式的冒险联系在一起，包括地下交易、暴力犯罪、药物滥用等，这些冒险行为尽管在少数时候可能为执行者带来某种意义上的高回报，但总是伴随着巨大的风险。这座发展极不平衡的城市成了罪犯的温床。

为什么越是经济不平等的地区，铤而走险的人越多呢？也许你还记得我们在前文提到的风险敏感性理论。有研究者（Payne，Brown-Iannuzzi，& Hannay，2017）思考之后，同样把目光投向了风险敏感性理论。不可否认的是，进化了千万年，今日的我们依然在按照风险敏感性理论指出的动物觅食策略行事：吃不饱就会冒险。有人饱有人饿，这是生理上的敏感；有人富有人穷，这就成为社会比较上的敏感了。社会比较为人们提供了与别人"同台竞技"的机会，饿不饿不需要与别人比较就能知道，但穷不穷却往往与别人的财富状况相关。

有学者（Payne，Brown-Iannuzzi，& Hannay，2017）进行了这样一个研究：他们对 2004 年以来美国各州网民在搜索引擎上对财务风险相关词语的搜索频率进行了统计分析。他们总结出了一批代表着高风险财务策略的词语，如"发薪日贷款""彩票""赢钱""免订金"等，以及一批代表着低风险财务策略的词语，如"储蓄""投资""退休账户""偿清债务"等，并统计了网民搜索这些词语及其同类相关词的频率。另一方面，研究者计算了美国各州的基尼系数。一个州的基尼系数（Gini coefficient）越高，就意味着该州的贫富差距越大。研究者发现，在基尼系数越高的州，即经济越不平衡、贫富差距越大的州，人们在网上搜索高风险财务策略词语的频率也越高；即使在研究者排除了人口数量、人口密度、平均收入等干扰因素后，贫富差距与高风险财务策略之间也依然具有很强的关联。简单地说，在贫富差距很大的环境中，穷人们通过社会比较意识到了自己的糟糕状况，因此倾向于买彩票、赌博、贷款等具有高风险特征的手段来改善即时的财务状况，却对储蓄、投资等传统稳妥的手段兴趣不高。

有研究（Payne，Brown-Iannuzzi，& Hannay，2017）从社会环境的角度发现了社会比较对不同人群风险决策偏好的影响。但社会环境中的比较是自然产生的，是萦绕在整个社会中挥之不去的影子，如果由研究者在实验室里强加给被试进行社会比较，社会比较对决策者又会有怎样的影响呢？接下来我们把镜头拉近，具体来看看人们在感知到社会比较后是怎样采取行动的。

4.2.2　社会比较与风险决策

有研究（Mishra，Hing，& Lalumière，2015）通过在实验室中制造不公平的金钱分配，影响人们的决策。他们事先只告诉被试这是一项关于人格的研究，没有透露任何关于金钱分配的消息。被试到达实验室后，研究者将他们两两分组，并将各小组随机分到报酬分配不平衡的实验组或报酬分配平衡的控制组。

在不平衡组，每组被试中只有一人能得到 10 加元的报酬，另一人则什么也得不到。研究者还在知情同意书上说明了这样安排的理由：研究获得的基金项目规定只能为一定数量的被试提供报酬。愿意参加的被试只好在知情同意书上签名，接受了不公平的现状。然后研究者抛硬币随机决定将 10 加元分给每组被试中的一人。在平衡组，研究者或告诉被试两人均得不到报酬，或告诉被试两人均能得到 10 加元的报酬。接着，被试单独进入实验室，完成一些人格测试。这些测试中混入了测量被试风险偏好的题目，如"面对 100% 的可能获得 3 加元和 60% 的可能获得 5 加元两个选项，你更倾向于选哪个？"当然，实验结束后，所有被试都得到了应得的报酬。

结果显示，在不平衡组且"收不到报酬"的被试表现出了最强的冒险倾向，且比其他任何条件下的被试都明显更爱冒险。而不平衡组"收到报酬"的被试与平衡组的被试（无论是两人都无报酬还是两人有同样多的报酬）的冒险倾向没有什么差异。这再次说明，比出来的不平衡，不管是社会生活中实际存在的，还是实验室中人为操控的，都能唤醒我们在进化中保持的秉性：在不利的情况下铤而走险。

在前文提到的研究中，经济，也就是钱的分配始终处于社会比较的核心。不过，社会比较的领域是广泛的。除了钱之外，我们还有很多可以进行比较的领域。那么，在其他领域，社会比较中感受到的差距是否同样能够提升人们的冒险倾向呢？答案是肯定的。

有研究（Mishra，Barclay，& Lalumière，2014）用智力领域的比拼来刺激被试，发现这同样能够影响被试的决策。研究者首先让被试完成一项"智力测验"。该测验中，在电脑屏幕的随机位置会出现小方块，被试需要在方块出现之后尽快点击它。研究者声称，这项测验中被试的反应速度与其智力高度相关，然后向被试反馈他们的成绩。当然，实际上这项测验并不能反映人的智力，只是为了引起被试的社会比较。呈现给被试的成绩单上有一幅所有参与者得分的条形统计图，被试可以看到自己所处的位置。一部分被试被分到社会比较的优势组，他们得知自己得到 71 分，超过了平均分；一部分被试被分到社会比较的劣势组，他们得知自己只得到 21 分，低于平均分；还有一部分被试属于控制组，研究者没有告诉他们得分。研究者向被试强调，这项测试通过把被试和其他人的得分进行比较，反映出他们智力水平的高低。然后，被试需要进行六项决策。所有的决策情境都是在两种获益方案之间进行选择的，且同一情境的两个选项获益的期望值相等。例如，选项 A 为一定获得 3 美元，选项 B 为有 10% 的可能获得 30 美元，虽然两者的期望值相等，但 A 选项更保守，B 选项更冒险。据此，研究者计算出被试的冒险倾向。

结果显示，在"智力测验"的社会比较中处于劣势地位的被试相比于处于优势地位的被试产生了更强的冒险倾向，他们宁愿放弃一定到手的 3 美元，而试图追求有风险的 30 美元。这个研究说明，仅仅提示被试在社会比较中处于劣势地位，就能让他们铤而走险，可见社会比较的影响非常明显。

那么，有没有什么办法让那些在比较中身处劣势地位、选择冒险的人们变得保守起来呢？心理学家试着寻找了答案。有学者（Mishra，Barclay，& Laumière，2014）就在研究中成功拉住了冒险者的缰绳。在这个研究中，研究者仍然通过虚假的智力测验，将被试分为社会比较的优势组和劣势组。收到得分反馈的被试完成与上一个研究相同的风险决策任务。然后，研究者开始加戏，他们告诉被试，智力测验很容易出错，导致结果不准确，所以现在要再做一次，这样才能获得比较准确的结果。于是被试又做了一次智力测验，研究者重新给出了反馈，并声称第二次测验的结果更加准确。反馈第二次测验结果时，研究者根据两次测验的得分重新对被试进行了分组。被试共有四组：控制组、劣势—优势组、劣势—劣势组或优势—劣势组。控制组被试在第二次测验后没有得到任何成绩反馈，研究者希望通过这一组来看看社会比较对决策的影响是否会随着时间而减弱。另外，劣势—优势组被试得知自己在新一轮测验中表现不错，劣势—劣势组以及优势—劣势组被试都得知自己表现不佳。最后，所有被试都又做了一次风险决策任务。

从第一次风险决策的结果来看，被试仍然呈现出了"越比别人差越冒险"的倾向。但这一模式却在研究者重新反馈智力测验得分之后，即第二次风险决策时发生了一些变化。首先，控制组被试前后两次风险决策的冒险程度没有发生明显的改变，一旦受到了第一次结果的打击，他们始终保持了较为冒险的态度，这说明社会比较的影响并没有随着时间而减弱。劣势—优势组被试可以说是先受到打击，后受到鼓励，在受到第二次好成绩的鼓励之后，他们的冒险程度明显降低，这说明想要让冒险的人学会稳重和谨慎并不难，削弱他们对社会比较中劣势地位的感知就足够了。此外，原本就处于劣势地位，进而受到二次打击的劣势—劣势组被试变得更加冒险了，不难理解，社会比较给他们造成的影响在两次打击下越发严重。而原本处于优势地位，意外地受到打击的优势—劣势组被试则没有表现出冒险程度的变化，这表明，当被试已经收到自己表现良好的优势信息之后，随后的消极反馈对他们的影响会打折扣，他们仍然倾向于相信第一次的结果，决策时的冒险程度也就没有发生改变。

4.2.3　风险决策的双参照点

社会比较会影响人们的风险决策，这种影响是无关乎其他参照点而单独发生的吗？社会比较是否会与其他参照点共同作用于风险决策？本书作者与谢晓非、王媚、唐鑫（2015）界定了金钱参照点与社会参照点。前者指的是人们在金钱方面的现状，它把决策情境分成了金钱获益和金钱损失；后者取决于人们与他人状态的比较，它把决策情境分成了社会获益和社会损失，社会获益即自己的表现优于他人，社会损失即自己的表现不如他人。我们提出了双参照点效用模型，即选项的总效用等于金钱效用与社会效用之和。

为了考察双参照点对风险决策的共同作用，我们请被试完成一些金钱决策任务，并告诉被试自己的盈亏情况以及与他们的朋友相比他们的表现如何。一部分被试得知自己赚钱了，另一部分被试得知自己赔钱了。在赚钱组中，一半被试得知自己比朋友赚得多，另一半被试则得知自己比朋友赚得少。在赔钱组中，一半被试得知自己比朋友赔得少，另一半被试则得知自己比朋友赔得多。被试需要在一个确定的选项和一个不确定的选项之间选择。结果显示，在金钱获益时，社会参照点几乎不影响人们的风险决策。在金钱损失时，社会参照点的作用才显现出来：社会损失导致保守，而社会获益导致冒险。

　　为什么金钱损失能激发社会参照点的作用？在风险决策中，人们的首要目标是避免金钱和社会维度上的双重损失，因为双重损失严重威胁决策者的自我概念。在金钱获益时，双重损失的情况不可能发生，因此，决策者就不怎么关注社会参照点了；而在金钱损失时，存在双重损失的可能性，因此，为避免损失，决策者在选择时非常关注社会参照点。

　　那么，在金钱损失时，为何社会损失比社会获益让人更加保守？"个人损失但社会获益"的情况使决策者在社会维度上对自己的表现感到满意，他们因而有心理资本去追求风险选项带来的更好的结果，从而表现为风险寻求；"个人损失且社会损失"的情况是最糟糕的结果——双重损失，决策者找不到任何"救命稻草"让自己感觉良好，此时，决策者只想避免风险选项带来的最差的结果，从而表现为风险规避。

　　我们的研究揭示了风险决策的双参照点效应，金钱参照点和社会参照点会共同影响人们的冒险决定。总而言之，人们的决策从来不会像数学公式那样精准，而是在多种线索、多种因素的影响下摇摆不定。作为社会性动物，很多人总是沉迷于日复一日的社会比较，而我们的决策也往往在此基础上展开。若向决策者提问："计将安出？"他也许会回答："知己知彼，先来一次社会比较，分个高下，就知道什么时候要保守谨慎，什么时候要大胆出击了。"

本章总结

　　多年以来，研究者看待风险决策的视角不断地变化着。最初，我们站在"理性人"的视角，认为决策者应当按照期望效用理论一板一眼地思考，不考虑参照点，纯粹基于选项本身的得失而判断。后来，前景理论提出，人们并非完全理性，他们在决策时会考虑现状参照点，现状参照点将决策问题分为获益和损失两种情境，人们在获益时选择当保守派，而在损失时则化身为激进派，所以得失的现状变得非常重要。此时，研究者关注的是单一的参照点。然而风险决策的思维革命还在持续。研究者终于意识到，人们在决策时会考虑诸多超越决策选项本身的外部线索，如社会比较。决策不是一个人的事，也不是闭门造车的过程。决策者不仅考量了自身的得失，也时刻注意着自己与他人相比之下的得失。

社会比较究竟会怎样影响我们的决策？落于下风可能使我们变得更加冒险，既然已经身处劣势地位，不如放手一搏。在经济不平衡的社会中，穷人们比富人们更加关心赌博、彩票；在报酬分配不平衡的实验中，没有获得报酬的被试倾向于选择冒险；甚至在智力比拼中不如他人时，人们也开始追逐风险。并且，这种"冒险精神"还不会在短时间内衰退，除非你明白自己已脱离窘境。回想一下我们提到的明清盐商和贷款者吧，他们明知山有虎，偏向虎山行，不是对虎的刻意挑衅，也不是在自讨苦吃，而是唯有虎山上才能找到带自己脱离逆境的道路，所谓富贵险中求。

此外，社会比较会与决策者的金钱现状共同作用于风险决策。在金钱获益时，社会参照点几乎不影响人们的风险决策。在金钱损失时，社会参照点的作用才显现出来：社会损失导致保守，而社会获益导致冒险。这一现象背后的原因是：人们在同时面临两个参照点时首要目标是避免双重损失。当双重损失不可能发生时，人们才可能有心理资本去追求更大的获益，因而会冒险；当双重损失有可能发生时，人们可能竭尽全力避免最差的结果发生，因而会保守。

社会治理启示

组织的舵手、政策的制定者在决策之前，需要明确自己关注的参照点，因地制宜地考量决策情境以外信息的重要性，而不应简单地根据不同选项本身的得失下结论。

　　此外，管理者尽管不可能在决策中完全理性，但却有必要提醒自己保持谨慎。他们需要反思自己是否由于社会比较的影响而过于激进，同时避免因为情境中存在的获益与损失框架而忽视更合理的选项。

第 5 章
消费决策中的比较

想要吸引消费者，社会比较一定是值得商家考虑的绝佳手段之一。事实上，各种关于比较的心理学原理早已渗透进了消费者的生活。无论是令人咋舌的维多利亚的秘密的天价内衣，还是星巴克里的依云矿泉水，这些看似难以理解的商业营销措施都利用了人们的比较思维。如何分辨购物时商家设置的诱饵？如何看穿打折等促销手段的潜在意图？本章将从各种消费活动中真实存在的例子出发，带你纵观利用比较而实现的各种销售技巧，为你做出更合理的消费决策提供建议。

能把心理学原理发挥到极致的群体，应该就是商家了。商家往往能充分把握消费者的心理，将消费者引向自己精心设计的圈套，让他们在不知不觉中心甘情愿地把钱交给商家。在营销者常用的套路中，选项比较和社会比较占据重要地位。让我们先来看以下案例。

案例

别有用心的定价

某电子产品在线商城正在进行店庆大促销。本书作者一直想买一个复古机械键盘，就趁着促销的机会查看了机械键盘的价格。不看不知道，一看便发现了商家定价的奥秘。一个机械键盘售价 1299 元，一个人体工程学鼠标售价 299 元，一个组合套装（含相同的机械键盘与相同的人体工程学鼠标）售价 1299 元。很显然，组合套装是最划算的，在这种情况下，没有人会愿意出 1299 元只购得一个机械键盘。

回想我们的消费经历，类似的例子不胜枚举。一件连衣裙售价 868 元，一项帽子售价 258 元，由相同的连衣裙配上相同的帽子组成的组合套装售价 868 元。一瓶洗发水售价 58 元，一瓶护发素售价 28 元，由相同的洗发水配上相同的护发素组成的洗护套装售价 58 元。毫无疑问，组合套装又是最能打动消费者的。

既然没人会选择售价 1299 元的机械键盘、售价 868 元的连衣裙、售价 58 元的洗发水，那它们存在的意义是什么呢？如果把这些商品撤走，消费者还会如此心甘情愿地选择售价 1299 元的键盘和鼠标组合套装、售价 868 元的衣帽组合套装、售价 58 元的洗护套装吗？在这种情况下，消费者很可能会仔细考虑一番以这样的价格购买组合套装是否值得。

由此可见，营销者从未寄希望于大卖售价 1299 元的机械键盘、售价 868 元的连衣裙、售价 58 元的洗发水，它们的存在仅仅是为了给商家最想出售的组合套装提供价格的比较基准，从而凸显组合套装的价格优势。心理学家把这些定价看似不合理的商品称作诱饵商品，它们的存在是为了给其他商品"做嫁衣"。

你也许感到不屑：这样的诱饵也太"赤裸裸"了吧！理智的消费者怎么可能会上当？聪明的商家也意识到了这个问题，他们给诱饵商品稍加修饰，让它们显得不那么"赤裸裸"。

例如，一个机械键盘售价 1299 元，一个人体工程学鼠标售价 299 元，一个组合套装（含相同的机械键盘与相同的人体工程学鼠标）售价 1399 元。一件连衣裙售价 868 元，一项帽子售价 258 元，由相同的连衣裙配上相同的帽子组成的组合套装售价 968 元。一瓶洗发水售价 58 元，一瓶护发素售价 28 元，由相同的洗发水配上相同的护发素组成的洗护套装售价 65 元。组合套装虽说要比单买机械键盘、连衣裙、洗发水贵一些，但在消费者眼中，它贵得"划算"。

通过设置比较基准，营销者轻而易举地改变了消费者的价格知觉，让消费者觉得某件商品便宜。在本章中，我们将论述选项比较和社会比较如何影响消费者的决策。

5.1　变贵为廉的营销术：价格知觉

设想你在超市购物时，发现了一款新上市的沐浴露。沐浴露的包装上写着"玫瑰精粹、驱蚊护肤"。400 毫升装售价 45 元。你觉得这款沐浴露的价格如何？偏高、偏低还是正合适？在做价格判断的过程中，你会寻找哪些信息？相信绝大多数的消费者都会看一眼货架上的其他沐浴露，通过与它们的价格进行对比，从而判断 45 元是贵还是便宜。

事实上，很多因素能帮助人们做出精准的价格判断，如商品的质量、生产成本等。但是，绝大多数的消费者都不是专家，他们看不懂成分、配方，更不了解生产一件商品的成本。因此，在进行价格判断时，大多数人只得放弃这些标准，转而依赖价格比较。但是，根据选项比较所做的价格判断会产生偏差，而这些偏差正是市场营销者期望的。他们甚至会有意制造这种偏差，让高价的商品看上去不太贵。

5.1.1　维多利亚的秘密的天价内衣

维多利亚的秘密（Victoria's secret）是美国高档女性内衣品牌。该公司成立于 1977 年，经过几十年的发展，已享誉全球。维多利亚的秘密主打性感内衣，并将目标消费群体锁定为年轻女性。打开维多利亚的秘密的门户网站可以发现，其出售的商品价格中等偏上，通常为 50 美元左右。对年轻女性而言，这些商品并不便宜。维多利亚的秘密公司对此也心知肚明，如何"变贵为廉"，让消费者觉得自己的商品并不昂贵成为摆在该品牌营销者面前的重要任务。

为此，维多利亚的秘密精心打造了一年一度的奢华梦。1996 年，该公司推出了第一款钻石内衣——售价 100 万美元的奇迹内衣。奇迹内衣一经推出，在世界范围内引起了轰动。表 5-1 列出了天价内衣的名称与价值，看后令人咋舌。

表 5-1　维多利亚的秘密的天价钻石内衣

年份	名称	价值/美元
1996	奇迹内衣	100 万
1997	梦幻钻石内衣	300 万
1998	梦幻天使内衣	500 万
1999	新千年梦幻钻石内衣	1000 万
2000	大红狂热梦幻钻石内衣	1500 万
2001	天堂之星钻石内衣	1250 万
2002	维多利亚奇幻内衣	1000 万
2003	非常性感之梦幻内衣	1100 万
2004	天堂 70 年代梦幻内衣	1000 万
2005	璀璨性感梦幻钻石内衣	1250 万
2006	内心狂热钻石梦幻内衣	650 万
2007	假日梦幻钻石内衣	450 万
2008	黑色钻石梦幻钻石内衣	500 万
2009	五彩梦幻钻石内衣	300 万
2010	梦幻炸弹钻石内衣	200 万
2011	梦幻钻石内衣	250 万
2012	梦幻花卉钻石内衣	250 万

续表

年份	名称	价值/美元
2013	皇家梦幻内衣	1000 万
2014	梦幻内衣	200 万
2015	璀璨烟花梦幻内衣	200 万
2016	炫彩星空梦幻内衣	300 万
2017	璀璨香槟之夜梦幻内衣	200 万
2018	梦幻天使梦幻内衣	100 万

显然，几乎不会有消费者购买这些天价内衣，那么，天价内衣的意义何在？刚才提到，对消费者而言，维多利亚的秘密的商品并不便宜。但是，当看到这些天价内衣之后，你还会觉得售价 50 美元的内衣昂贵吗？人们的思维具有比较性，往往通过选项比较来进行价格判断。在天价内衣的对比之下，你甚至还会觉得 50 美元的内衣非常便宜。这就是维多利亚的秘密所使用的营销术，通过设置不可思议的高价商品降低消费者对普通商品的价格知觉，从而引发购买行为，提高商品销量。

当然，维多利亚的秘密推出天价内衣的原因并不仅限于此。俗话说，便宜无好货，好货不便宜。价格与质量之间的联结早已深深扎根于消费者的心中，人们往往通过价格判断商品的质量。因此，推出天价内衣也在一定程度上利用了消费者心中的"价格—质量"联结。天价内衣似乎在向消费者宣告："本品牌商品质量可靠。"

5.1.2　星巴克里的依云矿泉水

如果你去过星巴克就会发现，除了咖啡、面包和蛋糕，星巴克还销售依云矿泉水。你可曾想过，星巴克为何要销售其他品牌的矿泉水？更奇怪的是，曾有调查表明，在过去的很多年中，在星巴克销售的所有商品中，依云矿泉水的销量几乎一直保持垫底。既然销售表现如此糟糕，星巴克为何还要坚持出售依云矿泉水？显然，像星巴克这样成熟的公司不会无理由地容忍一件销量常年垫底的商品。它坚持出售依云矿泉水，一定另有原因。

让我们仔细研究依云矿泉水和星巴克咖啡的价格。在普通的超市，一瓶依云矿泉水的价格为 8 元左右。然而，在星巴克，一瓶依云矿泉水的售价高达 20 元。星巴克咖啡通常在 30 元上下。30 元一杯的咖啡对消费者而言并不便宜。但是，当你踏入星巴克门店，发现连矿泉水都要卖 20 元，在矿泉水的对比之下，30 元的咖啡是不是也就可以接受了？消费者在比较了咖啡和矿泉水的价格之后，就会认为咖啡的价格可以接受。该做法作为星巴克的营销术，大大促进了咖啡的销量。

为了检验星巴克的销售策略是否有效，本书作者进行了一个研究。在这个研究中，目标商品有六种，分别是果汁、防辐射太阳镜、防蓝光电脑屏幕保护膜、精装版图书、防摔手机壳、蓝牙鼠标。这些目标商品相当于星巴克咖啡。我们还为每一种目标商品设置了一个参考商品，分别是矿泉水、普通太阳镜、普通电脑屏幕保护膜、平装版图书、普通手机壳、有线鼠标。这些参考商品相当于依云矿泉水。此外，我们为参考商品设置了两种价格，一种是低价，另一种是高价。例如，目标商品果汁售价为 10 元。在低价的条件中，参考商品矿泉水售价为 3 元；在高价的条件中，参考商品矿泉水售价为 7 元。我们给被试呈现目标商品以及高价参考商品或者低价参考商品，并询问被试对目标商品的购买意愿。结果显示，在参考商品为低价的条件中，被试对目标商品的购买意愿较低；而在参考商品为高价的条件中，被试对目标商品的购买意愿显著提高。

形象地说，当依云矿泉水价格较低时，消费者就会认为星巴克咖啡售价过高，而当依云矿泉水价格较高时，消费者觉得星巴克咖啡的售价可以接受。上述研究证明了星巴克营销术的有效性。参考商品往往不如目标商品，但消费者会将目标商品的价格与参考商品的价格进行比较，价格较低的参考商品凸显了目标商品的昂贵，而价格较高的参考商品则有效地把目标商品"变贵为廉"。可见，选项比较在消费者的价格知觉中的重要作用。

　　现在，你一定能理解为什么星巴克要坚持销售依云矿泉水了。尽管依云矿泉水的销量很少，但只要给它设置一个较高的价格，就能提升消费者对星巴克咖啡的偏好程度。这一现象耐人寻味。相信大多数进入星巴克门店的消费者都是冲着咖啡去的。在他们进入星巴克门店之前，很少有人计划购买矿泉水。然而，恰恰是人们无意购买的矿泉水的价格影响了他们对咖啡的购买意愿。

　　你是否考虑过，为什么"为他人做嫁衣"的是依云矿泉水而不是面包、蛋糕或咖啡杯？是不是任何商品的价格都会影响人们对目标商品的价格知觉？答案显然是否定的。只有当参考商品与目标商品属于同一类时，才会促发价格比较。依云矿泉水和星巴克咖啡都属于饮料，我们研究材料中的矿泉水和果汁也都属于饮料，因此，两者的价格具有可比性。如果参考商品与目标商品属于不同种类，如面包与咖啡、咖啡杯与咖啡，两者之间就不具有可比性了，参考商品的价格应该就不会影响人们对目标商品价格的判断了。

　　为检验这一推论，本书作者在研究中为每种目标商品设置了不同类别的参考商品。例如，目标商品是果汁，而参考商品是餐巾纸。此外，我们还改变了参考商品的价格，分为高价与低价两组。例如，目标商品果汁售价为 10 元。在低价的条件中，参考商品餐巾纸售价为 3 元；在高价的条件中，参考商品餐巾纸售价为 7 元。被试阅读关于目标商品和不同类参考商品的信息，并判断对目标商品的购买意愿。结果显示，无论参考商品的价格如何改变，消费者对目标商品的购买意愿都不受影响。因此，如何有效地为目标商品设置参考商品，其基本原则是参考商品要与目标商品属于同一类。

5.1.3 在价格集合中做判断

你应该已经了解维多利亚的秘密的天价内衣和依云矿泉水的价格如何影响消费者对普通内衣和星巴克咖啡的价格知觉。但是，天价内衣和依云矿泉水的例子反映的都是简单的情况。在日常生活中，消费者能参考的不仅是单一商品的价格，他们往往能获得许多参考商品的价格信息。例如，当你在考虑是否要购买一杯美式咖啡时，能在价目表上看到拿铁、摩卡、卡布奇诺、焦糖玛奇朵的价格。这些商品的价格组成了一个价格集合，价格集合中的最高价、最低价和平均价都有可能影响消费者的价格判断。

帕尔杜奇（Parducci，1965）提出了价格判断的全距—频次模型（range-frequency model），来解释价格集合中的最高价如何影响消费者的价格判断。根据该模型，提高价格集合中的最高价会降低消费者对其他商品的价格知觉，这时，消费者的价格判断发生了对比效应。这是价格全距对价格判断的影响。此外，如果增加某价格分布中高价商品的数量，消费者也会觉得其他商品的价格变低了。这同样是一种对比效应，但由价格分布的频次引起。

此外，海尔森（Helson，1964）提出了适应水平理论（adaptation-level theory）。他认为消费者通过价格集合的均值来判断商品的价格。如果均值较低，消费者倾向于认为该集合中所有商品的价格均较低；反之，消费者则认为该集合中所有商品的价格均较高。这是一种价格判断的同化效应。

你应该已经发现，全距—频次模型和适应水平理论的主要思想恰恰相反，前者支持价格判断的对比效应，而后者则支持同化效应。那么，究竟谁对谁错？这一战役持续了很多年，有些研究支持全距—频次模型，有些研究则支持适应水平理论。这是一场没有赢家的战役。

研究者(Cunha & Shulman，2011)试图调和上述两种观点，他们认为，消费者的价格判断过程取决于他们拥有的是辨别(discrimination)目标还是泛化(generalization)目标。辨别目标是指消费者希望将目标商品与其他商品区分开来，而泛化目标是指消费者希望了解某些商品的共同特征。如果一位消费者拥有辨别目标，那么，在购买音箱时，他会力图了解某音箱具有哪些与众不同的特征。但是，如果一位消费者拥有泛化目标，他则会力图了解某类音箱具有哪些共同特征。

拥有辨别目标的消费者关心某件商品与其他商品的不同之处，因此，他们在进行价格判断时，更加关注价格集合的全距。这些消费者的价格判断过程应该符合全距—频次模型，呈现出价格判断的对比效应，当最低价变低时，这些消费者就会觉得其他商品的价格变高了，而当最高价变高时，这些消费者就会觉得其他商品的价格反倒变低了。相反，拥有泛化目标的消费者关心所有商品的共同特征，而价格集合的平均值能反映这个价格集合中所有商品的情况，因此，这些消费者对平均价格非常敏感。当最低价变低时，均值也由此降低，这些消费者就会觉得价格集合中所有商品的价格都变低了。当最高价变高时，均值也随之升高，这些消费者就会觉得价格集合中所有商品的价格都变高了。因此，拥有泛化目标的消费者在价格判断过程中会出现同化效应，符合适应水平理论。

研究者(Cunha & Shulman，2011)力图检验上述推论是否正确。他们邀请被试阅读一则关于便携式音乐播放器的广告。在第一个条件中，广告强调这是一款高质量的便携式音乐播放器，超越了其他便携式音乐播放器。通过这则广告，研究者成功赋予了被试辨别目标。在第二个条件中，广告强调这款便携式音乐播放器与其他播放器一样，质量非常好。通过这则广告，研究者成功赋予了被试泛化目标。

接下来，研究者依次给被试呈现一组便携式音乐播放器的图片，图片上印有每款播放器的价格。在控制组中，这组播放器的最低价为 71.39 美元，最高价为 185.93 美元，平均价为 128.66 美元。在均值变化组中，最低价仍为 71.39 美元，最高价也仍为 185.93 美元，但是，平均价上涨至 138.07 美元。在高价变化组中，最低价与前两组完全一样，但最高价上涨至 202.66 美元，平均价与控制组一致。之后，研究者挑出了三款便携式音乐播放器，它们的售价分别为 114.35 美元、128.66 美元以及 142.98 美元，被试需要分别判断这三款播放器的价格。

研究显示，在辨别目标组，被试对平均价的变化不敏感，但是，对高价变化非常敏感。与控制组相比，当最高价变高时，被试对目标商品的价格知觉降低，出现了对比效应。相反，在泛化目标组，被试对最高价的变化不敏感，但对平均价的变化非常敏感。与控制组相比，当平均价变高时，被试对目标商品的价格知觉提高，出现了同化效应。

上述结果表明，拥有辨别目标的消费者的价格判断过程遵循全距—频次模型，他们根据最高价判断目标商品的价格，最高价越高，目标商品在他们看来就越便宜。而拥有泛化目标的消费者的价格判断过程则符合适应水平理论。他们根据平均价判断目标商品的价格，平均价越高，目标商品在他们看来就越贵。

可见，不同的消费者在判断价格时参考不同的信息。如果消费者想了解目标商品与其他商品的不同之处，那么，他们倾向于参考价格集合的最高价或最低价，最高价一旦攀升则能对比出目标商品的廉价，而最低价一旦下降则凸显出目标商品的昂贵，这是价格判断的对比效应。如果消费者想了解目标商品与其他商品的共同特征，那么，他们倾向于参考价格集合的平均值，此时平均价攀升能够显示出目标商品的昂贵，而平均价下降则显示出目标商品的廉价，这是价格判断的同化效应。

5.2　"嫁衣"选项：诱饵效应

现在请想象，你计划购买一台笔记本电脑，看到某商店正在销售两款笔记本电脑，它们在其他维度上的表现都类似，只是在处理器和价格上有所差异，具体情况如下所示。

第一种情况：

笔记本电脑 A：采用第五代智能英特尔处理器，售价为6000 元。

笔记本电脑 B：采用第七代智能英特尔处理器，售价为6800 元。

你将如何选择？想必对很多人而言，这不是一个容易的决策，毕竟，两台笔记本电脑各有优势，也各有劣势。笔记本电脑A 在价格这一维度上胜出，而笔记本电脑 B 在处理器这一维度上的优势尽显。我们不妨将价格和处理器这两个维度可视化。在图 5-1 中，横坐标表示价格，离

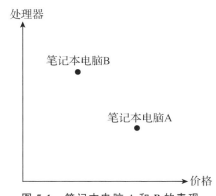

图 5-1　笔记本电脑 A 和 B 的表现

原点越远代表某商品在价格维度上具有更大的优势；纵坐标表示处理器，离原点越远代表某商品在处理器维度上具有更大的优势。笔记本电脑 A 和笔记本电脑 B 在坐标轴中所处的大致位置如图 5-1所示。

聪明的商家不会仅仅给消费者提供这两个选项，他们会加入另一个神奇的选项——笔记本电脑 C。例如：

第二种情况：

笔记本电脑 A：采用第五代智能英特尔处理器，售价为 6000 元。

笔记本电脑 B：采用第七代智能英特尔处理器，售价为 6800 元。

笔记本电脑 C：采用第六代智能英特尔处理器，售价为 6800 元。

为什么说笔记本电脑 C 是一个神奇的选项？研究显示，加入这一选项大大促进了笔记本电脑 B 的销量。另一方面，笔记本电脑 C 也可以设计成下面的配置。

第三种情况：

笔记本电脑 A：采用第五代智能英特尔处理器，售价为 6000 元。

笔记本电脑 B：采用第七代智能英特尔处理器，售价为 6800 元。

笔记本电脑 C：采用第五代智能英特尔处理器，售价为 6400 元。

这时笔记本电脑 C 仍是一个神奇的选项，只不过这一次它的加入没有提升笔记本电脑 B 的销量，倒是大大提升了笔记本电脑 A 的销量。

这究竟是怎么回事？在第一种情况中，笔记本电脑 A 和笔记本电脑 B 各有优势，也各有劣势，两者的可比性不强。在第二种情况中，笔记本电脑 C 的售价与笔记本电脑 B 的售价完全一致，笔记本电脑 C 和笔记本电脑 B 因而具有很强的可比性（见图 5-2 中的左图）。在处理器这一维度上，笔记本电脑 C 衬托出了笔记本电脑 B 的优势，因而，消费者更倾向于选择笔记本电脑 B。在第三种情况中，笔记本电脑 C 和笔记本电脑 A 在处理器方面的表现完全一致，因此，这两个选项具有很强的可比性（见图 5-2 中的右图）。在价格这一维度上，笔记本电脑 C 衬托出了笔记本电脑 A 的优势，因而，消费者更倾向于选择笔记本电脑 A。

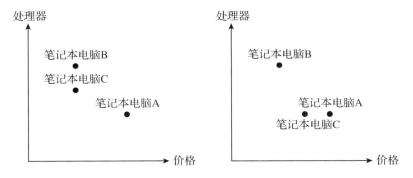

图 5-2 笔记本电脑 A、B 和 C 的表现

这样看来，很多时候，商家为消费者提供类似的选项 C 并不是他们对选项 C 的销量有所期待。相反，商家很清楚，这样的选项 C 在消费者眼里没有任何优势可言。但是，选项 C 的存在是为了促进选项 A 或选项 B 的销量。如果商家的目的是要销售选项 A，那么，他们只需推出选项 C，该选项在某个维度上的表现与选项 A 相似，但在另一个维度上的表现不及选项 A，此时，消费者就会将选项 A 与选项 C 进行比较，并觉察到选项 A 的优势。同样的逻辑也可用于增加选项 B 的销量。

也许，你已经发现，选项 C 其实是商家在费尽心思之后有意抛出的"诱饵"，目的是诱导消费者购买商家最渴望出售的商品。研究者将该效应命名为诱饵效应（decoy effect）。

实际上，诱饵选项无处不在。例如，《经济学人》的征订广告中就设置了诱饵选项（Ariely，2008）。广告如下：

> 电子版：每年 59 美元。
> 印刷版：每年 125 美元。
> 电子版加印刷版套餐：每年 125 美元。

首先，让我们来考虑一个问题：商家希望消费者订阅哪种版本的杂志？显然，为了赚到更多的钱，商家一定希望消费者从钱包里掏出 125 美元，而不是 59 美元。那么，如何促使消费者掏出 125 美元？商家精心设计了"印刷版：每年 125 美元"的选项。这一选项的售价与电子版加印刷版套餐的售价一模一样，这样一来，印刷版和电子版加印刷版套餐就具有了可比性。同样花 125 美元，电子版加印刷版套餐的内容要比印刷版的内容丰富。

研究结果也印证了上述分析。如果只给读者提供电子版和电子版加印刷版套餐这两个选项，有 68 人选择电子版，只有 32 人选择电子版加印刷版套餐。而在加入印刷版这一选项之后，选择电子版的有 16 人，无人选择印刷版，而选择电子版加印刷版套餐的人数高达 84 人（Ariely，2008）。作为诱饵，印刷版这一选项发挥了神奇的作用，轻而易举地帮助商家如愿打开了消费者的钱包。

不难发现，诱饵效应与前文所说的"维多利亚的秘密的天价内衣""星巴克里的依云矿泉水"一样，都是商家的把戏，其原理就是通过设计特定的选项（例如，诱饵选项、天价内衣、依云矿泉水等）使消费者进行商品之间的比较，从而诱导消费者购买商家想要出售的商品。

　　让我们再来看两个案例。拼多多公司成立于 2015 年 9 月，消费者可与他人拼团，以更低的价格购买商品。拼多多应用程序一经推出就大获成功，其公司于 2018 年 7 月在美国上市。那么，拼多多为何"一炮而红"？它如何诱导消费者发起拼团？如果仅仅告诉消费者拼团购买的价格，即便商品很便宜，消费者也未必能觉察到这份实惠。拼多多很好地把握了消费者的心理，它在提供"发起拼团 159元"这一选项的同时，还提供了另一选项——"单独购买 439 元"。当这两个价格同时出现时，拼团的优势立刻显现出来。原来，"单独购买 439 元"正是拼多多抛出的诱饵。

　　另一个案例是苹果公司的 iPhone 5c 和 iPhone 5s。2013 年，苹果公司同时发布了两款新产品——iPhone 5c 和 iPhone 5s。消费者费尽心思将它们反复比较，也没有发现太多不同。从内存、屏幕、储存空间等方面来看，两者的表现几乎一模一样。最大的差异来自外观，iPhone 5s 采用了金属外壳，看上去高端、洋气，而 iPhone 5c则采用了塑料外壳，看上去十分廉价。但是，iPhone 5c 的价格却不比 iPhone 5s 便宜多少。既然如此，消费者自然会选择高端且贵不了多少的 iPhone 5s。买完 iPhone 5s 后，人们才恍然大悟，iPhone 5c原来是苹果公司精心设置的诱饵，其作用在于推动 iPhone 5s 的大卖。

5.3　不得人心的打折：不作为惯性

　　打折，是好事吗？很多商家和消费者都会脱口而出："打折当然是有百利而无一害的大好事！"消费者能以便宜的价格购得喜欢的商品或服务，商家也可以趁打折的机会实现薄利多销。在中国，"双十一"和"双十二"已成为折扣的代名词。在美国也有类似的"疯狂折扣季"——黑色星期五。每年，黑色星期五都会拉开圣诞促销季的帷幕。许多商品都以非常低廉的价格出售，折扣幅度之大令人咂舌。

且慢！打折真如人们所想象的那样有百利而无一害吗？

请设想，上个月你在商场看到了一块心仪的手表，它的售价是
2000 元。两周前，你的朋友告诉你这个商场正在搞促销活动，你看
中的手表以半价出售，你只需花 1000 元就可以买到。你非常心动，
想着一定要前去购买。然而，由于工作繁忙，购物计划被三番五次
地搁置。当你今天得空前去商场时发现，五折的促销活动已经结束，
现在这款手表以八折 1600 元出售。此时，你有何反应？懊悔、沮
丧、难过……你还会掏钱买下这块手表吗？

虽然 1600 元比原价 2000 元优惠了不少，但是，许多消费者在
错过了 1000 元的最优价格之后，就不愿意以 1600 元的次优价格购
买该商品了。研究者将这种现象称为不作为惯性（inaction inertia）。
这是一种心理上的惯性，它与物理学里的惯性相似，指人们倾向于
保持先前的状态。由于先前在面对最优机会时消费者没有作为，导
致错过了这一机会，在之后面临相同领域中的次优机会时，消费者
倾向于保持先前的状态，继续不作为。因此，不作为惯性是一种决
策回避倾向。

有研究（Tykocinski，Pittman，& Tuttle，1995）探究了不作为
惯性。他们告诉一组被试，某滑雪场的滑雪券原价为 100 美元，在
一次优惠活动中，该滑雪券以 80 美元的价格出售，消费者很心动，
但却因为种种原因错过了此次机会。在之后的一次优惠活动中，该
滑雪券的售价为 90 美元。另一组被试则得知，某滑雪场的滑雪券原
价为 100 美元，在一次优惠活动中，该滑雪券以 40 美元的价格出
售，消费者很心动，但却因为种种原因错过了此次机会。在之后的
一次优惠活动中，该滑雪券的售价为 90 美元。被试需要回答自己是
否愿意以 90 美元的现价购得这张滑雪券。

在第一种情况中，两次机会之间的差异（80 美元与 90 美元）较

小，而在第二种情况中，两次机会之间的差异(40 美元与 90 美元)较大。结果显示，相比于差异较小组的被试，差异较大组的被试更不愿意以 90 美元的现价购买滑雪券，他们表现出很强的不作为惯性。

　　可见，并不是所有的折扣都具有积极效应。一旦某个商品被打折出售，而消费者又错过了此次良机，那么消费者在面临再次调高的商品售价时，就会表现出不作为惯性，由此大大减少了商品的销量。

　　不作为惯性是一种理性的行为吗？中国有句古话叫"往者不可谏，来者犹可追"，说的是过去的事情已经过去了，无法再改变，而人们要做的是关注未来，未来的机会才是我们能够把握的。在上文描述的情境中，最佳的机会已经一去不复返，无法挽回。从理性的角度来看，消费者应该更加关注现在，当下的次好机会固然不及失去的机会那么诱人，但是，现价仍比原价更划算。因此，从这个角度来看，不作为惯性反映了人们的不理性。那么，消费者为何会表现出不作为惯性？接下来，我们将介绍不作为惯性的两大根源——后悔与贬值。

5.3.1　后悔

　　消费者之所以不愿意以次优的现价购买某商品，是因为他们为错失良机而感到后悔，这种后悔叫作体验后悔(experienced regret)。有研究者(Arkes，Kung，& Hutzel，2002)探索了体验后悔对不作为惯性的影响。研究的决策情境与我们之前提到的大同小异，被试想象自己错过了某双鞋的优惠促销机会，在第一种情况中，错过的优惠价非常低，在第二种情况中，错过的优惠价比较低。接下来，所有被试都得知现在这双鞋以次优价格出售，被试需要报告他们对错过优惠促销的后悔程度，以及他们有多大可能以次优的现价购买这双鞋。结果显示，当错过的优惠价与当前价格差异大时，被试体验到更强烈的后悔，也更不愿意以次优的价格购买这双鞋。

这一结果说明，被试对错过的机会感到后悔，这种后悔越强烈，不作为惯性也就越强。当错过最佳机会之后，人们就会产生反事实思维（counter-factual thinking），感叹"要是我没有错过上一次的优惠就好了！"这种反事实思维使人们体验到强烈的后悔，因而在行为上表现出不作为惯性。

我们刚才谈论的是体验后悔，但与此同时还存在另一种形式的后悔——预期后悔（anticipatory regret）。预期后悔也会影响不作为惯性的程度。消费者预期如果自己以当前的次优价格购买了某商品，这一举动会不断提醒自己曾经错过了最好的机会，因此在将来会感到后悔。为了避免将来体验到后悔，消费者索性放弃购买。

尽管两种后悔对不作为惯性的解释有所差异，但两者都关注消费者的情绪体验。不作为惯性似乎是一种情绪应对策略，为了避免当前的后悔或将来的后悔，消费者在错过最佳机会面临次好机会时倾向于继续不作为。

5.3.2　贬值

除了后悔，也有研究者认为贬值（devaluation）是导致不作为惯性的重要原因。当某个商品以较低的价格打折出售之后，消费者很有可能认为，该商品只值这个价格，也就是说，消费者贬低了该商品的价值。因此，当该商品再以较高的价格出售时，人们就不再愿意购买了。

这一解释与很多人在日常生活中的认识相符。很多消费者认为无奸不商，商家会以较高的价格出售商品，从而从中牟取暴利。但是，由于缺乏专业知识，消费者往往不清楚商品的成本为多少，更不知道商家究竟从售价中获得了多少利益。一旦商品打折出售，消费者就得到了关于商品成本的线索。他们倾向于认为商品的成本不可能高于折扣价。因此，当商品再以较高的价格出售时，消费者自然不愿意掏钱购买。

5.4　价格比较

仔细分析后悔和贬值这两种解释，我们不难发现两者之间的共同点。在不作为惯性的问题中，有三个关键因素：第一个是错过的最佳机会，第二个是当前的次好机会，第三个是原价。根据体验后悔的解释，研究者假定决策者会将当前的次好机会与错过的最佳机会做比较，比较的结果引发体验后悔。根据预期后悔的解释，研究者认为如果决策者以现价购买了某商品，现价就会不断提醒他们相比于错过的优惠价自己多花了多少钱。根据贬值的解释，研究者也默认消费者会将现价与错过的优惠价进行比较，价格比较使消费者认定商品不值当前的价格。无论哪种解释，研究者都认为消费者更倾向于将当前的次好机会与错过的最佳机会进行比较。

基于上述分析，研究者（Lu，Jia，Xie，& Wang，2016）从价格比较的视角入手，提出了认知关注点的解释从而解析不作为惯性。她们认为，如果将当前的次好机会与错过的最佳机会进行比较，消费者就会知觉到损失；如果将当前的次好机会与原价进行比较，消费者就会发现潜在利益。但是，消费者对损失比对获益更为敏感，因此，他们更可能将当前的次好机会与错过的最佳机会进行比较，从而表现出心理上的惯性，拒绝把握当前的次好机会。

已有研究表明，当人们在为自己决策时，相比于获益更加关注损失；但是，当决策对象由自己转变成他人时，人们对获益的关注程度上升，对损失的关注程度下降。因此，消费者在为自己选购商品时，更倾向于将现价与错过的优惠价进行比较，从而知觉到损失，表现出较强的不作为惯性；当为其他人选购商品时，消费者则倾向于将现价与原价进行比较，从而知觉到获益，表现出较弱的不作为惯性。

研究者(Lu，Jia，Xie，& Wang，2016)在第一个研究中告诉一组被试，他们想要学习西班牙语，西班牙语培训班的原价为 1000元，曾经有个 500 元的折扣机会，但是他们错过了，现价是 800 元。研究者要求被试评估自己以现价报名该培训班的可能性。另一组被试则需要写下一位朋友的姓氏，并想象这位朋友想学习西班牙语并遇到了类似的问题，被试评估自己是否有可能让朋友以现价报名该培训班。结果表明，被试为自己报名的可能性小于让他人报名的可能性，也就是说，人们在为自己决策时表现出的不作为惯性强于为他人决策时。

在第二个研究中，研究者考察了人们是如何进行价格比较的，以及价格比较模式如何影响不作为惯性。被试依旧是为自己决策或者为朋友决策。这一次，商品的名称与价格用图片的形式显示。商品名称显示在一个等边三角形的正中央，等边三角形的三个顶点分别显示今日价、上周价与原始价。对于所有被试，今日价都出现在上方。对于一半被试，原始价出现在左边，上周价出现在右边(见图 5-3)；而对于另一半被试，原始价出现在右边，上周价出现在左边。被试的任务是仔细阅读商品的三个价格，并判断是否要以今日价购买该商品。整个研究共

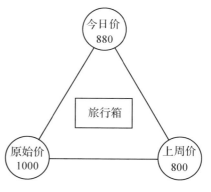

图 5-3　商品名称与价格

包含 70 个商品，其中有 45 个商品是实验商品，它们的上周价低于今日价，而今日价又低于原始价，这符合不作为惯性研究中的价格

走势。另外 25 个商品属于填充商品，这些商品的价格趋势不符合不作为惯性情境中的价格趋势。它们的原价最高，上周价次之，今日价最低。此外，研究者利用眼动仪记录了被试在阅读商品信息过程中的眼动轨迹。

结果显示，对于实验商品，被试在为自己决策时的购买率较低，仅有 26.6%，而在为他人决策时的购买率明显提高，达到了 36.8%。这种差异可能反映了两个方面的内容：首先，人们在为他人决策时比为自己决策时表现出更弱的不作为惯性；其次，人们在为他人决策时比为自己决策时更愿意花钱购买。接下来，研究者又分析了被试对填充商品的购买率。结果发现，填充商品的购买率不存在为自己决策与为他人决策的差异。这一结果排除了第二种解释，说明实验商品的购买率上出现为自己与为他人决策的差异，其原因并非人们为他人决策时更加愿意花钱，而是为他人决策时的不作为惯性更弱。

接下来，研究者又针对实验商品分析了被试的注视次数。她们发现，无论为谁决策，被试对原始价的注视次数几乎都一样，但是，对于上周价，人们在为自己决策时的注视次数多于为他人决策时的注视次数。这些结果表明，相比于为自己决策，人们在为他人决策时，没有那么关注损失，较少将今日价与错过的上周价进行对比。

在第三个研究中，研究者又直接改变了人们的价格对比模式，她们想探究提醒人们比较现价与原价能否减弱不作为惯性。被试依旧为自己决策或为朋友决策。在这个研究中，决策情境变为报名旅游团。被试得知某旅游团的原价为 599 元，曾经的优惠价为 299 元，当前的价格为 449 元。研究者要求控制组的被试评估自己以现价报名或让朋友以现价报名该旅游团的可能性。对于获益组的被试，研究者要求他们计算现价比原价便宜了多少，然后评估报名的可能性。对于损失组的被试，研究者要求他们计算现价比优惠价贵了多少，然后评估报名的可能性。

研究结果显示，控制组出现了为自己和为他人决策的差异，相比于为自己决策，人们在为他人决策时更愿意以现价报名，表现出较弱的不作为惯性。这一结果和前一个研究的结果一致。但是，有意思的是，在获益组和损失组，这种为自己和为他人决策的差异消失了。无论为谁决策，只要被试将现价与原价相比，关注获益，他们就更愿意以现价报名旅行团，表现出较弱的不作为惯性；只要被试将现价与错过的优惠价相比，关注损失，他们就会在心理上黏着于错过的优惠价，不愿意以现价报名旅行团，表现出较强的不作为惯性。

可见，之所以会出现不作为惯性，是因为人们在认知上关注损失，把当前的次优机会与错过的最佳机会进行比较。当人们关注获益，把当前的次优机会与原始状态进行比较时，不作为惯性的强度就会减弱。此时，消费者会忘记过去，着眼未来，把握当前的好机会。因此，想要消除不作为惯性，让消费者做出更加理性的选择，我们不妨从价格比较入手，让他们比较现价与原价，并忽视错过的优惠价。

5.5　幸福的源泉：体验购买

在过去几十年中，人们经历了不同的消费时代。起先，萦绕在消费者脑海中的是价格，他们希望以低廉的价格购得商品。之后，他们逐渐关注商品的质量，购买优质商品成了消费者的目标。到今天这个社会，人们越来越追求消费带来的幸福感，无论价格怎样、无论质量如何，愉悦的消费体验才是终极目标。

传统的物质主义观点认为"拥有"至上，只要拥有物质，人们就能感到快乐。但是，这一观点遭到了来自四面八方的质疑。心理学家提出，正是因为过分强调"拥有"并忽视"存在"的体验，人们才失去了幸福。一些研究结果也表明，物质主义反而降低了消费者的幸福感。这是为何？当过于关注外部奖励时，消费者的自主性与胜任力就无法充分体现，这导致人们很难实现理想与抱负。那么，怎样的消费模式才能提升幸福感？

5.5.1　拥有与体验

购买可以分为两种形式，第一是物质购买（material purchase），第二是体验购买（experiential purchase）。前者是指消费者购买一件实物，后者是指消费者购买一种体验。购买一台笔记本电脑属于物质购买，而在旅行社订购去巴黎旅游则属于体验购买。但是，某些物质也能提供体验。例如，有些消费者购买 CD 是为了欣赏优美的交响乐，有些消费者购买红酒是为了满足舌尖上的需求。此时，要区分物质购买和体验购买就需要考虑消费者的购买动机了。如果消费者为了拥有 CD 而购买 CD，这就是物质购买；如果消费者为了听交响乐而购买 CD，这就是体验购买。如果消费者为了收集红酒而购买红酒，这就是物质购买；如果消费者为了品酒而购买红酒，这就是体验购买。

研究者（Van Boven & Gilovich，2003）认为，物质购买反映出消费者追求"拥有"，而体验购买则反映出消费者的内在目标——追求"存在"，因此，体验购买会比物质购买给人们带来更强的幸福感。

为了检验这一假设，研究者招募了一群本科生，并将他们分为两组。第一组学生需要回忆自己花费超过 100 美元的一次物质购买，第二组学生则需要回忆自己花费超过 100 美元的一次体验购买。研究者之所以设置 100 美元的标准，是为了确保购买的重要性。接下来，被试需要评估那次购买在多大程度上让他们感到高兴。几周之后，研究者把被试对购买的描述给另一批大学生阅读，并让这些被试评价他们觉得此次购买在多大程度上会让购买者感到高兴。研究结果显示，购买者认为体验购买比物质购买让自己感到更加高兴，旁观者也认为体验购买比物质购买会让购买者体验到更强的愉悦感。

为了进一步检验物质购买、体验购买与幸福感的关系，研究者又在美国进行了一项全国性调查。研究者选取了 1279 名年龄在 21 岁到 69 岁之间的美国公民，对他们进行了电话调查。被试首先分别回忆一次物质购买和一次体验购买的经历，然后对比两次购买，回答哪次购买让自己感到更加快乐。

研究结果显示，57％的受访者认为体验购买比物质购买让他们感到更加快乐，34％的受访者则认为物质购买比体验购买让他们感到更加快乐。此外，研究者还分析了受访者的年收入水平与他们回答之间的关联。如图 5-4 所示，对于年收入水平较低的消费者，物质购买与体验购买带给他们的快乐水平相当，但是，当年收入达到一定水平之后，体验购买与物质购买带给他们的快乐水平就产生了分化，相比于物质购买，体验购买让他们感到更加快乐。

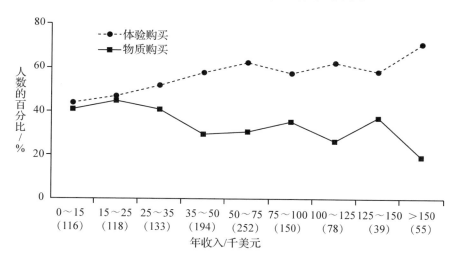

图 5-4　物质购买、体验购买与幸福感的关系（引自 Van Boven & Gilovich，2003）

注：纵坐标表示认为体验购买或物质购买让自己更快乐的人数的百分比，横坐标括号中的数字表示该年收入分类中的被试人数。

可见，总体而言，体验购买比物质购买给消费者带来更强的幸福体验，人们从体验中感受"存在"，享受当下，汲取快乐。在低收入群体中，该效应不太明显，但是在非低收入群体中，该效应稳定存在。

5.5.2　无法比较的体验购买

为什么体验购买是幸福的源泉，而物质购买却无法提供快感？研究者（Carter & Gilovich，2010）提出，这与选项比较和社会比较息息相关。人们在评价物质购买时会参照选项比较和社会比较的结果。而体验购买则不具有可比性，因此在评价体验购买时，人们无法参考选项比较和社会比较的结果，只能根据自己的真实感受做出评价。由于比较本身就是让人不愉快的，因此，物质购买给消费者带来的幸福感要低于体验购买带来的幸福感。

举例而言，当你购买了一台某品牌的笔记本电脑之后，你很容易进行选项比较，将该笔记本电脑与未选择的笔记本电脑 A、笔记本电脑 B、笔记本电脑 C 进行比较。此外，你还会进行社会比较，将自己购买的笔记本电脑与好友购买的笔记本电脑对比，看看谁的选择更明智、谁的购买更划算。比来比去，你就会发现自己的电脑在某方面不如笔记本电脑 A，在另一方面又比不上笔记本电脑 B，朋友选购的电脑要远超自己的选择。比较的结果令你烦恼。此外，做比较本身就是一件费心伤神的事，你得投入精力搜集电脑的信息，你得花费时间把不同选项进行对比。幸福感就这样在比较的过程中消耗殆尽。

体验购买呢？在你去巴黎旅行之后，你不会把巴黎与未选择的罗马进行比较，因为两者不具有可比性，巴黎圣母院如何与罗马斗兽场进行比较？凯旋门如何与凯撒神庙进行比较？在你去巴黎旅行之后，你也不会将自己的巴黎旅行与朋友的巴黎旅行进行比较，你们在各自的旅行中体验各自的心情，收获不同的经历，两者也不具有可比性。

为检验上述假设，在第一个研究中，研究者(Carter & Gilovich，2010)邀请一组被试回忆一次花费 50 美元以上的物质购买经历，另一组被试回忆一次花费 50 美元以上的体验购买经历。之所以要求至少花费 50 美元是为了确保此次购买比较重要。接着，研究者要求被试评价在此次购买中，他们在各候选项之间的权衡是否困难。此外，被试还需要评价自己是否担心未选选项比所选选项表现出色。最后，被试评价自己是否对此次购买感到满意。

研究者发现，被试认为物质购买比体验购买更加困难；相比于体验购买，在进行物质购买决策时，他们更加担心未选选项是否优于所选选项；被试对体验购买比物质购买感到更加满意。这些结果说明，消费者之所以对体验购买感到满意是因为在进行体验购买时人们很少进行选项比较。

回忆也许不够准确，于是，在第二个研究中，研究者又邀请被试来到实验室做真实的购买决策。物质购买组的被试想象自己要购买一件电子商品。他们面临的选项有若干个数码相机、电子环绕音响系统、宽频电视机。体验购买组的被试想象自己决定去哪里度假。他们面临的选项有若干个海边度假胜地、城市度假胜地、滑雪度假胜地。研究者逐一向被试呈现所有的候选项以及这些候选项在各维度上的表现。接着，研究者随机选择一个选项(目标选项)，并让被试想象自己选择了此选项。

之后，被试根据自身的需求决定是否要再次查看各选项的表现。研究者记录被试花了多少时间查看目标选项、与目标选项同类的选项、与目标选项不同类的选项。如果目标选项是海边度假胜地 A，那么，被试查看海边度假胜地 B、C 的时间就是花在同类选项上的时间，被试查看城市度假胜地 L、M、N 以及查看滑雪度假胜地 X、

Y、Z 的时间就是花在不同类选项上的时间。最后，被试评价决策满
意度。

　　总体而言，物质购买组的被试比体验购买组的被试花费更长时
间查看未选选项。进一步的分析表明，物质购买组的被试对同类未
选选项的查看时长长于体验购买组的被试；但是，两组被试在对不
同类未选选项的查看时长上没有差别。另外，体验购买组的被试对
决策的满意度高于物质购买组的被试。

　　在第三个研究中，被试来到实验室后需要完成一些任务，实验
室里摆放着不同的商品，商品前面有张纸牌——"实验奖品"。所有
奖品一览无遗，被试都能清楚地看到。在物质组，当被试完成任务
之后，研究者从实验奖品中选出一支钢笔送给被试。此时，被试又
被分为两组，在第一组，其他实验奖品都比钢笔差；在第二组，其
他实验奖品都比钢笔好。在体验组，当被试完成任务之后，研究者
从实验奖品中选出一包薯片送给被试。同样，体验组的被试也被分
成两组，在第一组，其他实验奖品都比薯片差；在第二组，其他实
验奖品都比薯片好。拿到奖品之后，被试有两分钟的时间可以使用
钢笔或品尝薯片。之后，他们评价自己是否喜欢该奖品。

　　结果显示，在体验组中，无论薯片比其他奖品好还是差，被试
对薯片的喜爱程度都保持稳定；但是，在物质组，当钢笔好于其他
奖品时，被试对它喜爱有加，而当钢笔不如其他奖品时，被试对它
甚为嫌弃。也就是说，体验组的被试对商品的评价不受其他选项的
影响，而物质组的被试则基于其他选项的表现而评价目标商品。这
一结果表明，在进行体验购买时，消费者不倾向于进行选项比较，
而在进行物质购买时，选项比较时常发生。

　　在第四个研究中，被试同样被分为物质购买组与体验购买组。
他们想象自己在许多候选项中精挑细选，终于选出了他们自认为最
好的选项，购得一台笔记本电脑或一张电影票。结果，刚等他们买

完，商家又推出了一个更好的新选项。被试需要评价对自己的购买是否感到满意。研究者发现，物质购买组的满意度低于体验购买组的满意度。

第五个研究与第四个研究类似，物质购买组的被试想象自己经过精挑细选终于选出并购买了最好的笔记本电脑，体验购买组的被试想象自己经过精挑细选终于选出并购买了最好的电影票。结果，刚等他们买完，所购商品就降价了。被试需要评价对自己的购买是否感到满意。结果依旧显示，物质购买组的满意度低于体验购买组的满意度。

考察完选项比较，研究者又把目光投向社会比较。这一次，研究者要求物质购买组的被试想象自己购买了一台笔记本电脑，要求体验购买组的被试想象自己购买了一次度假套餐。购买后不久，被试得知，自己的竞争对手也买了类似的商品，而且竞争对手所购商品的价格明显优于自己。被试需要评价对自己的购买是否感到满意。结果显示，物质购买组的满意度低于体验购买组的满意度，可见，人们对物质购买的评价受社会比较的影响，而对体验购买的评价则独立于社会比较而存在。

为何体验购买比物质购买带给消费者更强的幸福感？选项比较和社会比较扮演了至关重要的角色。一种物质与另一种物质之间具有较强的可比性，这种选项之间的比较削弱了消费者的幸福感。一种体验与另一种体验之间不具有可比性，因此，人们很难对不同的体验进行比较，从而关注当下，体验到真实的幸福。

5.5.3　津津乐道的体验购买

当然，体验购买的优势不仅仅是由无法比较造成的，还有其他原因。例如，研究者（Kumar & Gilovich，2015）认为，体验购买比物质购买给消费者提供了更多的谈资。人们对体验购买津津乐道，愿意与其他人分享体验购买的经历。而物质购买则不具有会话价值。想象一下，当你度假归来之后，你是否很乐意与朋友分享你在旅途中的见闻与感受？而当你买了一个名牌包之后，你还会如此兴奋地与朋友交流吗？人们觉得与他人交流体验是一件令人兴奋的事情，但是，与他人谈论实物则十分无趣。

在第一个研究中，研究者要求一组被试描述过去五年中最重要的一次物质购买，另一组被试则描述过去五年中最重要的一次体验购买。接下来，研究者告诉被试，出于一些特殊的原因，一位朋友要求你不能与任何人谈起此次购买。最后，被试评价自己在多大程度上感到烦恼。结果显示，当被试被要求不能谈论体验购买时，他们感到很烦恼。

在第二个研究中，研究者给物质购买组的被试提供一系列电子产品，并询问他们最喜欢和次喜欢的商品；研究者给体验购买组的被试提供一系列海滩度假胜地，并询问他们最喜欢和次喜欢的地点。按照研究规则，被试可以选择自己最喜欢的选项，但不能与任何人谈论关于此次购买的任何细节。被试也可以选择次喜欢的选项，如果选择该选项则没有任何会话方面的限制。结果显示，在体验购买组，67％的被试选择了次喜欢的选项，人们不愿意放弃与朋友谈论体验购买的机会。但是，在物质购买组，只有22％的被试选择了次喜欢的选项，他们愿意牺牲谈论的机会来追求自己心仪的选择。

在第三个研究中，研究者告诉被试，人们在购物之后自然会感到愉快，这种快感有很多来源。接下来，他们给被试提供20种购物情境，其中十种为物质购买，另外十种为体验购买。被试需要回答，在每一种购买中，有多少比例的快感源自与他人分享购买的经历。结果表明，相比于物质购买，在体验购买中，有更高比例的快感源于与他人分享购买的经历。

在第四个研究中，被试来到实验室之后，研究者向他们解释了什么是物质购买与体验购买，并要求被试写出在过去几年中五个最重要的物质购买和五个最重要的体验购买。接着，被试需要录制一段视频，通过视频向他人讲述自己的购买经历。被试可以讲述刚才罗列的所有的经历，也可以挑其中某部分讲述。被试录制完视频之后，研究者告诉被试他们还需要面对面地详细向他人讲述一次购买经历，被试选择要讲述哪一次购买。结果表明，在视频中，被试更多地谈论体验购买。在选择中，80％的被试选择了谈论体验购买。

可见，体验购买具有很高的会话价值，它赋予消费者谈资，消费者从与他人交谈体验购买的过程中得到快乐，从而对体验购买更为满意，体验购买成为幸福的源泉。

5.6 "我不是唯一的受害者"

5.6.1 口碑营销

好的口碑（word-of-mouth）从来都是商家必争的。

消费者时刻受到口碑的影响。在网络消费时代到来之前，消费者通过口口相传告知他人商品的质量、商店的购物体验。在网络消费时代到来之后，得知其他消费者的评价变为一件非常容易的事情，网络购物平台充斥着各种对商品、对品牌、对店铺的评价，消费者越来越多地互相分享商品信息和消费体验。

几十年前，风靡一时的飘柔广告说，一传十、十传百，这就是飘柔的秘密。没错，飘柔的秘密正是利用消费者良好的口碑。日本电子游戏巨头任天堂公司的前社长山内溥也非常关注公司在游戏玩家中的口碑。该公司开发的一些游戏虽然在推出初期没有得到玩家的狂热追捧，但随着良好口碑的积累与传播，这些游戏的热度持续蹿升。海尔公司更是不惜代价地打造商品口碑。一位来自福州的消费者购买了海尔冰箱，但冰箱出了些问题，他便给海尔公司青岛总部打电话，希望海尔能在半个月内派人来修好冰箱。海尔公司一口答应。第二天，维修人员就出现在这位消费者的家门口。原来他是从青岛出发，连夜搭乘飞机赶到福州的。这位消费者又惊又喜，在维修单上写下了这句话：我要告诉所有人，我买的是海尔冰箱。

"现代营销学之父"菲利普·科特勒（Philip Kotler）指出，口碑是营销者必须注重的环节。打造积极的口碑是现代营销中的重要手段，口碑营销一词也应运而生。商家通过一定的计划，让消费者自动传播对商品和服务的良好评价，从而让更多的消费者了解并选择自己的品牌。口碑营销省时、省力、省成本。营销者无须投入巨额广告费、无须派出大量销售人员、无须挖空心思创新营销方案，仅仅通过老顾客的口口相传或网络评价就能使自己的品牌"流芳百世"。

负面口碑的传播速度远远快于正面口碑的传播速度。试想，你购买了一部手机，不幸的是，这部手机的操作系统用起来非常不流畅，经常出现卡机现象。这时，你听到另一位消费者也表达了对该商品的负面评价。这种负面评价会加强还是减弱你的不满？来自与自己相似或比自己所遇情况更糟糕的他人的消极口碑会如何影响消费者的不满意度？人们会因为更加确信该商品很糟糕所以感到更不高兴，还是因为知道他们不是这个糟糕商品的唯一受害者而略感安慰？

5.6.2　糟糕的性能与糟糕的体验

关于商品属性的评论被称为属性口碑，这种口碑强调的是商品本身——商品是什么样的？它的表现如何？而关于商品使用体验的评论被称为体验口碑，这种口碑强调的是消费者的体验——在购买和使用商品后发生了什么？研究者（Chan & Cui, 2011）认为，不同类型的口碑很有可能对消费者的感受造成不同的影响。负面口碑既可能雪上加霜、火上浇油——加剧消费者的不满，也可能让消费者聊以自慰——减轻不满意度。负面口碑的影响方向取决于口碑类型：属性口碑和体验口碑。消极的属性口碑会增强不满意度，而消极的体验口碑则会减轻不满意度。

消极的属性口碑会使消费者关注商品的表现。他人的观点可能会强化人们原本的态度，使其更加极端。所以，如果消费者本身就对所购商品不满，在阅读关于商品属性的消极评价后，他们对商品属性的评价可能会变得更为消极。消极的体验口碑会促使消费者进行社会比较，而下行社会比较有助于减缓压力、改善情绪与增强满意度。所以，当消费者读到他人分享的消极体验时，就可能会与信息发布者进行下行社会比较，窃喜自己不是唯一的受害者，从而减轻不满意度。

为检验上述推论是否正确，研究者（Chan & Cui，2011）要求被试想象自己在银行办理业务，这家银行的工作人员数量严重不足，而且 7 个服务窗口只开了 4 个，被试足足排了 20 分钟的队。接着，被试评价他们在这一时刻的不满意度。之后，被试想象他们在晚饭过程中与朋友进行交流。在属性口碑组，朋友描述了这家银行的服务有多么糟糕，比被试遇到的服务更加糟糕；在体验口碑组，朋友描述了自己在这家银行的体验有多么糟糕，比被试的体验更为糟糕。最后，被试报告在听完朋友的描述之后自己的不满意度，并写下在得到消极口碑后的想法。

研究结果表明，当被试得到消极的属性口碑后，他们对上述银行越发不满；当被试得到消极的体验口碑后，他们的不满意度反而得到了缓解。此外，研究者还分析了被试所罗列的想法。结果显示，消极的属性口碑激发了被试对商品的消极评价，而消极的体验口碑则诱发了下行社会比较。

在上述研究中，朋友遇到的情况比被试遇到的情况更为糟糕。那么，如果他人遇到的情况与被试类似，上述效应是否依旧存在？

这一次，研究者要求被试想象自己在投资公司开设了 15000 美元的账户。在接下来的四周中，被试每周都会收到关于投资的邮件。四周的邮件分别显示，当周该投资的回报率为－2.06％、1.45％、－2.78％和 2.22％。四周的净损失为 187.80 美元（－1.25％）。研究者在第四封邮件中调查了被试的不满意度和再次投资的意愿。

在收到第四封邮件的五天后，被试得到另一名被试对该金融产品的评价。在属性口碑组，另一名被试描述了关于这款金融产品的特征，他所遭遇的情况与被试的遭遇类似；在体验口碑组，另一名被试描述了关于购买这款金融产品的体验，他所遭遇的情况与被试的遭遇类似。之后，被试都需要写下在得到消极口碑后他们的想法，并再次报告对此次投资的不满意度和再次投资的意愿。

研究结果与前一个研究完全一致，被试在得到消极的属性口碑后，他们越发感到不满；在得到消极的体验口碑后，被试意识到"我不是唯一的受害者"，这种想法让被试聊感安慰，缓解了他们的不满情绪。此外，在属性口碑组，被试产生了很多关于产品的想法，但在体验口碑组，被试产生了不少关于社会比较的想法。

由此可见，负面口碑对消费者购买后的态度与行为的影响取决于口碑的性质。如果负性口碑是基于商品属性的，那么它可能会加剧消费者体验到的不满；如果负性口碑是基于体验的，那么它可能会激活社会比较过程，从而让消费者感到自己并不孤单，他人的糟糕体验反而能缓解消费者的不满意感。

本章总结

在商业营销中，选项比较和社会比较具有强大的力量。商家往往充分利用它们影响消费者的判断和选择，进而促进商品的销售并提高品牌知名度。不少商家通过设置一个价格很高的商品从而降低消费者对其他商品的价格知觉。例如，维多利亚的秘密通过推出天价内衣显得其销售的普通内衣价格低廉，星巴克通过销售高价依云矿泉水显得其售卖的咖啡价格合适。

此外，营销者也经常设置"为他人做嫁衣"的诱饵选项，从而促进目标商品的大卖。有效的诱饵选项需要满足两个条件：第一，诱饵选项要与目标选项类似；第二，诱饵选项在某方面的表现不及目标选项。第一个条件保证了诱饵选项与目标选项具有可比性，第二个条件有助于诱饵选项烘托目标选项的优势。如果目标选项是售价880元的某五星级酒店含早餐的客房，那么，诱饵选项可以是售价880元的同一五星级酒店不含早餐的客房。无论是"变贵为廉"的营销术还是诱饵效应，利用的都是选项比较。

打折深得人心。但是，在某些情况中，打折却不得人心。假设一台电脑的常规售价是8800元，在"双十一"优惠促销活动中，它的售价为6800元。某位消费者尽管很心动，却由于网速问题没有抓住此次机会。在一个月后的"双十二"期间，该电脑的优惠价为7800元。这位消费者在面对"双十二"的次优价格时，很有可能受心理惯性的驱动，继续不购买这台电脑。该现象叫作不作为惯性。不作为惯性的原因之一是消费者因错过最优价格而体验到后悔。原因之二是由于最优价的存在，商品在消费者心中贬值了。无论是后悔还是贬值解释，强调的都是消费者将现在的次优价格与过去的最优价格进行比较。消除不作为惯性的有效途径是要求消费者将现在的次优价格与原价进行比较。

消费可分为物质购买与体验购买。前者强调的是拥有，而后者强调的是当下的"存在"。通常而言，体验购买给消费者带来更强的幸福感。该效应的原因在于，体验购买不具有可比性，消费者无法将一种体验与另一种体验对比，也很难将自己的体验与他人的体验对比。但是，物质购买的可比性很强，消费者轻而易举地就能进行选项比较和社会比较。而比较本身费神费时，让人不悦。因此，要想花钱购买幸福，体验购买不失为一种好选择。

　　当消费者对自己购买的某商品心存不满时，如果其他消费者也对该商品不满，这种消极的属性口碑可能会加剧人们的不满。如果其他消费者对购买该商品的体验不满，这种消极的体验口碑可能会引发社会比较，让人们聊以自慰——"我不是唯一的受害者"，从而缓解不满。

社会治理启示

　　商家需要善用选项比较，通过设置诱饵选项，降低消费者对目标商品的价格知觉，或凸显目标商品的优势，从而提高目标商品的销量。

　　打折并非有百利而无一害。为避免消费者的不作为惯性，商家需引导消费者对比原价与现价，并忽视错过的优惠价。

　　钱可以买到幸福，前提是消费者把钱花在体验而不是物质上。

第三篇　冲突从何而起：
比较对群体的效应

　　站在群体的高度，比较仍然是人们行为处事中不可忽视的重要因素，因为比较随时可能引发包括冲突在内的各类后果。人群中，参与比较的人们心思各异，或担忧他人对自己的看法，或产生妒忌等负面的情绪，或想方设法维护既得利益。诸如此类的心理活动在群体中蔓延并发生共鸣，让集体关系充满变数，决定着成员间的偏见与信任。本篇将聚焦于比较在群体层面造成的影响，分析人们在进行不同类型的人际、群际比较时的感受，以及为此采取的应对措施，让人们看清社会现象背后比较的影子。

第6章

社会比较的人际代价

在进行社会比较的同时，人们也连接了彼此之间的人际关系。比较的方式与结果会影响比较双方的关系与相处模式。例如，优等生可能会担忧自己给朋友造成的压力，而后进生可能会将学霸作为妒忌的目标。在比较中身处的地位不同，人们看待彼此的眼神亦不同，而这种复杂的心理变化有时会让参与比较的人付出人际关系上的代价。为了帮助你发现并回避社会比较可能给人际交往带来的麻烦，本章将解析比较中赢家为何在喜悦之余又难免忧心忡忡，输家为何有时自叹不如有时又愤愤不平，以全面的视角看待社会比较引发的人际连锁反应。

两点能确定一条直线。在社会比较的背景之下，"你""我"两个点被确定之后，我们彼此之间的连线——人际关系——也将经由比较中的胜负关系勾勒而出。社会比较作用于每一个体，同时也作用于从个体"放射"出的千丝万缕的人际关系。身处人际网络的中心，我们不禁会考虑：如何给别人留下好印象？有什么人际的隐患值得警惕？在比来比去的过程中，人们之间的关系究竟会受到怎样的影响？

有比较，就难免要分个高低。有时我们居高临下，在社会比较中占据了制高点，自是暗地高兴，但仍然会有重重顾虑和内心纠结；有时我们抬头仰望，暂时处于比较中劣势地位的一方，有了瞄准的目标，眼神变得复杂。有人的地方就有社会比较；有比较，就有新的诉求不断生成，有新的冲突不断出现。谁胜谁负，谁是谁非？细思之下，我们的人际关系网络在比较中开始震荡。

让我们先通过一则案例回忆一下不少人都有过的体验，从中一窥社会比较对人际关系的影响。

案例

成绩排名的背后：不仅仅是一张榜单

你曾在学生时代面对成绩排名带来的压力吗？你曾驻足仔细查看教室外面张贴的"红黑榜"吗？如果你关注、重视这些榜单，就一定体验过它们带给你的种种影响：排名不仅仅是明确你自身水平的一条重要途径，也是掀起班级、校园中人际波澜与潜流的幕后推手之一。

当你取得优异的成绩时，老师点名表扬了你，你会为自己的进步而高兴雀跃。但你很快就可能发现，你的同学跟你的关系变疏远了，于是你对成绩排名闭口不谈，在他们面前竭尽全力地表现出热情随和的一面。

当你没有取得优异的成绩时，你会感到沮丧，可能会讨厌那些优秀的同学。

成绩排行榜就是班级里的风向标，它可能动摇着学生之间的人际关系。虽然它的出发点并不一定总是残酷的，也并未有意制造学生之间的矛盾冲突，但切实地使学生在校园生活中体味到酸甜苦辣。为了消除社会比较给学生留下的阴影，2018 年我国教育部印发了《中小学生减负措施》，严禁将中小学考试成绩和排名以任何方式公开。换个角度思考，这无疑淋漓尽致地展现了社会比较所拥有的魔力。

回忆了自己的经历，看到了社会现实，你是否产生了要把成绩排行榜单撕了的冲动？你时而因它感到开心，时而因它感到沮丧，它如此能挑拨人心。因为它宣告着你的位置，影响着你的面子，让你看见比你站得更高的人，也看见落在你后面的人，而这种上下关系定位了人际关系网里的浮沉。与他人进行比较之后，面对比你优秀的人，你感到嫉妒，你会对他们的失败而幸灾乐祸，你会采取行动，或使坏或自勉。面对不如你的人，社会比较使你产生轻蔑，同时又担心来自他人可能的攻击。社会比较连锁反应式地波及我们的人际关系，其对不同角色、不同地位的人的影响效果各不相同。接下来，让我们从多种视角分门别类地来看看社会比较是如何在人际中引发各种反应的。

6.1　赢家的骄傲与担忧

6.1.1　赢家的骄傲：一览众山小

　　社会比较往往意味着一次对决。如果你在某个领域中与他人一决高下，你渴望成为赢家吗？让我们首先站在赢家的角度来看待这一切，希望你听完分析之后能够保持你脸上胜利的微笑。

　　通过社会比较，赢家遥望脚下，众山皆小。此时，他们一时春风得意，览尽险峰无限风光。不过，自豪与骄傲并不会甘愿被拘束于赢家的内心，它们会从内向外散发出来，就像烛光会穿透灯笼、照亮四周一样。心理学家注意到了这种状况，对站在山巅的人发出警示。站得更高，未必看得更远。如果处于"一览众山小"的状态，你还会在乎那些小山丘吗？

　　研究者（Goodwin，Gubin，Fiske，& Yzerbyt，2000）用研究告诉我们，答案是否定的。在他们的研究中，被试先被分到小隔间里单独完成一系列问卷。被试首先完成的是哈佛管理能力量表，不过这份问卷是研究者虚构出来的量表，目的是方便研究者在之后通过结果反馈让被试相信自己的管理能力强或者弱。然后被试评价对 24

种专业(如幼儿教育、社会学、医学、心理学等)的学生的喜欢程度，以及对 46 种个人特质(如聪明、开朗、急躁等)的喜欢程度。接着被试报告了自己的专业以及自身拥有的四项特质。研究者告诉被试这些自我报告材料将在下一阶段的研究中呈现给其他被试，并且反馈给被试他们的哈佛管理能力量表得分。研究者声称以得分高低决定同一批被试即将被分配到的角色。一部分被试得知，自己的得分高于其他很多被试的得分，领导能力出类拔萃，将在下一阶段扮演领导；另一部分被试则得知自己的得分低于其他很多被试的得分，只能在下一阶段扮演助理。之后，研究者带来了实验室里其他被试的自我报告。当然，这些报告也是研究者虚构的，报告者声称自己来自幼儿教育、社会学、医学或心理学专业。作为"领导"或"助理"，被试需要评价自己有多喜欢这些人。

　　通过把被试对 24 种专业的学生以及 46 种特质的喜好程度与对其他被试的喜欢程度进行对比分析，研究者发现，"助理"被试对其他人的喜欢程度主要取决于他们对不同个人特质的喜欢程度。也就是说，"助理"若是喜欢开朗这一特质，他们就倾向于喜欢拥有开朗特质的其他被试。"领导"被试则不同，为"管理能力强"而扬扬得意的这些被试，对他人的喜欢程度主要取决于他人的专业，而相对忽略了他人的特质。显然，在能力出众的强者眼里，更看重的是别人能做什么。至于别人的个性特质，并不重要。

　　也许"不在乎"还算是一种相对客气的态度，因为赢家的想法有时可能会比"不在乎"来得更加刺人。有研究(Oldmeadow & Fiske，2010)发现，当社会比较中的赢家拥有某项积极特征时，他将为这项优势感到自豪，并蔑视那些在该领域弱于自己的人。该研究以英国同一城市内两所大学的学生作为被试。大多数本地学生在高中毕业升学时都会积极地选择这两所学校之一就读。这两所大学中较优秀的那所大学的入学标准更加严格，学生成绩也更好。除此之外，两所学校的情况基本相当。

此研究在课堂上进行。学生首先报告了自己对就读学校的认同度。接着，学生需要完成 12 次资源分配任务，这种任务就如同电子游戏中的技能点数分配。在每次任务中，学生将资源点数分配给一位匿名的同校学生或者另外一所学校的学生，共计有六种不同分配比例的方案可供选择。而供分配的资源点数则代表学生的运动能力和学术能力，被试分配给学生的某项资源点数越多，意味着他希望学生在这方面的能力越强。最后，研究者询问了学生对两所学校的学生之间竞争激烈程度的看法，包括"你认为两所学校的学生在学术（或体育比赛）上的竞争程度如何""你认为自己将来有多大可能会和另一所学校的学生在升学和就业等方面竞争"。

结果显示，两所学校的学生存在一些共识，他们均认为"学术名校"的地位更高，而且双方毕业生的就业竞争激烈。但重要的是两所学校的学生之间发生分歧的部分。"学术名校"的学生在资源分配任务中为自己学校的人分配了更高的"学术值"而非"运动值"，为另一所学校的学生分配了更低的"学术值"。显然，来自"学术名校"的学生以自己的能力优势为荣，并且试图进一步强化这种优势。他们在学术领域表现出了强烈的内群体偏好（in-group favoritism），就好像默认身为名校学生，理所应当在学术领域凌驾于普通学校的学生之上。

不过，尽管内心感到无比自豪，赢家也尽量避免锋芒毕露。例如，在处理人际关系时，赢家会试图显得温柔一些，以期给人留下更好的印象。为何显得温柔能给人留下好印象？让我们先来了解人际判断的两个基本维度——热情（warmth）和能力（competence）。在与人交往时，人们往往会从温暖和能力两个维度上评估他人。热情是指某个人是否友好、善良和热情，能力是指某个人是否具有胜任某任务的能力。通过判断热情，人们可以确认他人的意图，而通过判断能力，则可推测他人可能采取的行动。

　　从理论上来说，热情和能力这两个维度并不绝对相关。一位家财万贯的银行家也可能怀有乐于助人的心，一个茕茕孑立的流浪汉也可能打着坏主意。但是，很多人在生活中却把热情和能力看成是相互对立的，认为热情的人往往能力不强，能力强的人往往内心冷漠——这种效应被称为社会补偿偏差（social compensation bias）。

　　有研究（Swencionis & Fiske，2016）认为，为了博取他人的好印象，相比于输家，在社会比较中占据上风的强者会更多地弥补自己形象中的热情成分，而不是强调自己强大的能力，由此进行印象管理（impression management），从而塑造自己在他人心目中的形象。当人们试图展示自己的热情时，他们表现得和蔼可亲，易于相处，而当人们试图展示能力时，他们通常会坚持己见。让我们通过此研究来看看人们是如何在这两种策略间做出权衡的。

　　在研究中，被试设想自己的工作单位开展了一项新的计划，新的计划需要他们与来自另一部门的同事配对进行互动。被试被随机分配到三种条件中：与比自己职位高的员工配对、与比自己职位低的员工配对，或者与和自己同级别的员工配对。被试先描述他们想象中的互动会如何进行，然后看到一份罗列了 20 种个人特质的清单，其中，10 种特质反映被试的能力，如有野心的、有能力的，另外 10 种特质反映被试的热情，如体贴的、慷慨的。被试评估自己有多希望让配对搭档认识到被试拥有的这些特质。最后，被试需要回答他们展现自我的目标，权衡"被人喜欢"和"被人尊重"中哪一个对他们而言更重要，以及"被人视为有能力的"和"被人视为热情的"中哪一个对他们而言更重要。

　　研究者发现，比搭档职位低或者与搭档职位相当的被试并没有在对热情类和能力类特质的展示偏好上表现出太大区别，而那些在社会比较中比搭档职位高的被试则希望更多地展示自身的热情类特质，而非能力类特质。并且，赢家比起另外两组被试拥有更强大的"展示热情"的目标。回顾社会补偿偏差，我们不难理解，比搭档职位高的被试认为对身为社会比较获胜者的自己而言，展示热情有助于赢得他人的好感，他们不想被看成是"冷漠的赢家"。

然而"冷漠的赢家"毕竟只是大家的"印象流"观点。在上文这个研究中，赢家在没有任何其他信息支持他们决策的情况下，迎合大众的看法，并以此选择自己的人际交往策略。如果为他们提供一些额外的信息，譬如，他人的友好程度，赢家又会据此采取怎样的策略呢？研究者（Swencionis & Fiske，2016）为此进行了另一个新研究，希望看看面对亲切或者高冷的对象时，人们的印象管理策略是否会发生变化。

新的研究与上一研究的程序基本相同。被试依然想象自己在公司的新活动中与一名陌生的员工组成搭档。不同之处在于，被试在了解搭档的职位信息后，还得知第三方对被试搭档的友好程度的评价。另外，被试不用再评估自己对 20 种特质的展示欲，而是需要直接从 20 种特质中挑选出想要展示的 10 种，这将减弱被打分过程中存在的模糊性。最后，被试仍需回答他们选择这些特质的目的。

这个研究的结果表明，尽管从整体来看，赢家相比于输家仍然希望更多地展示自身的热情，但交往对象的友好程度会对被试的策略选择造成影响：当面对一个友好的下级时，被试更希望展示自身的热情特质，而当面对一个不友好的上级时，被试更希望展示自己的能力。这意味着，如果"赢家冷漠，输家热情"的印象得到了他人评价的印证，被试会迎合这种印象，进一步向上级展示能力、向下级展示热情。另一方面，如果被试面对比较"另类"的情况，即一个友好的上级或者一个不友好的下级，他们对能力和热情特质的展示偏好差异就会消失，此时被试认为没有必要在上级面前特别强调能力，在下级面前特别强调热情。由此可见，在社会比较情境下，人们的人际交往策略并不是一成不变的，而是根据具体情况做出灵活调整。得知他人的友好程度在某些时候足以让人们放弃对能力和热情的执念。只不过对赢家而言，在没有额外信息（如他人的友好程度）的时候，默认的人际模式还是以消除自己的"冷漠"为第一要义。

社会比较或明或暗地支配着赢家的内心和行动。在暗处，他们心里可能觉得自己高高在上，不同凡响；在明处，他们则得采取人际上的"怀柔政策"，来弥补自己在他人看来缺乏的热情成分。让我们这样总结：是社会比较给赢家戴上了王冠，也是社会比较给赢家指明了处理人际关系的方向。赢家所获得的一切、所展示的一切真的只是由他们的硬实力决定的吗？恐怕，真正决定赢家人际行动的不仅仅是他们真实的能力或热情，更多是社会比较这只背后推手。

6.1.2　瑜不掩瑕：赢家的担忧

大多数评价体系都不应该只谈个人绩效而不谈排名，因为排名才能定准人们的位置。然而一旦谈到排名，社会比较往往是一个无法回避的重要话题。自科举应试制度建立以来，金榜题名便一直是莘莘学子的梦想。这一传统延续到当代生活，便化作了老师手里的排名表，化作了班会上老师的点名表扬。学生时代，在分发上次的试卷时，老师路过你的座位，也许曾经说过这样一句话："你的作文写得既生动形象又清晰有条理，比你小组里其他人的好多了！"你会感到开心吗？当然，你胜过了你的同学，得到了老师的认可，这是你光荣的胜利。可是，除了开心以外，你是否也会有所顾虑？你可能会担心，这会让你从周围的同学中孤立出来。

你的担心不无道理。有光的地方就有影子，这些表扬在照亮你形象的同时，也把影子投到了他人的身上。当你意识到同学们会看到他们和你之间的差距时，受表扬好像也不是那么一件光鲜夺目的好事了：他们可能会将你视为眼中钉。根据心理学家的研究结果，被表扬者的确会受困于这样的担忧。有些时候，开心的同时，难掩人际之瑕。

有研究者（Exline & Lobel，2001）注意到了这个现象。她们认为，在上行社会比较中，当个体处于优势地位，对比较的另一方造成威胁时，可能会感到不舒服。如果人们能注意到自己成了他人做比较的标杆，而那个被比下去的对象又恰好是比较在意的亲友或熟人，自己可能就会成为制造紧张气氛的威胁源，对别人的感受、人际关系都造成消极影响。这便是在上行社会比较中处于优势地位一方的顾虑。

有学者（Exline & Lobel，2001）通过研究检验了这种现象。她们让被试回忆自己表现得比别人好的情境。这个情境必须是真实发生过的，并且比较双方都意识到了相互之间的差距。例如，你在高考后的聚餐中提到自己考上了本科学校，而朋友不好意思地告诉你他只考上了专科学校；又或者在公司的某次会议上，你得到晋升，而同事却没有，诸如此类。研究者发现，被试一方面为自己在比较中占据上风而开心，另一方面也认为这造成了人际关系的紧张，会让在比较中处于劣势地位的对方感到不舒服。无论被试与对方是什么关系、关系的质量如何，上述效应都稳定存在。

研究者还在校园里进行了研究。在被试刚刚结束一场考试后，研究者走进教室邀请他们参加研究。被试需要想象自己参加了一门重要课程的期末考试，而本次考试的成绩占到课程最终成绩的50%。老师没有直接公布成绩，而是把批阅后的试卷放在办公室外的试卷箱里，让学生自己来领。被试前来领取试卷时，正好遇上了另一名学生。一部分被试想象偶遇的这名学生是自己的朋友，一部分被试想象这名学生是自己讨厌的人，还有一部分被试想象这名学生是个了解程度不深的普通熟人。两个人一起在试卷箱里翻找，被试找到了自己的试卷，发现上面用红笔写着的得分很高，自己很满意这个成绩。随即另一个人也找到了试卷，被试瞟了一眼，发现他的得分远低于自己。研究者为被试设置了三次评估感受的机会：另一个人还没看见被试的成绩时、另一个人发现被试得了高分时，以及另一个人沮丧地对被试说"难以置信，我考得真差"时。在这三个时间点，被试均需要报告自己的情绪体验、自认为对他人造成威胁的程度，以及预测他人对自己的想法。

结果显示，在别人还没看到自己的成绩时，被试预测别人的感受相对最积极；在别人看到自己的成绩后，被试预测别人的感受会明显变得消极；而在别人抒发沮丧之情后，这种消极感将更加强烈。无论比较中的另一个人是好友、熟人还是敌人，被试预测他们都会感到同样程度的沮丧。并且，无论比较中的另一个人是好友、熟人还是敌人，被试都认为自己对他们造成了同等程度的威胁。

有研究者（Koch & Metcalfe，2011）通过日记法跟踪记录了大学生在日常生活中对获胜带来的后果的担忧。研究者为被试准备了日记本和日记网站，以满足被试随时随地的记录需求。研究者告诉被试：每当你认为有人在和你进行比较，而你胜过他们时，就要记录下来。被试每次记录时，首先需要写下关于自身的信息，描述此次比较，并评估此次比较对自己的重要性等；其次需要写下关于比较中另一个人的信息，包括他与自己的关系类型、亲密程度，比较对他的重要性，此次比较对他造成的威胁，以及他的情绪反应等；最后需要写下自己在比较后的感受，如对他人情绪的关注程度、对人际关系的关注程度，以及自己的自尊水平。

日记追踪过程持续了两周。这些比较多数发生在被试与身边的朋友、同学之间，学术成绩和外貌则是比较的两大主题。研究结果显示，比较式表扬导致表现出色的学生产生了不愉快。他们越是关注比较中另一方的感受，受到表扬的快乐就褪色得越厉害，体验到的消极色彩就越浓厚。

让我们再看看这种人际关系的紧张会如何反映到行为上呢？如果照在某人身上的聚光灯太刺眼，对旁观者而言最容易想到的方法之一就是远离此人，远离社会比较的中心。这种行为模式也在这个研究中（Exline，Zell，& Lobel，2013）得到了证实。在这个研究中，一群大学生被邀请来实验室参与一个关于"文字游戏"的研究。当被试到达实验室时，已经有一位假被试等在那里了。研究者把假被试的身份描述为主修高级英语的学生，并声称本研究想要探究不同水平的语言能力会给人带来怎样的影响。被试挑战的文字游戏是在字母矩阵中尽可能多地找到单词，每找到一个单词时都要按响铃声示意。在两次时长五分钟的游戏里，两名参与者展开竞争，比谁能找到更多单词。当然，假被试两次都故意输掉了游戏。游戏结束后，研究者把双方的成绩写在一块白板上并公布。假被试对获胜的真被试表达祝贺并握手致意。最后，被试填写问卷报告感受到的人际尴尬程度，评估如果要再参加类似研究的话，是否想要更换游戏的另一位参与者，不再与假被试比赛，并说明这样选择的理由。研究结果显示，被试越是认为这场胜利带来尴尬，会对别人造成威胁，就越倾向于更换另一名参与者，在人际上采取回避策略。

然而，这种回避策略并不见得能缓解获胜者的忧虑。在另一个研究中（Exline & Lobel，2001），她们让被试回忆自己在某个领域的表现胜过他人的一次经历，然后通过问卷测量被试在此事件中对人际关系的担忧程度、自觉对他人的威胁程度。被试对自己采取的回避行为，如"试图隐藏幸福感""试图淡化自己的获益""避免与他人直接竞争"等进行评分。最后，被试评价这种情境如何影响自己与他人的关系，以及自己对此次经历的满意度。

研究者发现，被试表现出了回避与比较对象交流的倾向，他们把这种回避视作一种安慰他人的手段。显然，被试试图让自己远离人群，减少优秀给他人带来的负面影响。然而，令人遗憾的是，这种回避也让被试对此次经历的满意度降低了。人们顾及他人的感受，因而对自己的成功遮遮掩掩，这看似是一种解决方式，可到头来他们心里也不舒服。坦荡地接受表扬也不合适，刻意地回避他人也不合适，胜利搅得赢家坐立不安。因此，面对这个问题，人们最渴望的解决方式之一是单纯表扬，不涉及社会比较。表扬我可以，但是最好别进行社会比较，不要把别人拉进来。

在一个研究中（Exline，Single，Lobel，& Geyer，2004），研究者发现相比于公开的表扬，人们更喜欢在私下得到认可。122 名本科生参加了这个研究。在课堂上他们得知，他们的选择将决定老师如何反馈学生的考试成绩。一部分学生想象他们得到了高分，另一部分学生想象他们没有得到高分。然后，学生对老师一系列行为的喜好程度进行评分。这些反馈方式包括五种：只公布高分但不公布取得高分者的名字、私下给优秀学生发祝贺邮件、不特别为优秀学生采取任何行动、点名表扬优秀学生且让他们举手示意、点名表扬优秀学生但不让他们举手。

根据研究结果，学生的评价表现出一种鲜明的模式：学生不喜欢老师公开表扬得高分的人，而偏好私下或者匿名的反馈形式。取得高分毕竟辛苦一场，表扬依然是学生所渴望的，因此，私下表扬的形式得分最高，颇受学生的欢迎。若老师什么也不做，学生的评价很一般。而那些点名表扬形式得到的分数甚至在此之下。相比之下，学生宁愿老师别给出任何反馈，也不愿受到比较。

一路看下来，众多研究都以身处应试环境的学生为研究对象。学校确实为比较式表扬的盛行创造了良好条件，然而它并不是比较式表扬"兴风作浪"的唯一场所。社会比较无处不在，比较式的表扬也就无处不在。走出校园，进入企业，社会比较同样给员工造成困扰。只要创造一个能够让人们"一较高低"的环境，就可能制造非议与冲突，企业自然也是其中之一。

本书作者曾使用公司情境探讨了比较式表扬对人际关系的负面作用。我们将被试随机分入比较式表扬和非比较式表扬两组中。非比较式表扬组的被试读道：

> 你是某公司策划部一名入职 3 个月的新员工，主要工作是设计项目并撰写项目策划书。策划部除了你还有十来名老员工，他们均有 3 年左右的工作经验。你和老员工的关系还不错，有时会相互讨论工作上的问题，也会在工作日一起吃午饭。你打算未来在该部门继续锻炼几年，向前辈取取经。
>
> 今天你们部门开了一次例行会议，按照计划，会议的主题是，部门经理点评你正在设计的项目。为此，你精心准备了如何介绍你所设计的项目。老员工所设计的项目不在此次点评计划中。在点评的过程中，部门经理对全体员工说："项目的可行性是非常重要的，一定要从市场实际情况出发。"
>
> 紧接着，部门经理对你进行了表扬："你的项目策划做得很好，可行性很高。"

比较式表扬组的被试读道：

> 你是某公司策划部一名入职 3 个月的新员工，主要工作是设计项目并撰写项目策划书。策划部除了你还有十来名老员工，他们均有 3 年左右的工作经验。你和老员工的关系还不错，有时会相互讨论工作上的问题，也会在工作日一起吃午饭。你打算未来在该部门继续锻炼几年，向前辈取取经。
>
> 今天你们部门开了一次例行会议，按照计划，会议的主题是，部门经理点评几位老员工正在设计的项目。为此，几位老员工精心准备了如何介绍他们所设计的项目。你所设计的项目

不在此次点评计划中。在点评的过程中，部门经理对全体员工说："项目的可行性是非常重要的，一定要从市场实际情况出发。"

　　紧接着，部门经理对你进行了表扬："和其他人相比，你的项目策划做得很好，可行性很高。"

两组被试都需要评价自己在得到部门经理的表扬后体验到的尴尬程度（0＝完全没有，10＝非常尴尬）和开心程度（0＝完全没有，10＝非常开心），并预测同事是否喜欢部门经理的评价（－5＝非常不喜欢，5＝非常喜欢）、同事听到表扬后的感受（－5＝非常消极，5＝非常积极）、同事对自己的态度变化（－5＝更讨厌，5＝更喜欢）、自己与同事相处的难度变化（－5＝更难相处，5＝更易相处）。

　　我们发现，相比于非比较式表扬，比较式表扬增加了被表扬者体验到的尴尬程度，降低了被表扬者的开心程度（见图6-1）。可见，尽管被表扬者在社会比较中获胜，但比较式表扬非但没有让他们更加开心，反而令他们感到尴尬。

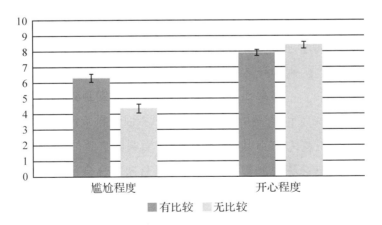

图 6-1　比较式表扬对情绪的影响

此外，比较式表扬还引发了被表扬者在人际方面的顾虑。被表扬者预测，相比于非比较式表扬，同事更不喜欢比较式表扬，同事在听到比较式表扬后的感受更加消极，同事对自己的态度将变得更为消极，自己与同事的相处难度也大大增加（见图 6-2）。可见，不仅在学校情境中，在公司场景下，比较式表扬一样不受欢迎，被表扬者为比较式表扬引发的人际代价而忧心忡忡。

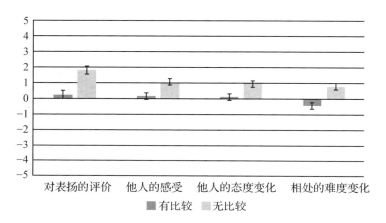

图 6-2　比较式表扬的人际代价

比较式表扬是在社会比较中获胜的一种体现，那么，如果不考虑表扬，仅仅是在社会比较中获胜，获胜者会遭受人际代价吗？为了解答这一问题，金姆（Kim）和格隆布（Glomb）深入企业和组织进行了调查研究。他们与韩国政府某公务机构和两家广告公司进行合作，从中选定了一批在社会比较中处于优势地位的员工，将其作为研究中的焦点员工。在研究的第一阶段，金姆和格隆布（2014）邀请来自相关组织机构中的主管，请他们对焦点员工的任务表现进行评价，同时请员工所在工作组的其他成员提供关于焦点员工的个性、人口统计学资料等相关的信息。三至五周后，研究进行到第二阶段，焦点员工所在工作组的全部成员完成关于妒忌以及工作场所受害（workplace victimization）的网上调查。工作场所受害是指员工在工作情境下遭到同事的伤害，如被同事说坏话、被同事刻意找麻烦或者使绊子等。研究者发现，对那些在工作上相对成功的焦点员工而言，他们所在工作组的同事对焦点员工表现出更强的妒忌。而妒忌越严重，随之而来的很有可能就是工作场所中更大、更频繁的冲突。

面对这些可能的冲突，员工采取的对策与学生基本一致：胜利者试图"深藏功与名"，保持谦卑的姿态。高处不胜寒，人们不愿被逼上悬崖，不愿在社会比较中树敌，而宁可放下身段，混迹于平常人中间。

有研究（Henagan & Bedeian，2009）在房地产行业发现了同样的现象。他们挑选了四家房地产公司，在其员工中招募被试。这些公司在上一年都举行了表彰业绩出色员工的颁奖典礼。这些获奖员工很容易被其他员工视作社会比较的对象，而且，房地产行业以每名员工各自销售业绩的提成作为报酬，行业本身就具有较强的社会比较倾向。在颁奖典礼结束后的一至两个月内，研究者对获奖员工进行了第一次调查。这次调查测量了获奖员工有多担心自己的出色表现给同事造成负面影响，以及他们采取回避行为（如避免讨论获奖或与他人保持距离）和谦虚行为（如贬低自己所获得的成绩）的频率。研究者还让获奖员工列出一份工作中与自己密切合作者的名单，将其作为第二次调查的目标。第二次调查依照获奖员工提供的同事名单进行。研究者从每个获奖员工列出的名单中随机抽选三名同事作为被试。第二次调查主要测量了同事与获奖员工人际互动的频率，以及社会比较带来的威胁与消极情绪的严重程度。研究结果显示，获奖员工越是对在社会比较中占优一事感到不适，他们就越会在意对他人可能造成的威胁，并采取回避行为，尽量以谦虚、自贬的姿态示人。

受到表扬、胜过他人多多少少算是一件值得我们骄傲的事情，然而社会比较却让这一切在对人际关系的忧虑中黯然失色。优越者身为光彩夺目的宝玉，获得赏识与重视，这件事本身是可喜的。殊不知在瑕瑜相比之下，其光彩反倒容易引来他人的攻击。也许这就是宝玉另一种意义上的瑕疵吧。

6.2 仰望者的妒忌

6.2.1 妒忌也有善恶之分吗

在前文中，我们已经见识了被表扬者在面对社会比较时内心的不安。受到表扬本是好事，听到表扬心里一紧这事儿不太合乎常理，但心理学研究帮助我们理解了获胜者的担忧并非空穴来风。不过，我们还没有了解到他们所担忧的对象——输家的逆袭具体从何而来。现在，让我们来看看社会比较中的另一方——那些在比较中落于下风的人，会以怎样的目光看待获胜者。

大概，妒忌是其中最直白、粗暴的一个，也是最能吸引我们关注的一个。妒忌是一种与社会比较紧密相随的情绪。研究者（Crusius & Mussweiler，2012）把妒忌定义为，人们意识到别人拥有自己想要却没有的东西时产生的不愉快的心理体验。也就是说，当人们与另一个人在财产、个人特质或成就等方面进行社会比较，而不幸地在比较中落于下风时，妒忌就产生了。

一旦人们体验到妒忌，就会产生一系列负性情绪，自卑、沮丧、不满、憎恶等。因此，妒忌通常不受人们欢迎，它在文学影视作品中往往是始作俑者。

妒忌这种情绪具有独特的功能与价值，陪伴人类度过了漫长的进化岁月。隐藏在妒忌背后的核心动机是想要拥有别人拥有的东西。因此，在资源稀缺的社会环境中，妒忌可能促使个体投身到竞争中，激励个体去努力追赶对手，从而夺得属于自己的资源，夺回失去的自尊。回想一下学生时代经历过的军训，教官用洪亮的嗓门吼道："四连军姿站得最直，像模像样！五连，你们瞧瞧人家！一会儿四连可以休息十分钟，你们继续站！"这时五连妒火中烧，咬牙切齿，立刻把腰板挺得更直，一时忘却了大太阳的热辣。没有妒忌，五连可能就会一直以"佛系"的态度去站军姿，得不到教官的表扬也就罢了，失去躲开烈日趁机休息的机会更叫人痛苦。

不过，妒忌里头也是大有文章的，人们的妒忌分为多种类型。如果你的同桌在某次考试中取得了优异的成绩，看着他光鲜亮丽的分数，你会如何想？也许你会看不惯他的优秀，也许，你开始着眼于努力提升自己的水平，争取在下一次考试中赶超他。你所可能采取的两种思考模式存在共同点：它们都表现出消极的情绪色彩，给你带来自卑感和挫折感。然而，它们造成的动机后果却存在明显的不同。在心理学家（Van de Ven，Zeelenberg，& Pieters，2009）看来，这正是妒忌的两种不同形式，前者被称为恶意妒忌（malicious envy），代表着想要伤害他人优越地位的动机，伴随着较强的沮丧等负面情绪；后者被称为善意妒忌（benign envy），代表着提升自己追赶他人的动机，也伴随着沮丧等负面情绪，但强度要显著低于恶意妒忌带来的沮丧。形象地说，尽管两种妒忌的最终目的都是让社会比较的双方回到同一水平线上，但恶意妒忌意在把胜者拉下马，善意妒忌意在让败者追上去。

那么，人们什么时候会产生恶意妒忌，什么时候会产生善意妒忌呢？如果妒忌者认为被妒忌者的优势不值得尊重，自己的自控能力又不强，就容易采取攻击性的恶意妒忌；如果妒忌者认识到被妒忌者的优势是踏踏实实得来的，自己拥有较好的自控能力，就会更倾向于从自己做起。仰望的目光有些指向了被妒忌者，有些则回到了自己身上。通过这一个研究（Crusius & Lange，2014），我们可以一窥不同妒忌模式下人们注意力的指向。

研究者采用了一项检测注意力的经典任务——点探测任务（dot probe task）。在这项任务中，被试需要盯紧计算机屏幕，对屏幕上随机出现的圆点的位置进行迅速反应。在圆点出现之前，屏幕上会显示一些提示圆点所在位置的线索。如果被试注意到这些提示线索，就能在线索提示正确时反应更快，在线索错误时反应更慢。

在这个研究中（Crusius & Lange，2014），研究者先引发被试的恶意妒忌或善意妒忌。一半被试被要求回忆一个使他们产生恶意妒忌的事件，而另一半被试被要求回忆一个使他们产生善意妒忌的事件。被试闭上眼睛，尽可能地再现妒忌发生的情境，回忆当时他们的感受。然后，被试在电脑中输入妒忌对象的名字以及妒忌的原因（妒忌对象在什么方面超过了被试），再在纸上描述这段妒忌经历。接着被试进入点探测任务阶段。在点探测任务中，研究者把提示线索设置成了被试所妒忌对象的名字以及妒忌的原因。这两种线索同时出现在屏幕的两侧，因此每次圆点出现时总有一种线索正确，一种线索错误。线索呈现后，圆点立刻随机出现在其中一侧。被试此时需要尽快按键指出圆点所在的位置。

研究结果显示，恶意妒忌组的被试在妒忌对象名字与点的位置匹配时反应更加迅速，而在妒忌原因与点的位置匹配时反应相对迟缓。这说明，相比于妒忌原因，恶意妒忌组的被试把注意力更多地投向了他们妒忌对象的名字，盯着妒忌对象的名字看，这导致在妒忌对象这条提示线索正确时，被试能做出更快的反应。而善意妒忌组的被试对这两种线索的反应速度不存在明显的差异。可见，善意妒忌和恶意妒忌会导致人们的动机和关注点发生变化。恶意妒忌者更加强烈地聚焦于他们所妒忌的对象，而不是引发妒忌的原因本身，他们并不那么关注自己到底是什么方面不如别人，而是超越了具体事件层面，在个人层面竖起了靶子。

我们已经发现，两种不同的妒忌者对妒忌对象、妒忌原因的关注程度不同。那么这种关注点上的差异是否能切实地反映他们妒忌的不同动机呢？研究者（Crusius & Lange，2014）对上一个研究进行了改进，以探索善意妒忌者是否更重视提升自己，恶意妒忌者是否更在意胜过自己的人。在这个研究中，被试仍然需要先回忆经历过的善意妒忌或恶意妒忌事件。不过，这次研究者要求被试把事件局限在学业成就方面，并且让被试写下一段在他们学业进步过程中经历过的妒忌体验。接着，被试完成点探测任务。点探测任务使用了新的词语作为提示线索，包括与被试提升学业密切相关的词语，如图书馆、书桌等，以及与提升学业无关的词语，如鞋子、图片等。结果不出所料，回忆善意妒忌经历的被试更加关注那些与提升学业密切相关的词语，而回忆恶意妒忌经历的被试对这两类词语的关注程度没有什么差异。

看到同一个优秀榜样，人们心里产生的妒忌种类可能并不相同。原来妒忌也有善有恶，善意的妒忌至少可以催促你看见自己的不足之处，提升自己；恶意的妒忌则导致你纠结于失败的泥潭，然后越陷越深。燃烧的妒火并不一定是坏事，关键在于你怎样为它确定聚焦点。

6.2.2　妒忌的后果：撕下道德的面具

现在，我们了解了妒忌者仰望的目光中蕴含着的复杂含义。值得我们进一步思考的问题是，这些在比较中落于下风的妒忌者会如何在行动上做出回应呢？很容易联想到的是，妒忌者看到他们妒忌的对象出糗时，心里可能会乐开花——妒忌能引发人们幸灾乐祸。这种对他人遭遇的不幸感到快乐的体验尽管不太上得了台面，但毫无疑问是妒忌难以回避的副作用之一。

有学者(Fiske，2010)用研究为我们证明了人们心中这不光彩的一面。在研究中，被试观看了一系列能唤起他们妒忌、厌恶、怜悯、骄傲四种情感之一的事件的照片。每张照片中的主要人物都经历着日常生活中的积极、中性或消极事件。例如，照片的内容可能是"一位老奶奶吃了一个美味的三明治"，也可能是"一个吸毒者连续打了两次哈欠"，又或者是"一个富有的商人不小心坐到了粘着口香糖的公园长椅上"。被试对每张照片中的人物事件组合进行打分，并想象自己在现实生活中真的看到这些场景会感觉如何。

结果显示，与所有其他被试组以及与看照片前的自己相比，妒忌组的被试都对别人遇上的好事表现出了更少的开心，对别人遇上的坏事则表现出了更少的难过。这意味着妒忌使得人们更加幸灾乐祸了。有趣的是，通过比较不同组被试的面部肌电图（electromyography，EMG），尤其是掌管脸颊做出微笑的颧肌，研究者发现被试在面对令人妒忌的对象时，如果观察到的是坏事，颧肌的激活程度更强，如果观察到的是好事，颧肌的激活程度更弱。直白地说，当被试看到"一个投资银行家踩到狗屎"的图片时，他们掌管发笑的肌肉就忍不住行动了起来，他们难以阻止自己的微笑，纷纷开始幸灾乐祸。

既然妒忌被喻为火焰，就必有火焰般的猛烈和可怕之处。除了引得人幸灾乐祸，妒忌的另一个强大之处是能烧掉平时约束着人们的道德枷锁。研究者（Duffy，Scott，Shaw，Tepper，& Aquino，2012）认为，妒忌可以撕下人们道德的外衣，导致人们进行道德推脱（moral disengagement）。道德推脱是指个体改变自己的认知、思考方式，为自己的不道德行为辩护，使其造成的伤害显得更小，降低自己所负的责任。举例来说，"那些在工作中受到虐待的人是自讨苦吃、罪有应得""嘲笑同事并不会真正地伤害他们"的想法均是典型的道德推脱。通过这种辩护，个体可以回避不道德行为带来的内疚和痛苦。

研究者（Duffy，Scott，Shaw，Tepper，& Aquino，2012）通过研究为我们解答了妒忌者如何进行道德推脱，然后顺理成章地发泄妒火。他们来到一所医院邀请员工参加研究。在研究的初始阶段，研究者测量了员工的妒忌水平、道德推脱的程度，以及社会认同

(social identification)，即认同自己属于某一社会群体的程度。在初始阶段的几个月后，研究者再次找到这些员工，并测量他们做出了多少社会破坏行为（social undermining），如在同事背后说坏话、故意不理睬同事等。经过分析，研究者发现，强烈的妒忌导致了员工表现出更严重的道德推脱，并最终使得员工做出了更多的社会破坏行为。值得庆幸的是，社会认同似乎成为"比较引发妒忌，妒忌损害人际关系"这一连锁反应的解药。社会认同程度较高的员工，认可自己是医院职工中的一员，在情感和价值上从属于这一群体，他们就算产生了妒忌，也不会进行道德推脱和采取社会破坏行为。可见，想要降低社会比较带来的人际后果的严重程度，需要重视员工对群体的认同程度。通过团队建设，让员工和同事打成一片，就相对不那么容易引得妒火烧身了。

研究者（Duffy，Scott，Shaw，Teeper，& Aquino，2012）还在校园中进行了研究，来再次检验社会认同这剂解药的效果。由于学生尚未踏入社会，研究者用团队认同（team identification）代替了社会认同。这两个概念非常类似，只是后者限制在社会群体水平，而前者则代表个体对自己作为团队一部分的认同，更适合学生群体。研究者随机把学生分配到不同的小组，并让这些小组在整个学期内共同完成一系列任务。开学五周后，研究者测量了学生的妒忌，还用"我和团队成员非常相似""我和团队成员享有很多共同点"等条目测量了学生的团队认同水平。开学八周后，研究者测量了学生的道德推脱水平，以及小组内呈现出的社会破坏行为严重程度。在学期的最后一周，研究者测量了每位学生采取社会破坏性行为的频率。

研究结果表明，当学生的团队认同程度较低时，他们更容易在妒忌的推动下出现道德推脱，进而采取更多的社会破坏行为；而当学生的团队认同程度较高时，这一反应链条消失了，解药的确有效。另外，研究者还发现，当小组内整体存在更多的社会破坏行为时，道德推脱和学生个人的社会破坏行为之间产生了更紧密的联系。这意味着，当团队充满了破坏行为时，处于妒忌状态的人们就更容易受到熏染，成为"破坏分子"的一员。

通过这些研究，我们了解了在社会比较中落于下风的人们大多所持有的想法。比较引发妒忌，妒忌遮盖道德，然后造成破坏。这条连锁反应的威力不亚于胜者视角下的比较式表扬。它们一个自高处俯瞰低处，自感"不胜寒"；另一个从低处仰望高处，妒火心中烧，两条锁链纠缠结合，扭曲我们的人际关系。万幸的是，人们还有改变这一切的余地。如果你在社会比较中身处劣势地位，你至少可以选择摒弃恶意，注重善意，以提升自己为第一要义，而不是老想着把别人拉下马。又或者你可以努力成为团队的一员，提升对团队的认同感，和大家打成一片，从而避免你的妒火烧到别人身上。

6.3　痛苦的比较式拒绝

站在社会比较的胜者、败者双方的角度，我们已经分别进行了思考。你是否认为，只要自己能够跳出社会比较、不参战就能保平安？很遗憾，有时，你本人并不处在社会比较的旋涡中心，但社会比较仍然可以给你造成人际关系上的麻烦。

生活中充满了各式各样的拒绝场景。有时你投出的简历杳无音讯，有时你申请的学校大门紧闭，有时你约会的密友百般推辞。无论生活多么一帆风顺，人们都难免有被突如其来的拒绝绊脚的时候。不过，心理学家发现，拒绝其实有着不同的种类，其对人造成的影响也不尽相同。

想象这样一个场景：今天，你带着九十九朵玫瑰花，向心仪的女生表白。不料，她却拒绝了你："抱歉，我还没有找到心仪的对象，我不能答应你。"你可能备受打击。不过，这并不是最糟糕的结局。当我们把社会比较的要素加入这个场景中，受到拒绝的你往往会更加心痛。我们假想，女生的答复是："抱歉，我心里已经有另一位男生了，我不能答应你。"显然，"我的心里只有他没有你"相比于"我的心里没有你"来得更加扎心。

心理学家将这种为了其他个体而做出的拒绝称为比较式拒绝（comparative rejection），而将并非为了其他个体做出的拒绝称为非比较式拒绝（noncomparative rejection）。有研究者（Deri & Zitek，2017）注意到，比较式拒绝和非比较式拒绝虽同为拒绝，带给人的感受却不一样。他们聚焦于拒绝引发的负面情绪，探究了社会比较对被拒绝者体验的影响。

首先，研究者验证了比较式拒绝和非比较式拒绝的扎心程度确实存在差异。他们让被试加入一个三人组，告诉被试研究包含三人组之间的互动。为了方便控制拒绝的情境，每个三人组中只有一名真被试，其余两人皆为实验协助者。实验协助者事先并不知道这个研究的真实目的，仅作为假被试配合主试安排行动。研究者首先让三人组彼此自我介绍，建立关系。其次，研究者声称研究目的为探究一人独自工作或与他人合作两种方式对问题解决的影响。三人组中的一名假被试抢先主动要求来解决脑筋急转弯问题。再次，研究者询问假被试，是否愿意和剩余两人中的任何一人合作解决问题。在比较式拒绝情境下，假被试选择了另一名假被试进行合作，而拒绝了真被试。在非比较式拒绝情境下，假被试表示不愿意与任何一人合作解决问题。最后，真被试需要填写一份问卷，以测量他们感受到的消极情绪（包括糟糕、悲伤、生气、沮丧等），并报告他们有多不喜欢三人组中的拒绝者。并且，和真被试一起作为合作候选人的那名假被试需要在研究途中仔细观察，从真被试的表现来评估其感受的消极程度。

研究结果显示，遭受比较式拒绝的被试的体验明显比遭受非比较式拒绝的被试更消极。不仅假被试的观察结果如此，被试自我报告的结果也是如此。而且，相比于非比较式拒绝组，比较式拒绝组的被试也更加讨厌那个拒绝他们的人。可见，带有社会比较的拒绝对人际关系的影响是双向的：一方面，它让被拒绝者的情绪体验更差；另一方面，也让拒绝者得到的人际评价更加糟糕。

为何打着社会比较旗号的拒绝相比于普通的拒绝更加让人心痛？研究者（Deri & Zitek，2017）认为，这是由于比较式拒绝削弱了人们的归属感，增强了人们的被排斥感。他们用另一个研究检验了这个观点。研究者将被试按批次分成五人小组，每个小组中含有一名假被试负责实施拒绝。接着，研究者让小组成员抽签选出一人来负责完成一些有金钱报酬的实验任务。当然，这个抽签结果实际由研究者掌控，被选中的始终是假被试。研究者告诉小组成员，假被试可以决定单独完成任务或者与他们之中的一人合作，真被试需要给出理由说服假被试选择自己。在真被试逐个与假被试会面并解释选择自己的理由后，他们都坐在单独的小隔间里等待假被试宣布选择结果。在比较式拒绝条件下，假被试宣布他决定和小组中的某人合作，说出这名合作者的编号。实际上，该编号不属于任何人，被试只知道自己的编号，也被隔离开来无法相互沟通，听到结果后他们会以为除自己之外的某人被选中了。在非比较式拒绝条件下，假被试宣布决定独自完成任务。然后，被试报告自己感受到的消极情绪的强度，并且评估自己在多大程度上被当成了局外人、不被他人接受，研究者根据这些数据计算出被试的归属感得分。通过这个研究，研究者不仅再次发现比较式拒绝使人更难过，还发现比较式拒绝正是通过减弱被试的归属感，从而导致了他们的消极体验。

当拒绝中加入社会比较的元素之后，我们的体验和人际关系受到更强烈的影响。然而糟糕的是，研究者还发现，受到拒绝的人在没有其他信息支持时，往往会将所受到的拒绝默认为比较式拒绝。

也就是说，无论事实究竟如何，人们在脑海中为"你不要我"预先准备了一种解释，那就是"你的心里已经有别人了"。

在另一个研究中（Deri & Zitek，2017），被试想象自己身处约会的情境中：他们和某位约会对象的交往进行得很顺利，但有一天突然收到约会对象发来的短信，内容写道："我和你玩得很开心，但我觉得我们不应该再见面了。抱歉。"在没有得到关于这次拒绝的其他详细信息之前，被试先评估一次自己感受到的消极情绪。接着，比较式拒绝组的被试将从他们和约会对象的共同好友处了解到，约会对象有了新的情人，非比较式拒绝组的被试则了解到约会对象现在不想跟任何人约会。被试在这些新信息的基础上重新评估自己的情绪反应，以及归属感和被排斥感。

那些知道自己遭到的是非比较式拒绝的被试，在后一次评估时的消极感受有所缓解，而明白约会对象"心里有他人没有我"的被试在两次评估中消极感受的强烈程度一致。这个结果说明，只有当人们明确地发现自己遭受的是非比较式拒绝时，他们对拒绝的默认反应才会发生改变，消极情绪才会减弱。而在没有关于拒绝的任何详细信息时，人们一开始的反应就好像是遭到了比较式拒绝。

"我的心里已经有别人了"这句话不仅是影视剧中常见的词句，也真实地出现在我们的生活中，并借由社会比较对我们的人际关系造成更深的伤害——甚至深到我们已经习惯默认社会比较是拒绝的背景板，面对拒绝，我们首先想到的就是"你是为了某人才拒绝了我"。

人际连锁反应的导火线已经点燃了。面对这种比较式拒绝，我们可能采取行动上的回应。研究者（Rajchert，Żółtak，Szulawski，& Jasielska，2019）为我们展示了比较式拒绝带来的行为后果。

研究者（Rajchert，Żółtak，Szulawski，& Jasielska，2019）招募了一批学生被试，告诉他们可以参加一个关于人际关系形成的研究。

研究者安排彼此陌生的学生配对，并在几天后宣布了这些配对组合。接着，被试完成自我他人包含量表(other in the self scale)，完成该量表时被试需要用两个圆圈的重合程度来表示自己与他人之间的亲密程度。除了这个作图形式的直观的问卷之外，被试还需回答一系列测量与他人主观亲密程度的文字题目，如"你与搭档的关系和你与其他人的关系相比有多亲密"。随后，研究者通过共同活动来帮助这些陌生组合建立人际关系。一部分被试作为实验组与搭档建立起较亲密的关系。他们先和搭档坐在一起进行交流，谈论 12 个话题，然后找其他人谈论另外 24 个话题。另一部分被试则被带到另一个房间作为对照，和搭档分开落座，完成各种计算、阅读、记忆任务，于是这一部分被试小组内的人际关系相对更生疏。45 分钟后，两组被试都再次报告了亲密程度。

人际关系建立之后，拒绝即将发生。研究者告诉被试需要完成新的任务，并为被试提供了三种选择：和原有的搭档合作、和另一个人合作、不与任何人合作。被试在纸上写下自己的选择并在不告诉其他人的情况下把纸条投入盒子。研究者随机向被试反馈了设计好的三种结果之一：搭档选择与被试合作、搭档选择与另一个人合作(比较式拒绝)、搭档选择单干(非比较式拒绝)。随后，研究者通过问卷测量了被试感到被拒绝的程度以及情绪的消极程度，还通过拼图任务实际测量了被试随后的攻击性行为。拼图共计 30 个，其中 10 个的难度标注为"困难"，10 个为"中等"，10 个为"简单"。被试和搭档各为对方选择 10 张拼图，若有人能在 10 分钟内完成被选中的 10 张拼图，则可以获得奖励。分配给搭档的困难拼图数量代表着被试的攻击性，简单拼图则代表着合作倾向。最后，被试评估他们"想让搭档更容易获得奖励"或者"想让搭档更难获得奖励"的程度，以反映他们选择拼图的动机。

研究结果显示，相比于合作组，比较式拒绝组和非比较式拒绝组的被试都在情绪体验上更消极，也给搭档选了更多的困难拼图。更加重要的是，研究前半段建立起的人际关系，反而给比较式拒绝组的被试带来了更多的攻击性行为。在非比较式拒绝组，那些经历过闲聊来提升人际关系的被试为搭档选择的困难拼图明显比关系生疏的被试少，人际关系在一定程度上抑制了攻击性行为。然而在比较式拒绝组，这种"人际关系红利"消失了——无论是和搭档关系相对亲密的被试，还是关系相对生疏的被试，都给搭档选择了同样多的困难拼图作为"惩罚"。这提示我们，试图拒绝关系亲密的友人时，社会比较的"药效"更猛。

　　"你的心里只有他没有我"——当这种想法产生时，社会比较的人际代价也随之而来。被拒绝的人也许会想，"我明明把你当搭档，你却为了别人拒绝我？"如此一来，双方的关系越好，比较式拒绝带来的打击也越大。这一拒绝不仅使得被拒绝者的归属感下降、情绪体验更差，还可能导致他们采取行为层面的反击。连学生都会在搭档的任务中故意制造麻烦来"惩罚"拒绝自己的人，焉知那些受到你比较式拒绝的人会为你设下怎样的障碍？这样一来一往，最后进一步造成人际关系的恶化。因此，当我们拒绝他人，尤其是拒绝亲友时，切记要警惕社会比较的陷阱。你不妨直接声明自己只是单纯因为没兴趣、不情愿而拒绝，这样你的人际基础还能起到一定的缓冲作用；如果你要搬出另一个选择来当拒绝的挡箭牌，恐怕反击将来得更加猛烈。

本章总结

　　人际交往是一门艺术，而社会比较则是这门艺术中至关重要的一剂颜料。它微妙地影响整幅画面的平衡，每位主笔者都不得不小心翼翼地考虑如何调配它。我们且来试着总结这些不同的画面构图。

　　作为社会比较中的"成功人士"，人们首先将为自己的成功感到满意，以俯视的视角看待其他人。人们对自己的地位、自尊抱有强烈的信念，以至于会不自觉地把关注点向自己倾斜，产生"一览众山小"之感。但很快，人们就可能会注意到有些暗处的目光盯上了你。太过优秀也是一种烦恼，因为这可能会让人成为他人的眼中钉。成功人士开始担心别人的流言蜚语，担心别人给自己使绊子。这时，成功人士收获的表扬看起来便显得鸡肋，弃之可惜，食之不安，宁可领导、老师不要如此直白地进行公开表彰。人们不愿看到自己成为亲朋好友的巨大威胁，让他们沮丧失落。因此，成功人士开始对自己的成就避而不谈，在人际关系上蹑手蹑脚，企图向别人展现自己的热情而不是能力，以此重新塑造良好形象。

作为社会比较中的一名落魄者，人们在沮丧失望之余，也需要找到一条排解的途径。落魄者与妒忌一拍即合。有时落魄者把关注点放在自己和别人的差距上面，在善意妒忌的驱使下开始努力提升自己；有时却把关注点放在那些胜利者身上，在恶意妒忌的怂恿下开始给他们制造麻烦。此时，落魄者脱下了道德的面具，会为成功人士的倒霉而拍手称快，会为自己的报复行为进行推脱。

就算你本人不属于社会比较中胜负的任何一方，你也要注意，在某些情境下，你主导发起社会比较就足以对人际关系造成影响：那就是你拒绝别人的时候。你最好不要以另外的选项为借口拒绝别人，否则拒绝将变得令人异常难堪，尤其是当双方关系不错时。被拒绝已经够痛苦了，让被拒绝者得知他们在你的社会比较中输给了某人，只会让他们更痛苦。简单来说，当你想拒绝别人时，直接说你没空、没兴趣已经足矣，尽量别提到另外的选项。

社会比较举足轻重。一笔不慎，颜料就会扩散开，毁坏你的人际关系网。想要回避社会比较带来的人际代价，人们可能需要考虑两点。其一，别主动给自己树敌。不要拿着自己第一名的成绩单在走廊上四处宣传。其二，优待朋友。消灭敌人最好的方式之一就是化敌为友。与别人的友好关系能够在一定程度上帮助人们在社会比较带来不利影响时进行缓冲，也能够让别人更加关照你的感受，避免把自己卷入社会比较的旋涡中。

社会治理启示

作为任何一种形式的社会比较的主持者，无论是校园里给学生打分的教师，还是企业里考核员工绩效的领导，都需要考虑到公开比较给竞争者制造的压力。如果你想减少赢家的骄傲自满抑或是他们对人际关系的焦虑，私下向他们传达你的祝贺是一种受人欢迎的途径。

同时，你还应当关注那些在比较中落于下风的人。妒忌虽然几乎无法避免，但你至少可以试着引导他们选择善意的妒忌来提升自己，减少他们的破坏行为。

最后，如果你负责管理人才的引进，尽管工作需要你在社会比较之后拒绝别人，但你最好不要让这一残酷的事实直接暴露在他们眼前，因为被比较后却又遭到拒绝的打击尤为沉重。

第7章

社会比较的群际影响

　　从人际层面延伸到更宏观的组织与社会层面，比较的力量仍然不减。诸多社会现象的背后都有比较这只手在默默推动，而其结果与群体中的每个成员都息息相关。在社会比较的影响下，人们既可能按照群体固有的思维定势行动，又可能努力试图打破这种由比较形成的刻板印象；群体成员既可能借助比较来提升归属感与信任感，也可能因为比较的唆使而阻碍组织引进合适的人才。既然你难逃社会比较张开的天罗地网，不妨读一读本章，站在群体的高度看清社会比较，然后游刃有余地应对它。

　　由作为个体的你我两点推及人际关系的连线，我们通过不同视角下的分析，了解了社会比较如何在人际关系中掀起风浪。更进一步，由无数人际关系的连线编织交错形成平面，这便是我们的社会。社会比较能够制造比我们想象中更大的共振，把影响传播扩散到整个社会：它影响大众的看法，也许会让人们戴上有色眼镜；它出没于共事的群体中，让人们在平等与私心之间游移；它甚至还影响着消费者的选择，指挥人们何时何地该掏出钱包。

案例

征税与收入：微妙的平衡

　　美国政治家富兰克林有言：人的一生有两件事不可避免，那便是死亡和税收。这句名言广为美国民众流传。税收制度既是国家机器维持运转的根基之一，也是调控平衡社会中不同阶层群体所拥有的财富的重要手段。

美国人时至今日仍然在为了《独立宣言》中的"人人平等"而争论不休。作为体现社会公平的一环，美国的税收制度常常成为不同群体的美国人针锋相对的焦点。2019 年，美国有史以来最年轻的女议员科尔特斯在她提出的新政构想中，呼吁对富人群体征收高达 70% 的重税。在科尔特斯的计划书中，税率应该随着个人收入的增加而逐渐提升。政府以最低的税率对收入最低的群体征税，然后以较高的税率对富人征税。她强调，所谓的"富人税"适用于年收入高于 1000 万美元的美国人，把矛头对准了这类据估只有 14 万人的"精英"群体。这一激进的政策引发了美国社会的强烈反响。其言下之意是在指责富人都是无情而该受到制裁的"吸血鬼"吗？富人比起穷人理应承担更多责任吗？穷人也许支持这项政策，富人却嚷嚷着快被榨干了。尽管富人手握殷实的家底，但仍然觉得和其他群体相比，自己受到了不公的对待。

话分两头，节流发生在民生的这一端，对开源的呼声则发生在民生的另一端。税收逃不开社会各阶层的比较，收入也一样逃不开。就收入这件事而言，连在联合国这般高端大气的组织里实现了财务自由的办事员也在感慨日子不好过。

作为最重要、最有话语权的国际组织，联合国为其雇员提供了各式各样的福利，涵盖房屋津贴、医疗保险、子女教育费用等多个方面。在联合国办事处工作的员工堪称全世界最高薪的公务员，为全球公务员所美慕。然而，2017 年联合国决定给员工减薪 7.5%，招致了员工们广泛的质疑。这看似是一项让联合国员工与大众相比在收入上更"接地气"的政策，但却面临猛烈的抗议。就在联合国一年中最忙碌、招待各国军政要员出席国际会议的时候，联合国总部的员工们选择在这些会议室的楼下罢工，抵制他们心目中"不公平"的降薪政策，在十多名各国高官的眼皮子底下示威。这使得缺兵少将的联合国日内瓦办事处经历了也许是他们历史上最漫长、最疲惫的一天。显然，日内瓦办事处的职员不愿在收入上落后于那些在办公室里开会的人，谁也不愿意放弃自己在社会比较中的既得利益。

　　无论是收入还是税收，在这两个重要的领域，人们都在依照社会比较形成的基线观察人与事，追求自己心中比出来的目标。你如何看待社会阶层、群体组织乃至性别种族？你又如何周旋于群际并竭力保护自己的利益？一切都离不开社会比较。在社会比较之下，不同群体之间由复杂的相互作用维持着微妙的平衡。看来，我们有必要在富兰克林的名言后面加上一句：除了死亡和税收，不可避免地还有全体社会成员之间的社会比较。

7.1　戴上社会比较的有色眼镜

　　社会比较决出了人们在财富、身份、地位上的差异。日积月累，人们不断地接触这些差异，从而对各个阶层群体形成了特定的看法；这些看法又在一次次的雾里看花、内心揣测中不断自我印证，得到强化，从而逐渐在人们心目中固化。就像京剧，王侯将相、生旦净末丑，不同地位的角色有着不同的脸谱。票友看戏，第一眼望去，最具有识别力的元素就是人物的脸谱，它能帮助我们依据红白定忠奸。我们在社会生活中待人接物，往往看的是其脸谱，而不是脸谱下面的真容。有些时候，我们能够把自己和人们眼中的脸谱区分开来；而有些时候，我们默默地接受了外界强加的脸谱，向人们眼中的自己靠拢。

7.1.1　活成别人眼中的自己

　　在社会比较的长期熏陶之下，有些偏见已经深入人心，形成了刻板印象。所谓刻板印象，是指人们对事物、阶层、群体形成的一种概括固定的看法，他们把这种看法推而广之，泛化到更大的领域，认为某类事物、阶层、群体中的所有成员都具有同样的特征，而忽视不同个体可能存在的差异。不幸的是，刻板印象与人们的认知体系存在动态的关系，它从来不仅仅是单方面地诞生于人们的总结归纳然后静静累积，而是常常会反作用于人们的思维方式，使人们的目光更容易按照刻板印象的指点而聚焦，甚至使人们的行为更容易依据刻板印象铺好的轨道进行。

人们似乎普遍拥有这样的一种认识：强者容易坚强，弱者容易软弱。有研究者（Na，McDonough，Chan，& Park，2016）的发现则告诉我们，这种看法并不仅仅停留于观点认识的层面，它反作用于美国不同社会阶层的民众，让民众据此在消费时做出不同的选择。

尽管人们一般会在消费时依据自己的个人喜好做出选择，尤其是在美国，但人们的选择也会受到来自社会的影响。近年来，美国的工人阶级和中产阶级之间的收入差距不断加大，造成不同阶级可利用资源的巨大差异。这种差异使得工人阶级相比于中产阶级更多地强调社会关系上的相互依存，也导致工人阶级试图在社会比较中缩小和别人的差距。中产阶级已然是美国社会的赢家，他们不再需要在社会比较中尽量保持与他人步调的一致，对个人的独特性产生了更高的需求。

于是，研究者（Na，McDonough，Chan，& Park，2016）招募了一批美国大学生，根据他们的家庭情况将其分为工人阶级和中产阶级。被试先完成主观社会经济地位量表。在量表中有一座十级阶梯，不同的阶梯高度分别代表人们在教育、收入和职业等方面的水平，状况越好，所处的位置也就越高。被试需要明确自己在这个阶梯中的位置。接下来研究者要求被试完成一项消费者调查。这项调查包括三个任务阶段：选择、重新评估和识别阶段。

在选择阶段，被试将进行 60 次试验，在每次试验中，计算机屏幕上都会并排呈现两种相同类型的产品（如两支钢笔），两种产品的图片皆取自真实生活中，且只有外观不同。被试只需选择两者之中他们想要购买的产品。然后，研究者向被试提供社会偏好的信息，即在其他人中和被试做出相同选择人数的百分比。一半被试得知，其他人中的大多数和自己做出了相同的选择；另一半被试得知，其他人中只有少数和自己做出了相同的选择。在重新评估阶段，被试可以重新考虑自己的选择。在这个阶段，此前出现过的商品再次以不同的顺序呈现给被试，被试再次指出他们希望购买哪种商品。研究者要求被试依据当下的感觉而非上一次选择的记忆来做出新的选择，借此被试获得了改变主意的机会。在识别阶段，研究者检验了被试对社会偏好信息的记忆。被试观察了 97 对商品，其中 60 对是前一阶段使用过的"老"商品，37 对是此前没有出现过的"新"商品。被试需要指出哪些商品已出现过，如果是已出现过的，则被试还要根据之前得到的社会偏好信息指出哪些商品更受欢迎。

根据主观社会经济地位量表，研究者首先确认了不同组的被试确实在社会阶层上存在差异，中产阶级被试给自己的打分远高于工人阶级被试。然后研究者发现了这样的现象：工人阶级被试相比于中产阶级被试更多地在重新评估时改变了自己的选择，以迎合大流。显然，他们对社会比较中自己和他人的差异更加在意。更有趣的是，通过对被试记忆情况的分析，研究者还发现，中产阶级被试更频繁地误以为自己选择的商品是那个更流行的商品。可见，中产阶级相比于工人阶级对社会反馈不那么敏感，他们并不那么在意和别人的选择进行比较，而且相信自己的选择符合潮流。

不过，这种消费选择的差异并不像固化的阶级一样不可操控。无论身处怎样的社会阶层，如果能提醒被试"你和别人很相似"，那么在商品选择时，社会比较产生的影响就会得到增强，被试更容易把自己归为大众的一员，做出随大流的选择。相反，如果告诉被试"你和别人很不同"，那么被试会更少地在乎别人的选择，社会比较起到的同化作用也就不那么强大了。研究者（Na，McDonough，Chan，& Park，2016）在另一个研究中通过操纵被试感知到的与他人的相似性，改变了不同社会阶层被试的选择。

　　工人阶级的学生被试和中产阶级的学生被试参与了这个研究。相似组的被试需要思考是什么使得自己和家人、朋友相似，独特组的被试则需要思考是什么使得自己和家人、朋友不同，并且把自己想到的理由都写下来。接着，被试完成和上一个研究中的商品选择完全相同的任务。最后，研究者通过问卷测量被试的独立性（被试有多喜欢独树一帜、不在意别人的看法）和依存性（即使有不同观点也倾向于和别人保持一致）。

　　研究结果显示，经过这种对被试独立性和依存性的操纵，不同阶级间商品选择模式的差异消失了：无论是工人阶级还是中产阶级的被试，只要被提示自己和他人不同，就倾向于轻视与大众选择的比较，更少地改变对商品的选择；只要被提示自己和他人相似，就倾向于努力缩小和大众选择的差异，更多地改变对商品的选择。另外，在对大众观点的记忆上，操纵独立性和依存性带来的影响也压倒了阶级差异的影响。无论是工人阶级还是中产阶级，相似组的被试比起独特组的被试，总是对大众的选择记得更加清楚。

　　通过社会比较形成了人们眼中不同的社会阶层，而不同社会阶层的个体又在消费选择时，按照大众对社会阶层的看法，而向社会比较投以不同程度的关注，从而实现了自洽的循环。不过，"活成别人眼中的自己"并不仅仅意味着在消费上更接纳主流观点并加入其中，它也可能意味着你在个人能力方面真的产生了与社会的刻板印象趋同的变化。

　　当某些人群需要在某个领域参与竞争，而社会又恰巧对他们在这个领域中的表现存在刻板印象时，那么这些人群在该领域的竞争则可能受到负面影响——这种影响不仅在于别人会戴着有色眼镜看你，而且你也会戴着有色眼镜看自己。心理学家用刻板印象威胁（stereotype threat）来命名这种心理状态：属于某个群体的人担心自己的表现会印证大众对其所属群体的消极刻板印象。举个在求学生涯中常见的例子。大多数女生知道，人们拥有"女性不擅长理性的、逻辑性的思考"的刻板印象。因此，她们会担心自己在理科科目上的表现不佳，从而印证这种刻板印象。

更糟糕的是，社会比较会让女生的担忧进一步升级。竞争这种带来紧迫感的社会比较，也许会让蒙上了消极刻板印象阴影的群体和其他群体直接在与刻板印象有关的领域进行对话，而这种比较的结果最终可能落实为对群体成员的竞争能力和表现的真实损害。例如，在数学考试这样一种激烈的竞争情境下，女生不可避免地要和男生进行群体之间的社会比较，这样的比较唤醒了刻板印象威胁，可能使得她们在潜移默化中被植入了"自己的表现会不如男生"的期望，甚至最终导致她们的得分真的偏低。

有研究（Van Loo，Boucher，Rydell，& Rydell，2013）检验了这种社会比较带来的威胁。他们邀请来一群本科生作为被试。被试首先阅读详细教程，学习一种他们没有接触过的数学计算方法。然后，被试完成一项句子填写任务。在这项任务中，研究者告诉被试，任务目的是让被试有时间"吸收"刚刚学到的知识，并且通过组合句子为后续研究准备材料。被试将完成15道造句题目，每道题目均包含五个单词，其中有四个单词可以组合生成语法正确的句子或者短语。一半被试被分到竞争组，他们要完成的15道题目中均包含与竞争相关的词语（如对手、竞赛等）；另一半被试被分到控制组，他们面对的15道题目中均不包含与竞争相关的词语。

接下来，研究者操纵了被试对性别平等的认知。一半被试得知

"今天你将被随机分配去完成一项不会反映性别差异的数学任务"，借此，他们明白男生和女生在即将面对的数学题上的表现应该同样出色，获得了"性别平等信息"。另一半被试则没有得到这种性别平等信息的提示。随后，被试开始做数学题，他们需要根据之前学到的数学算法来解决 36 道题目。研究者记录了被试的解题成绩，以及完成每道题目花费的时间。最后，被试回答自己对与数学相关的消极刻板印象的关注程度。例如，对"我很担心我在数学测试中的能力和表现会受到性别的影响"这一观点有多赞同。并且，被试报告他们在解数学题时感受到的竞争的程度。例如，对"完成数学测试时，我觉得我必须证明自己比其他人优秀"这一观点有多赞同。

　　研究结果显示，从测试成绩上来看，对男生而言，无论有没有获得性别平等信息的提示，也无论是否接触到与竞争相关的词语，其数学成绩始终没有太大变化。然而，女生则表现出了不同的反应：如果她们没有得到性别平等信息的支持，又受到与竞争相关的词语制造的压力影响的话，她们的数学成绩发生了明显的下降。同样的效果也体现在不同性别的学生解题的反应时间上。男生在各种条件下的解题反应时间基本一致，但没有获得性别平等信息又面临竞争压力的女生则相比于其他情境下的女生反应更慢了。研究者还通过统计证明，被试对竞争造成的威胁的关注程度是导致不同学生之间数学成绩差异的重要原因。

　　这是一系列具有警示意义的研究结果。在真实的社会生活中，女生并不会每次数学考试前都能得到研究者打的性别平等信息的强心针，几乎无处不在的刻板印象营造了更不平等的氛围。可想而知，暴露在刻板印象威胁之下的她们，越是和男生相比，越可能怀疑自己、拉低自己的数学水平，向着别人预期的方向靠拢。而当没有暴露在刻板印象威胁之下时，她们的数学能力其实和男生并没有什么不同。

那么，有没有办法帮助女生摆脱这种困境呢？研究者(Van Loo，Boucher，Rydell，& Rydell.，2013)认为，如果能回避竞争引发的强烈的社会比较，女生的数学成绩可能就不会下降。毕竟，正是由于社会比较，女生才开始担忧自己与男生相比如何，才开始朝着刻板印象倾斜。于是他们进行了另一个研究，试图通过操纵学生对竞争的感知来让女生的数学成绩恢复到本来的水平。

研究仍然在大学生中进行。一半被试对两道出自美国研究生入学考试的数学例题进行了学习，并且被告知，这两道题与他们之后将完成的数学题相似。另一半被试则没有对例题进行学习，也不知道接下来要面对怎样的任务。接着，所有的被试完成了与上一个研究中相同的造句题目，一半被试接触到与竞争相关的词语，他们对竞争的感知被激活，另一半被试则只接触到与竞争无关的词语。然后被试完成数学测验，他们每人都有 10 分钟来完成 15 道数学题。这些题目也来自入学考试。作为经历过入学考试的大学生被试，即使不经过例题的学习，他们也能在一定程度上应付这些题目。每道题的答案不唯一，而且如果被试不想做某道题，还可以选择跳过该题。研究者将通过计算被试回答正确的百分比来评估其数学成绩。最后被试评估自己感受到的竞争的程度并报告性别。

研究者发现，只有一种条件下的被试，其数学成绩与其他组相比表现出明显的落后：那些既学习了例题，又受到竞争威胁的女生。学了例题，又没有受到竞争威胁的女生成绩不错，这是可以理解的。但那些没学例题，且感受到了竞争的女生，在数学测验中的成绩也不错。这是为什么呢？原来女生在数学测验上感受到的竞争威胁是由两种因素组合触发的：必须同时存在"即将做数学题"以及"竞争意识被唤醒"的背景，女生才会害怕在随后的测验中与貌似占有优势的男生进行社会比较。只知道自己"即将做数学题"但却没有竞争意识，又或者有了竞争意识却不知道"即将做数学题"，都不会造成女生数学成绩的下降。如果没有这两者的组合，尽管女生会比男生稍微多地选择跳过题目，但整体来看男女生解题的成功率其实不相上下。

通过这些研究，我们可以发现，社会比较制造了巨大的社会影响，这种影响体现在人们的具体行动上。不管是不同阶级在消费时对主流观点的重视程度，还是不同性别的学生在学业领域的成绩表现，在社会比较之下都产生了不小的差异。人们在有意或无意之中走上了社会大众刻板印象的既定轨道，那些脸谱也就越难以摘下来，使人们进一步投身于"角色扮演"之中，演出别人预料中的戏码。

7.1.2　打破偏见的努力：反其道而行之

尽管人们的认知有时会被刻板印象误导至错误的方向，但我们也通过研究看到，这种影响并不是完全无法消除的。正如女生在多数没有面临竞争压力的时候，依然能在数学测验中正常发挥。打破偏见的途径不一而足。对心理学家来说，可以精心地设置各种实验条件，消除社会比较和刻板印象的负面影响；而对实验室之外的大众来说，更是会采取行动，发挥主观能动性"反其道而行之"，和别人的刻板印象"对着干"，在生活的种种细节中告诉别人：不要只看见他们想看见的脸谱。让我们通过研究来看看人们如何努力去跳出社会比较的怪圈，打破偏见。

"为富不仁"是一条典型的偏见。这种偏见根深蒂固，以至于大众在潜移默化中或多或少都将其吸收进了自己的价值观体系。似乎一提到贫富差距，把富人和穷人进行比较，就难免会想到"富人冷酷无情，穷人平易近人"的先验式结论。但是，至少在是否愿意帮助他人、回馈社会的这个问题上，"为富不仁"并非事实。那么，人们是否会努力去破除"为富不仁"的偏见呢？他们又会为此采取怎样的行动呢？

研究者（Schlosser & Levy，2016）认为，社会比较会促使人们改变自己的关注点和目标。通过与不如自己的人进行社会比较，如富人把自己和穷人比，个体对自我提升的关注程度会降低；而通过与胜过自己的人进行比较，如穷人把自己和富人比，个体对自我提升、改善自己目前状况的关注程度会提升。那么没必要再聚焦于为自己获益的富人会把精力放在哪里呢？他们此时有充分的理由，也有充分的注意力去应付"为富不仁"的偏见，展现自己利他的一面。

让我们再来看看这个研究（Schlosser & Levy，2016）。研究者首先让被试阅读一篇文章，借此来引发社会比较。文章由研究者编写，介绍了被试所在州的经济情况。对于"优势组"被试，文章指出被试所在州的经济指标优于其他州，失业率低于其他州，被试的就业前景好于他人。对于"劣势组"被试，文章指出被试所在州的经济情况不如其他州，失业率更高，被试的就业前景不如他人。同时，就在被试阅读文章的界面右侧，显示着一则广告。一些被试看到的广告是强调利他诉求的，广告词包括"向不幸的人伸出援助之手"和"对每个人而言，助人都会让世界更加美好"；另一些被试看到的广告则强调自身可得的利益，广告词包括"通过掌握有价值的工作技能来充实你的简历"和"与当地企业和社区领导建立联系"。两类广告最后都号召被试作为志愿者积极参与。然后，研究者告诉被试，他们所在的大学提供了志愿者服务的机会，包括红十字会、人道主义援助等，被试需要评估自己参与这些服务的意愿。被试还可以留下自己的邮箱以便研究者为他们提供志愿者服务的相关信息。

结果显示，当广告内容强调被试自身在志愿服务中的获益时，无论被试属于社会比较中的"劣势组"还是"优势组"，他们留下邮箱的概率都差不多；而当广告内容强调利他行为时，在社会比较中处于不同地位的被试明显有着不同的考量："优势组"被试中有35％的人留下了邮箱，他们更愿意伸出援助之手，而"劣势组"被试仅有4％的人留下了邮箱，似乎对帮助他人不感兴趣。此外，就被试参与志愿服务的意愿而言，也表现出了同样的模式。面对那些呼吁帮助他人的广告，"优势组"被试相比于"劣势组"被试更愿意伸出援手。

如果你觉得这个研究中被试的想法还没有落实到具体行动中，"富人"也不够富有，不足以说服你，那么另一个研究（Schlosser & Levy，2016）应该能打消你的疑虑。在这个研究中，被试需要写出三个在某些方面的社会比较中不如自己的人或者胜过自己的人的姓名首字母，以及比较的领域，以此把被试分为"劣势组"和"优势组"。接着被试阅读虚拟的国家癌症研究中心的呼吁捐助广告。一部分被试看到的广告强调个人利益，如"拯救自己：帮助研究人员找到治疗方法，保护你的未来"，另一部分被试看到的广告强调为他人谋利，如"拯救他人：帮助研究人员找到治疗方法，帮助他人生活"。看完广告后，被试决定从被试费中抽取多少捐赠给癌症研究中心。

研究者统计了被试进行社会比较的领域，多数被试都选择了与金钱相关的领域，如收入、开支等。而这种比较的结果最终影响了被试的捐款金额。与上一个研究一致，看到为他人谋利的广告后，"优势组"被试相比于"劣势组"被试无私地奉献了更多的被试费。看来，社会比较虽然制造出了人们心中的贫富差距，但同时，这也使得富人更愿意向他人施以援手，让"为富不仁"的偏见得以破除。

在诸多常见又重要的社会偏见中，种族歧视是另一个老生常谈的话题。在打破种族主义的制约之后，美国的黑人和白人可以共处同一学校，平等地接受教育。然而这种成长环境也反过来助长了不同人种之间的社会比较。在校园中，经过学习成绩、思维能力等个人素养的直接碰撞，"黑人不如白人聪明"这种由来已久的歧视以一种更加直观的方式摆在了学生的面前。"白人是种族主义者"也作为另一条刻板印象而盛行。这不仅是社会大众、文学影视作品的看法，就连白人群体自身也意识到了这一点。

和与"为富不仁"针锋相对、在社会比较中展现了自己温情一面的富人类似，不同人种在互相比较和展示自己的时候，也会基于打在群体身上的刻板印象烙印而采取针对性的行为策略：你认为黑人的智商不够高吗？你认为白人都喜欢搞种族歧视吗？黑人在比出了身份差异的时候尽量表现出较高的智力水平，白人在感觉到彼此不同的时候尽量表现出平等主义、和蔼可亲。

人们在社会交往中的目的，无非是得到别人的尊重与欢迎。就社会交往而言，我们在上文提到的黑人和白人的策略会如何得以施展呢？研究者（Bergsieker，Shelton，& Richeson，2010）认为，像黑人这样在社会比较中处境不利的群体会更多地强调自己的受尊重程度，而非受欢迎的程度；在社会中以"高人一等"的姿态出现的白人则会更多地在比较中强调自己的受欢迎程度，而非受尊重程度。

研究者首先检验了不同种族在社会互动与比较中的目的是否存在差异。他们招募了白人和包括黑人及拉丁美洲人在内的少数族裔被试来参加以下这个研究。为了确认目的差异广泛存在，研究者准备了室友情境和同学情境两种社交情境。在研究中，被试被随机分配到室友情境组或同学情境组，想象自己在情境中参与人际互动。室友情境组的被试想象自己搬到了新的大学宿舍，将要和一位陌生的室友共同生活一个学期。同学情境组的被试则想象自己参加了一个学术项目，需要与一位陌生的同学花一学期来合作完成项目。

除此之外，研究者还将被试人际互动的类型分为跨种族互动和同种族互动。一半被试得知，社交对象（室友或同学）来自与自己相同的种族，另一半被试得知，社交对象来自与自己不同的种族。最后，被试需要回答"如果你需要在得到社交对象的喜欢和尊重两个方面之间做出选择，你认为哪个更重要？"这个问题把受欢迎程度和受尊重程度放在了天平的两端供被试权衡，被试在回答时不能两者兼得，只能侧重一边。

结果显示，在与同种族的人互动时，白人和少数族裔被试对受尊重和受欢迎的偏好程度没有差异。但在与不同种族的人互动时，白人被试对自己的受欢迎程度看得更重，而少数族裔被试更加在乎自己是否得到足够的尊重。

　　目的与需求的不同进一步导致了行为上的差异。研究者(Bergsieker，Shelton，＆ Richeson，2010)成功地为我们展现出了不同种族的人如何在他们的"求尊重"或者"求欢迎"策略指导下采取行动。白人被试和少数族裔被试分别参与到了两个类似的研究中。在针对白人被试的研究中，研究者告诉被试，这是一个关于人际沟通的研究，被试会通过录像带与别人进行互动。研究者先让被试了解接下来人际互动可能涉及的话题清单，允许被试记录下自己的想法。然后研究者给被试播放"互动伙伴"的录像带，当然，这些录像带均是研究者事先准备好的。录像带的内容为关于被试之前所准备的话题的讨论，主要为各种可以展示自我的话题，如"你在职业生涯中有着怎样的目标""关于社交生活，你有没有什么想要做出的改变"。一部分被试观看了与自己同种族伙伴(白人)的录像带，另一部分被试观看了与自己不同种族伙伴(黑人)的录像带。在观看录像带的过程中，被试听到伙伴的看法，随即录下自己的回应，正如日常对话时的轮流发言。研究者请来不知道研究目的的专家对被试录下的回答进行了分析，从被试的肢体语言、口头表达等信息，推断出被试在多大程度上想要受到尊重或欢迎。

　　在针对黑人被试的研究中，研究者告诉被试研究目的是"探究视频方式对任务表现和交流沟通的影响"。黑人组需要讨论的话题和白人组略有不同，被试通过录像和同种族或者不同种族的伙伴讨论什么样的人适合应聘旅行社的空缺职位。和白人组实验相同，研究者用录像带记录了被试的言行，请不知道研究目的的专家对被试的"求尊重"和"求欢迎"程度进行了分析。

　　通过对两个部分的研究进行进一步的综合分析，研究者发现，不同种族的被试果然执行了不同的策略：面对与自己同种族的交流对象，被试没有受到比较的影响，因此无论是白人还是黑人都对"求尊重"和"求欢迎"表现出同等程度的关注。一旦面对与自己不同种族的交流对象，出现比较，引发刻板印象，黑人和白人在行动上就产生了分化。此时，黑人被试的言行体现出他们强烈渴望受到白人伙伴的尊重，而白人被试则相对更加希望受到黑人伙伴的欢迎。

　　无论是富人的助人之举还是不同种族的交往诉求，都反映出人们在经历社会比较之后试图打破偏见的努力。面对各种刻板印象，人们并不总是安之若素，他们也会有针对性地展现出自己不符合偏见的一面，希望别人不要简单地给自己贴上标签。这是值得我们庆幸的发现：主观能动性不会允许我们在社会比较制造出的偏见下束手就擒。

7.2　组织中的社会比较

　　社会是大"家"，组织是小"家"。我们大可以这样理解：任何组织，无论是听上去正规的公司、机关单位，还是松散的学生组织、俱乐部，都是一种微缩版的社会。社会所拥有的阶层架构、人际关系链条，在组织中几乎都能得以体现。毕竟，正是这一个个组织累积联结而形成了我们复杂的社会，正如千万滴水融汇成大江大河，它们自然具有相似的性质。那么，社会比较既然可以搅动社会层面的潜流，也就理所应当能在组织这样的微缩版社会中产生同样的影响。甚而，社会比较在组织中引发的相互作用，比起在社会这样一种模糊而宏大的环境中时，会更加明显，脉络更加清晰可见。因为社会的江河湖海太过于宽广，其中的水滴不可计数，社会比较制造出的后果往往没那么容易找到某个或某些精确的、可及的目标；而组织只不过是小小一杯水，很容易就能在漏斗下一滴滴分个明白。

　　那么，组织中的社会比较给人们带来了怎样的影响呢？在企业中，员工互相比拼升迁的速度、薪水的高低、绩效的优劣，而一旦比较分出高低，员工看待彼此的眼神就会发生变化。比较是公平的吗？那些赢家或者输家值得尊重与信任吗？在充斥着比较的氛围下，集体的成员又会采取怎样的行动？让我们来一探究竟。

7.2.1 社会比较影响组织中的信任

在前面，我们已经分别从赢家和输家的角度分析了社会比较的后果。现在，我们则可以站在更高的位置，看看往组织这杯水里滴入社会比较后，会产生怎样的反应。

在团体、组织中，信任关系是联结起成员的非常重要的纽带，而社会比较则可能对成员之间的信任关系造成威胁。人们的信任由两种成分组成：情感信任（affective trust）和认知信任（cognitive trust）。情感信任是指个体愿意在受信任者面前表现出自己的脆弱，它使得个体相信受信任者是善良的、能够体贴地做出回应的，由此体会到情感上的安全感。认知信任同样意味着个体愿意把自己的脆弱暴露给受信任者，但这种信任主要基于对受信任者能力的信任，使得个体相信受信任者的声誉、诚意并愿意依赖他们来维护自己的利益。研究者（Dunn，Ruedy，& Schweitzer，2012）认为，不同情境下的社会比较将通过不同的途径对信任关系造成负面影响。和优于自己的人比较可能会威胁到人们的自我形象，进而削弱对受信任者的积极看法，觉得他们不再那么"善良"，最终降低情感信任程度；而若是和不如自己的人比较，则会导致对其能力的质疑，使得认知信任程度降低。

有研究（Dunn，Ruedy，& Schweitzer，2012）检验了社会比较对学生之间信任关系的影响。研究者招募了一批参加过美国法学院入学考试的学生被试，参与研究的所有被试都知道，美国法学院入学考试的良好成绩是他们进入高校法学院就读的敲门砖，这一考试成绩也就顺理成章地被研究者当作了社会比较的内容。研究者要求被试列举出 10 位他们认识的学生，条件是被试得知道这些学生的法学院入学考试得分。然后被试在这些学生的姓名缩写旁边记录下他们每个人的具体分数。接着研究者要求被试想象将和这些人在同一项目团队中合作，并通过量表分别测量了被试对 10 个人中得分最高者和得分最低者的信任程度，其中 5 道题目用于测量被试的情感信任（例如，我愿意向此人承认我犯过的错误），5 道题目用于测量被试的认知信任（例如，如果我需要用到此人的工作成果，我会认为此人的工作做得很不错）。结果不出研究者所料，对于那些考试得分较高的人，被试的情感信任程度较低，而对于考试得分较低的人，被试的认知信任程度较低。

不过这个研究还没有清晰地说明为什么社会比较会影响人们的信任。为了进一步探究社会比较影响信任关系的原因，研究者还进行了一个研究，试图检验"比上不足"是否可以通过制造消极情绪降低情感信任程度，以及"比下有余"是否可以通过改变对个人能力的认知降低认知信任程度。在这个研究中，研究者告诉被试，他们将与一名陌生人一起参加研究，分别完成三项独立任务和一项合作任务。独立任务的结果将被用来进行社会比较，三项任务中有两项或两项以上的任务得分高于对方的人将获得额外的金钱奖励。三项任务包括词汇问题、加减法问题、逻辑推理问题，在完成这三项任务后，被试收到了自己表现的反馈，也得知了那名陌生人的表现。

部分被试被分到输家组，他们得知对方在三项任务中都获得了更高的分数；部分被试被分到赢家组，他们得知对方在三项任务中的表现都不如自己；还有部分被试被分到控制组，他们得知双方在三项任务中各赢一局，战平一局。然后，被试将要与对方共同完成合作任务。此时研究者测量了被试对对方的信任程度、被试对对方能力水平的评价，以及被试体会到的与社会比较相关的负面情绪（如妒忌、愤怒等)的强度。

通过分析，此前的研究结果得到了再现：相比于在社会比较中战胜对方的被试和与对方战平的被试，在社会比较中不如对方的被试对对方的情感信任程度明显更低。而相比于失败者和战平者，胜利者对对方的认知信任程度明显更低。并且，研究者还发现，表现不如对方的被试尽管承认对方的能力更强，同时也体验到了更多的负面情绪；而表现优于对方的被试虽然没有体验到负面情绪，但把对方的能力"看扁了"，这与研究者假设中社会比较影响两种信任的背后原因一致。

于是，我们得出了一个令人尴尬的结论：不管是"比上"还是"比下"，社会比较都难免会影响人们彼此间的信任，只不过有时是情感上的信任受损，有时是能力上的信任受损。信任关系可能比我们想象中的更加脆弱。

那么，社会比较只能给组织中的信任关系造成负面影响吗？也不尽然。有研究者(Leonardelli & Loyd，2016)指出，如果能通过在群体中的社会比较来发现自己的独特性，就能提升个体对该群体的认同度，从而提升个体对群体成员的信任。

根据最佳独特性理论，身为群体的一员，人们总是拥有两种需求：其一是找到归属，其二是追求独特。一方面，人们希望得到社会的包容，避免成为一座孤岛；另一方面，人们又希望能够保持自己的个性和独特，不愿意"泯然众人矣"。所谓的最佳独特性，就是指两者兼得。那么，这两种动机如何平衡？通过融入较大的群体，人们能够满足对归属感、安全感的需求，获得包容；通过融入较小的群体，人们能够让自己显得与众不同。在这种动机的基础之上，借助社会比较，人们判断出谁与谁是一类人。那些越是小而精的群体，越能够清晰地将共有某一特点的人群提炼出来。这样不仅能够让群体内部的成员更加相似，也能够有效地与其他的群体划分出界限。这不正满足了最佳独特性理论的两种需求吗？如此一来，人们既在小团体里找到了归属感，又相对于外人保持了自己的独特性。

研究者（Leonardelli & Loyd，2016）先用一个研究检验了人们对多数派和少数派群体内成员信任关系的看法。研究者告诉被试，他们正在检验人们是如何根据绘画风格的偏好区分群体的。一半被试得知，根据绘画风格偏好，有 20％的人属于较小的 A 群体，有 80％的人属于较大的 B 群体；另一半被试得知，有 45％的人属于较小的 C 群体，有 55％的人属于较大的 D 群体。然后，被试回答测量这两个群体内部成员相似性的题目，包括"哪个群体中成员之间的联系更紧密""哪个群体中的成员与群体中的其他人更搭"，以及测量群体成员相对于外部的独特性的题目，包括"你认为哪个群体更有特色""哪个群体更加出众"。这四道题目汇总成被试对不同群体最佳独特性的评价。最后，被试评估了两个群体内成员之间的相互信任程度。

结果显示，被试认为比起占比 80％的 B 群体，占比 20％的 A 群体的内部成员彼此更加信任。而面对占比分别为 45％和 55％的 C、D 群体，尽管它们仍然可以区分成少数派和多数派，但两个群体内成员的信任程度没有差别。从最佳独特性理论的角度来看，占比 20％的 A 群体拥有最佳独特性，远胜过占比 80％的 B 群体，而且还优于同为少数派的 C 群体。可见最小的 A 群体不仅最有效地提供了和内部成员相比带来的归属感和包容感，也提供了和外人相比带来的独特感。

更进一步，研究者希望看到被试在有加入不同群体机会时的实际选择。这一次被试面对的群体和上一个研究相同，但一部分被试需要在 A、B 群体中选择一个加入，一部分被试需要在 C、D 群体中选择一个加入。做出选择后，被试需要回答三道题目："哪个群体中的成员更值得信任""你更喜欢哪个群体""哪个群体更强大"。然后被试与所选群体的成员进行一项博弈。在博弈中，被试先得到一笔钱，并决定要从中抽出多少金额赠送给所选群体的成员。收到钱的人则将获得被试赠送金额三倍的奖励，然后，此人将奖励中的一部分回馈给被试。被试事先并不知道这个虚拟的成员愿意回馈自己多少钱，能不能补上自己送出去的部分。显然，这是一次信任的游戏，被试选择赠送的钱越多，则意味着他们越相信对方愿意给自己可观的回馈；被试选择赠送的钱越少，则意味着他们越是怀疑对方会把奖励独吞而自己拿不到回报，此时被试认为没必要白白给别人做嫁衣。

结果显示，在面对占比 20% 的 A 群体和占比 80% 的 B 群体时，尽管被试赞同"人多力量大"，认为大群体 B 更加强大，但他们却更愿意加入小群体 A。这是因为被试既认为 A 群体最有特色，又认为其成员最值得信赖。而在面对占比 45% 的 C 群体和占比 55% 的 D 群体时，被试的这种偏好却消失了。看来 45% 这个比例还不够小，不足以让被试通过社会比较来满足最佳独特性的两种需求。我们再看博弈游戏的选择结果，被试在面对 A、B 群体时，更加信任小群体 A，愿意赠给小群体 A 中的成员更多钱；而在面对 C、D 群体时，给两个群体的金额则没有差异，说明他们并不认为 C、D 群体中哪一方特别可信。

总而言之，关于最佳独特性的这两个研究告诉我们，当群体足够小时，人们能够通过和群体内成员的比较意识到彼此的相似性，提升归属感，同时也能够通过和外人的比较意识到自己的独特性，满足保持个性的需求。此时，社会比较则起到了提升人们对群体成员信任程度的作用。

所以，社会比较对于组织中信任关系的影响是复杂的，并不能一概而论。在不同的情境下和不同的人进行比较，完全可能带来不同的结果。就像我们在研究中看到的，有时候跟同学一较高下会有损彼此的认知或情感信任，而有时候跟小圈子里的人比较反而能增强对这个圈子的归属感和信任程度。

7.2.2　社会比较动了谁的"奶酪"

组织中层出不穷的社会比较给成员造成了各种威胁。有些时候，这种威胁针对的是具体的、现实的目标，如组织成员所拥有的地位和利益；有些时候，这种威胁针对的则是抽象的、心理上的目标，如成员对自己的认识、自我的形象。为了保护自己的"奶酪"，组织成员在感受到社会比较时往往会采取各种行动。

先从具体实际的"奶酪"说起吧。让我们把目光投向学术界的教授，思考这样一个例子：求"精"的教授总是偏爱那些顶尖科研期刊，他们倾向于在顶级期刊上发表论文，认为这是学术成就的标志。求"广"的教授则追求多产，认为研究成果的数量更能有力地彰显学术成就，而相对不那么在意发表的论文所在期刊的级别。那么，这两种不同的教授面对求职者时会做出怎样的选择呢？你可能会以为，他们总是会选择那些符合自己对学术成就看法的求职者。果真如此吗？在阅读完本部分之后，也许社会比较将会改变你的看法！

事实上，有心理学家发现，在组织中存在着社会比较偏差（social comparison bias）：人们会支持、推荐长处与自己不重合的人，以防止自己在擅长的领域被那些与自己长处相似的人超越。拿两种教授的例子来说，即求精的教授会偏好多产但成果不够顶尖的人才，求广的教授会偏好产量不多但成果顶尖的人才，这是因为他们害怕在自己的强势之处被求职者赶超。这种偏差将影响人们提出公平公正建议的能力，隐蔽地阻止组织目标的实现。社会比较对既得利益者的"奶酪"造成了潜在的威胁，于是他们也许开始采取措施来捍卫自己的优势地位。通过主动地关注和塑造社会比较的情境、方向，人们有意地选择在不太重要的维度上优于自己、在重要的维度上不如自己的人，从而保证自己在比较中的利益。

研究者（Garcia，Song，& Tesser，2010）为我们展现了社会比

较偏差。研究者将被试分为两组：高质量组和高产量组。高质量组被试想象自己是哈佛大学法学院的一名教授，目前已在顶尖的法律期刊上发表了 25 篇论文（无疑是高质量论文），比哈佛大学里的任何一位教授都多。而高产量组被试同样想象自己作为哈佛大学法学院的教授总共发表了多达 95 篇论文，多于哈佛大学里的任何一位教授。然后被试得知，法学院正考虑从以下两位教授中聘请一位：一位是学术质量高的琼斯教授，总共发表了 75 篇论文，其中 30 篇发表在顶级法律期刊上；另一位是学术产量高的史密斯教授，总共发表了 100 篇论文，其中 20 篇发表在顶级法律期刊上。被试需要回答自己会为学院推荐哪一位教授。

　　正如研究者的预测，作为高学术质量的教授时，被试倾向于推荐高产量的史密斯教授；而作为高学术产量的教授时，被试倾向于推荐高质量的琼斯教授。研究者认为，人们是在通过推荐这种小花招来保护自己在所重视的社会比较情境中的优势地位，防止"新来的"超过自己。

　　当然，这个关于教授招聘的研究还停留在想象的层面，但另一个研究（Garcia，Song，& Tesser，2010）则反映了人们真实选择中存在的社会比较偏差。在新的研究中，研究者首先测试了被试的语言能力和数学能力。然后，研究者告诉被试："你将与另外两人组成团队，共同完成一项具有竞争性的合作任务。其中有一人已经参加，目前团队还差一人。"而所谓的合作任务是打网球，与语言能力、数学能力均无关。接着，被试得到对自己的语言能力和数学能力的反馈。一些被试得到的反馈是，其语言能力超过了 82％ 的被试，数学能力超过了 68％ 的被试，即语言能力更优秀。而另一些被试得到的反馈则相反，语言能力超过了 68％ 的被试，数学能力超过了 82％ 的被试，即数学能力更优秀。被试有机会推荐两名候选学生中的一人加入团队：以语言能力见长的约翰，他的语言能力超过了 95％ 的被试，数学能力超过了 64％ 的被试。以数学能力见长的沃克，他的数学能力超过了 95％ 的被试，语言能力超过了 64％ 的被试。等到被试做出选择之后，才得知后续并不会让他们参加打网球任务。

　　研究者发现，语言能力更优秀的被试倾向于选择数学能力出众，而语言能力不如自己的沃克；而数学能力更优秀的被试倾向于选择语言能力出众，而数学能力不如自己的约翰。被试是在试着让团队成员彼此互补吗？并非如此，因为所谓的合作任务是打网球，压根与数学能力和语言能力没有关系，并不需要团队成员在这些能力上互补。所以，我们不得不相信，被试不愿意看到自己在原本的优势项目上输给别人，为了维护自己的"奶酪"，被试的选择受到了社会比较偏差的影响。由此看来，社会比较偏差最终可能干扰一个组织正常的人员引进和发展计划。优先保护自己的利益，使自己在社会比较中立于不败之地，实质可能是把潜在的损失转嫁到了组织身上。

　　不过，社会比较偏差并不会控制群体中的每个人。作为团队的一员，如果你与即将加入的新人处于同一级别（例如，上文中的教授需要推荐与自己同一级别的应聘者），你很可能会照着社会比较偏差的套路行事。但如果你是更高级别的领导（如学院院长），你还会担心有人动自己的"奶酪"、阻止优秀的新人加入吗？北京大学的贾汇源与合作者陆静怡、谢晓非、黄涛（2016）给出了否定的回答。他们认为，相比于一般的员工，位高权重的上级领导不会受到来自新人的太多威胁，也就不会采取排斥新人的"自保"行为。

　　贾汇源等人邀请某教育培训机构的员工参加了研究，以检验领导和下属在社会比较偏差上是否存在不同。该机构拥有词汇、语法、写作、阅读 4 个部门，其员工均是高中英语教师。目前 4 个部门的职位都有空缺，身为管理层领导的被试以及普通的员工被试都可以为这些部门推荐候选人。结果显示，领导为自己所属的部门推荐了16 人，为其他部门推荐了 2 人；员工则给其他部门推荐了 14 人，而竟然没有为自己所在的部门推荐 1 人！由此可见，身为上级，不会受到新人的威胁，社会比较偏差对他们的影响较小；而下属则会时刻警惕着潜在的威胁，他们更倾向于捍卫自己的地位，把可能抢自己饭碗的新人都送去其他部门。

　　有研究（Parks & Stone，2010）发现了这一令人吃惊的现象。在他们的研究中，被试被分配进一个五人小组参加线上互动。当然，实际上其他四人都是计算机虚拟的。研究开始时，每个人都获得 10 点分数，可以选择把任意分数捐赠出来，捐赠的数额将翻倍累计入公共奖池。接着，每个成员将得知其他成员为公共奖池贡献了多少分数，并从奖池中拿回一些分数。研究者限制了回收分数的数额，被试不能简单地只想着回本而拿回自己当初贡献出的数额，最高不能拿走其他成员贡献数额的四分之一。通过这样的限制，被试能拿回多少分数完全依赖其他四人的贡献。这样的捐赠回收总共进行 10 轮，每次若有结余的分数将顺延计入下一轮的奖池中。

　　10 轮交易结束后，被试可以看到其他成员的平均贡献和收获。其中 3 人收支和大家基本持平，但第 4 人则比较与众不同。此人每轮的贡献值为 8 或 2，收获值为 12 或 3，这样总共产生了 4 种收支组合。也就是说，有些被试看到此人贡献得多收获也多，有些被试看到此人贡献得少收获也少，这两种收支成正比的情况都还比较容易被理解和接受。然而，还有一些被试看到此人是每次只贡献 2 点却拿着 12 点收获的"吸血鬼"，以及一些被试看到此人是每次贡献 8 点却只收回 3 点的"天使"。最后，被试要评估如果要继续进行游戏，自己有多希望其他成员留在小组里。

　　通过分析被试对第 4 位参与者的看法，研究者发现，一个收支平衡的人，无论他是贡献多收获多或者贡献少收获少，都相对更可能被被试留在小组里。那些收支不平衡的人呢？自然，"吸血鬼"不受欢迎。可令人吃惊的是，"天使"同样不受欢迎，被试想要把他们赶走的程度甚至与想要把"吸血鬼"赶走的程度相当。

为了弄明白为什么被试不喜欢"天使"，研究者重复了这个收支游戏，并且在被试评估有多想驱逐其他成员之后，要求被试写出这么做的理由。这次，被试依然对"天使"表现出了和对"吸血鬼"相同程度的敌意。通过对被试写下的理由进行分析，研究者终于理解了为什么"天使"不招人喜欢。原来，被试在解释赶走"天使"的原因时，这样写道："和他比起来，小组里的每个人都像是坏人。"这样无私的人虽然没有动整个团队的"奶酪"，却动了成员内心同样重要的"奶酪"——他们对自我的看法。为了维护自己的积极形象，人们要把那些可能在社会比较中威胁到自我的人从组织中驱逐出去，而这最终可能造成组织利益的损失——哪个组织不需要这种"吃的是草，挤出来的是奶"的老实人呢？

不过，在组织中也并不是所有人都会如此担心自己的"奶酪"。我们之前提到过，相比于普通的员工，领导受到社会比较偏差的影响更小。现在让我们再进一步探究这个问题。所谓高枕无忧，权力感就是一个能够解决忧患的枕头。一旦拥有了较强的权力感，能够控制现状，人们就不会那么在乎社会比较中的胜负和威胁，因为他们知道，别人无法威胁到自己，"奶酪"始终牢牢地攥在自己手中。

所谓权力感，是对他人施加影响，或者控制资源的能力。掌握权力的人可以做自己想做的事，实现自己的愿望，打破别人对他们施加的限制。权力影响人们的心理状态。高权力人士可能对社会信息缺乏关注，处于一种相对封闭的状态。这一点常见于史书记载之中，如邹忌讽齐王纳谏时所言"王之蔽甚矣"，察纳雅言一直都是拥有高度权力的君主总是被要求而又往往难以做到的标准。对这些相对"故步自封"的人来说，他们对自己的评价难以受到社会信息的影响，社会比较就不太能触动他们的神经了。

我们可以通过一个研究（Johnson & Lammers，2012）来看看这种现象。研究者将被试分为高权力感组和低权力感组。高权力感组的被试首先回忆一次自己在权力上高过他人的经历，并且以书面形式进行描述。低权力感组的被试则回忆一次自己在权力上不如他人的经历。然后，所有被试阅读了一位大学生的简历。一部分被试拿到的简历描述了这位大学生成功的经历，用于激发被试进行和优秀的人做比较；另一部分被试拿到的简历则描述了这位大学生失败的经历，用于激发被试和不如自己的人做比较。读完简历后，被试评价自己学业生涯的满意和快乐程度。

研究者发现，低权力感组的被试受到了社会比较信息的影响，面对优秀的学生，他们对自己的评价降低了，面对不太优秀的学生，他们对自己的评价提升了。显然，他们把自己和简历中的这位学生进行了比较。然而，高权力感组的被试则不为所动。无论读到的是哪一种简历，高权力感组的被试对自己的评价都没有出现差异。

总体来看，在组织中，社会比较常常能威胁到成员或现实具体或内在抽象的"奶酪"，人们总是害怕和别人比较之后，自己的地位或者形象不保，因而做出利己而不利组织的事情。尽管拥有高权力能够在一定程度上缓解这种担忧，但这并不是一种具有普适性的解决办法。所以作为组织的管理者，他们必须要时刻小心由社会比较引起的明争暗斗，谨防它们对组织造成不利。

本章总结

从更高的层面，我们看到了社会比较在社会中、在组织中掀起的风浪。这种风浪不会像个人之间的恩怨矛盾一样点对点简洁明了，而总是在人群中借助复杂的利益关系、相似或者不同的内心需求而共鸣、扩散开来。

作为人们观察世界、观察他人的一种途径，社会比较在潜移默化中影响着全体社会成员的思维定势。不幸的是，很多时候，人们有意无意地按照社会比较形成的刻板印象行事，默认了自己身上被贴的标签。尤其是在特定的情境下，如数学考试，再施以社会比较的枷锁，往往能让人们主动参与"角色扮演"，把脸上的"脸谱"越描越黑。而幸运的是，有时候人们会在社会比较中刻意地反其道而行之，偏偏不按照大众预想的模式行动，以求打破偏见。像富人无私捐款、少数族裔寻求尊重而白人展现友好，这些行为都是为了撕下身上的标签，提醒他人应该摘下有色眼镜看人。

除了能制造波及社会这个最大共同体的风潮之外，社会比较在其他群体之中也扮演着重要的角色，它影响成员之间的信任关系，也影响成员的一举一动。比来比去，组织的成员要么在情感上失信于人，要么在能力上失信于人，信任关系难逃伤害。群体的规模大小也与社会比较有关，大部队虽然貌似强大，但却无法像小分队一样"小而精悍"。只有在那些规模不大的群体中，成员才能既和伙伴比较起来足够相似，满足归属、安全的需求，又能和外人比较起来保持独特，不失个性与特色，获得最佳独特性。在社会比较情境下，为了保护自己的既得利益或者地位，成员也许会动用他们推荐、用人的权力，欢迎那些不会威胁到自己的新人加入，赶走那些会威胁到自己的同伴。不过，社会比较带来的威胁也会有无法奏效的时候。通过这一点一滴，社会比较将最终把影响扩大到组织的层面，操控组织的发展。

总而言之，无论你身处社会的哪个角落，拥有怎样的身份，都很难逃开社会比较。你是听任别人在比较中带着刻板印象看你，还是发挥主观能动性，通过比较彰显自己的不同？你是维护自己在比较中的利益，还是以组织大局为重？无论你的回答是什么，社会比较都将渗入你的生活，影响深远而持久。

社会治理启示

作为承担识才育人责任的教育者、管理者，你需要注意别让社会比较的有色眼镜干扰了你对人们的判断。不要因为性别、肤色、阶层等标签就对人们下定论，你若抱有偏见，很可能制约他们的发展。

无论你是团队的一员还是领导者，你都应该巧妙地利用社会比较来保护成员之间的信任关系。作为成员，你应该少一些和他人的攀比，由此得到更多的信任。而作为领导者，你应该控制集体的规模，使成员能通过比较增强彼此间的信任。

当你要为组织的发展制订计划时，你需要注意区分群体中谁的潜台词是舍人为己，谁的声音是顾全大局。切勿因社会比较偏差的阻挠而把集体真正需要的人才挡在门外。

第四篇　如何趋利避害：
比较对社会的效应

社会比较是一把双刃剑。有时，比较有助于形成温暖的社会氛围，促使人们主动帮助他人，也提升人们的幸福感；有时，比较却会让生活显得黯淡无光，阻止人们的利他行为，且降低人们对生活的满意感。那么，如何合理地利用社会比较，趋利避害，促进社会和谐？对于管理者，这是必须思考的问题。本篇将深入利他行为和幸福感这两个社会关切的重要议题，探讨如何合理地利用比较改善民生，提升幸福感。此外，本章还将借鉴"助推"的思想，提供以温和的方式引导人们决策的一些具体实践思路。

第 8 章

社会比较与利他行为

助人为乐一词并不像从字面看上去那么简单。事实上，各种利他行为均可能受到社会比较的影响，这让捐赠、让利、送礼等予人好处之事变得复杂起来。踩进社会比较的陷阱，人们可能因妒忌而选择独善其身，甚至刻意使坏；而灵活利用社会比较，则可以唤起人们的同情之心，使人慷慨解囊。因此，无论是个人还是社会管理者，都应当重视社会比较与利他之间的关系。本章将分析在不同方向的社会比较之下人们利他意愿的变化，从为人谋利、提升形象、保护自己等多种动机的视角下看待利他行为。

俗话说"一个好汉三个帮"。生活在这个时代，单打独斗、各占山头的孤胆英雄奋斗模式已经难以为继，互惠互利、合作共赢的发展思路势在必行。如若平日里不出手助人，患难时谁又会为你两肋插刀？在组织中，员工需要通过团结互助来完成任务；在社会中，企业需要通过让利、分红等方式来积累更多的口碑资源，在消费者中赚取更高的人气。就连好莱坞大片里的英雄都要彼此留个人情，以便日后组成联盟。在现实中，人们更有必要寻求"队友"的协力。为此，采取利他行为(altruistic behavior)，主动向他人施以援手，是任何个体、组织、国家都不容忽视的生存要义。

案例

慷慨的富豪？吝啬的富豪？

富豪在人们心目中的形象是多变的，大众的目光时刻紧盯着他们。有时人们感觉他们似乎乐善好施，有时却又认为他们吝啬无比。哪个才是他们真实的一面？让我们通过下列案例来看看。

美国加州的硅谷汇聚了一大批实力强劲的科技公司。这片小小的地域里高管云集，他们个个身价不菲。正因如此，加州是美国经济的制高点，而硅谷则掌控着加州财富的命脉。不过，硅谷里的不少商业巨头除了经营管理公司之外，往往还有另一项重要的"事业"——慈善。当然，其他老牌企业的富豪也不甘落后。2012 年，易趣（eBay）的创始人奥米戴尔捐出 4.413 亿美元，谷歌的联合创始人布林和佩奇则分别以 2.229 亿美元和 1.856 亿美元的捐赠额排在榜单上的第三和第四位。尤其值得关注的是，随着经济发展，硅谷的慈善捐赠还在逐年增加。并且，近几年，硅谷所在区域慈善基金会所得捐赠额的增长速度相当快，超越了加州以及美国的整体增长水平。如此看来，硅谷富豪挣得多，捐得也多，似乎很慷慨。

然而，另外却有一些声音质疑腰包鼓鼓的富豪不肯参与慈善捐款，缺乏爱心和责任心。2010 年，比尔·盖茨和巴菲特发起了"捐赠承诺"行动。他们呼吁美国的富豪为了慈善事业捐献个人财富。不少受到邀请的富豪对于赴约表现得非常犹豫，选择了对此事保持沉默。消息一出，不少民众对这些富豪纷纷表达不满。

为什么有时富豪出手大方，乃至把慈善当作另一项事业？为什么有时富豪又显得吝啬不已，不肯参与慈善活动？除了从客观上来看，硅谷的商业巨鳄拥有殷实的家底，可能已经不太在乎一点小钱，加上区域社会环境特点与别处不同之外，还有一种心理学因素在其中发挥作用。在硅谷，当驾豪车穿名牌出入高级会所的富豪走进慈善机构，看到仍然受困于教育和健康问题、愁吃愁穿的穷苦民众时，双方立刻产生了鲜明对比。在这样强烈的社会比较之下，一股微妙的力量在潜移默化之中拨动富豪的心弦，让富豪的钱包更频繁地为穷人敞开，比别处的人给得更丰厚，也更豪爽。然而，和比尔·盖茨与巴菲特比起来，大多数富豪都难免黯然失色。

看来，想要让人慷慨解囊也是有学问的。富豪既有慷慨的时候，也有吝啬的时候，而他们何时表现出哪一面则取决于环境和心理的共同作用。坐落在硅谷的慈善机构似乎已经抓住了人性的关键，让人们看到了富豪慷慨的一面，而比尔·盖茨和巴菲特却因为人性而在募捐晚宴一事上碰壁，让人们看到了富豪吝啬的一面。

所谓利他，即自愿、主动执行对他人有好处的行为。利他行为是我们每个人都离不开的生活助力。像捐款、让利、赠送等这些为他人谋利的行为，在社会中起到了润滑的作用，能够表现出人情的温暖，让人际交流变得顺畅。如果缺失了利他的思维，不再为对方着想，人人都会变成自私自利的"葛朗台"，社会也会变得冷漠和僵硬。为什么人们在不同的场合、不同的时间点会表现出不同的利他意愿？不可忽视的一点是，既然涉及自己和他人，利他行为就难免受到社会比较的影响。为了更好地唤起人们互帮互助的意愿，我们有必要了解发生在利他行为背后的社会比较。

8.1 何时兼济天下：社会比较中的捐赠

为有需求的人送温暖、献爱心，是一种典型的利他行为。孟子提醒人们："穷则独善其身，达则兼济天下。"利他行为具有重要的现实意义。无论是政府还是非政府组织，都对群众的捐款行为给予了高度重视，希望充分调动群众捐款的积极性，以这种温暖积极的方式实现社会资源的再分配。像引导人们向灾区进行捐赠，呼吁各国向欠发达国家和地区提供资金支持，诸如此类的捐赠行为都是促进社会协调发展不可或缺的手段。当然，近年来大大小小的捐赠活动已经逐渐深入人们的生活，以不同的形式频繁出镜，而不再仅仅是针对突发灾难和遥远异国的非常措施。就在你我的"朋友圈"里，很可能会出现来自各类筹款平台的信息，这些捐赠行动往往由身陷困境的个体发起，离我们每个人更近，或许也让人更加难以拒绝。

然而，我们并不总是愿意捐出自己辛辛苦苦的所得。搜索一下你的记忆，其中必定有慷慨解囊的时候，也有不为所动的时候。是什么促使你主动为他人捐款，又是什么打消了你的这种念头？有心理学家认为，社会比较可能正是影响你捐款意愿的一个重要影响因素。

8.1.1　比下有余

俗话说"心有余而力不足"，这是人们拒绝帮助他人时常用的台词。那么，如果心有余，力也有余，人们是否就会更加积极地参与到利他行动之中呢？让我们先来看看希普利（Shipley，2008）在社区中进行的一项现场研究。在一个周六的上午，研究者在某个社区中300 户家庭的门口分别放上了一只购物袋，袋子上贴着一张关于捐赠活动的背景说明书。说明书描述了当前美国社会面临的饥饿问题，呼吁居民向无家可归者捐赠食物。在这些说明书中，所谓的饥饿问题涉及的区域范围分为三种：仅限于俄勒冈州的雷恩县、整个俄勒冈州和全美国。而这三种说明书又根据有无社会比较信息各自再分成两类，一部分说明书将涉及地区的饥饿状况和其他地区做了对比，而另一部分说明书则仅仅描述了涉及地区的现状。有社会比较时，说明书不仅注明了饥饿人口的数量，还提醒被试"你知道吗，俄勒冈州是全美饥饿问题第二严重的州"；而无社会比较时，说明书仅注明了饥饿人口的数量。共计六类说明书被随机发放到了各家门前，无论这家是否有明显的入住迹象。收到捐赠请求的家庭可以在阅读说明书后选择是否要进行捐赠，如果愿意，则将一定量的易储存的食物放入购物袋中，并在第二天夜里将购物袋放在门口。研究者记录了收到捐赠的购物袋数量。结果显示，当捐赠说明书上含有社会比较信息时，确实有更多的人捐赠了食物。而且无论饥饿问题发生在县、州还是全美国，这一效应都稳定存在。

不过，上面这一研究仅仅粗略地揭示了社会比较确实可以触动人们的捐赠意愿，而并没有详细地分析不同类型的社会比较如何对捐赠意愿造成影响。根据生活中的直觉，似乎不是所有的社会比较都可以促进捐赠。"比上不足，比下有余"，这句话暗示着社会比较的方向存在不同，人们的心理也存在不同。

为了进一步理解社会比较对捐赠意愿的影响，让我们来看看郑晓莹与合作者彭泗清、彭璐珞（2015）的研究。研究者探究了在捐款的情境中，不同类型的社会比较发挥怎样的作用。根据社会比较类型的不同，研究者将被试随机分配到上行社会比较组、下行社会比较组和无社会比较的控制组。具体而言，研究者先让所有被试都完成了一份智力测验，然后告诉下行社会比较组的被试他们的测验得分在所有被试中的排名处于前 10%，告诉上行社会比较组的被试他们的测验得分在所有被试中的排名处于后 10%，控制组的被试则未收到关于自己成绩排名的反馈。接着，被试阅读两种捐款情境并评价自己的捐款意愿。其中一种情境是微博发起的一项为火灾中丧失双亲的幼童捐款的微公益活动。由于被试多为缺乏独立收入来源的大学生，为了减少经济状况等外部因素的干扰，研究者还设置了另一种情境，要求被试假设自己已经参加工作，有固定收入，在资金富余的情况下是否愿意将部分富余资金捐助给公益事业。此外，研究者还测量了被试对处境不利群体的同理心、被试收到智力测验反馈后的情绪。其中，同理心（empathy）是指对其他需要帮助的人产生的同情和关心的情感体验。同理心让人能够关注他人。

研究结果显示，社会比较确实影响了被试的捐赠意愿。相比于上行社会比较组的被试，下行社会比较组的被试更愿意捐款。而控制组的被试则与上行社会比较组被试的捐款意愿没有明显差异。被试在不同情境中的捐款意愿保持一致。此外，研究者还发现，社会比较通过影响被试的同理心进而影响他们的捐款意愿。那些得知自己比他人优秀的被试表现出了更强的同理心，更愿意去理解和同情他人。被试的情绪体验虽然在社会比较之后也会发生变化，但并没有影响到他们的捐款意愿。

由此，研究者认为，在进行上行社会比较之后，人们处于下风，会将心理资源专注于解决自身所面临的问题，而难以注意到他人的需要，因此同理心会降低。若进行的是下行社会比较，人们能够从中获得自我肯定和满足，因此也有了充足的心理资源和能力去关注他人的需求和处境，并伸出援助之手。

8.1.2　向上看齐

我们已经了解了下行社会比较促进捐赠的效果，却还没有仔细分析上行社会比较的作用。从上文的一些研究来看，似乎上行社会比较对利他并没有太大的积极效果，但事实上，上行社会比较可能产生一股促使人们"向上看齐"的力量，进而影响人们利他的意愿。同理心不是社会比较和捐赠之间唯一的联结点。人们进行捐赠的目的并不仅仅在于支援他人，有时候，捐赠也是进行自我提升，即增强对自我的积极看法、提升自我形象的一种手段。在生活中，捐赠活动的形式是多种多样的，如捐赠旧衣物、旧书籍等。不同的捐赠物也可能具有不同的价值。捐出自己抽中的彩票奖金和捐出自己的兼职收入，可能难度也不尽相同。那么，更换捐赠的形式，社会比较的影响是否依然稳定存在呢？社会比较指向的是否还是人们的同理心呢？

　　有研究（Gao & Mattila，2019）在消费情境中考察了人们的捐赠行为。研究者要求被试想象自己是一家酒店的会员，并且可以通过消费来积累忠诚度分数，积分越高，越意味着被试是这家酒店的忠实客户。为了控制被试在社会比较中所处的地位，研究者将被试分为高忠诚组和低忠诚组。高忠诚组的被试想象自己是酒店的高级会员，在酒店的所有客户中忠诚度积分排在前5％，而低忠诚组的被试则想象自己是酒店的普通会员，在酒店的所有客户中忠诚度积分排在后5％。一部分被试被告知，当忠诚度积分超过10000分时，酒店会向会员赠送一张20美元的代金券作为奖励。另一部分被试得知，酒店会随机向会员赠送20美元的代金券作为奖励。然后，所有被试都想象在入住酒店后，酒店告知了被试一项向美国红十字会捐款的计划。被试需要评估自己的捐赠意愿以及捐赠对自身带来的影响，对"捐赠奖品让我自我感觉良好""捐赠奖品让我感觉自己很特别""捐赠奖品让我感觉优越""捐赠奖品让我感觉自己享有特权"等一系列描述的赞同程度进行打分，这些题目意在测量被试通过捐赠进行自我提升的程度。

　　研究结果表明，高忠诚组的被试无论获得的是消费换来的固定奖励还是随机抽中的奖励，都有较高的意愿进行捐赠。而低忠诚组的被试则不同，他们很乐意捐出意外获得的奖励，却很抗拒捐出积分累积得来的奖励。研究者进一步发现，这一现象与被试的自我提升有关。如果被试在社会比较中发现自己对酒店的忠诚度远高于他人，身为优质客户，他们不会依靠获得的奖励来自我提升，因而无论奖励类型为哪一种都愿意捐赠。如果被试在社会比较中发现自己不如他人忠诚，客户地位不如他人，他们则倾向于保留靠一次次消费累计起来的能够证明自己忠诚度的积分奖励，以提升自我概念；而随机获得的奖励由于不像积分奖励一样是优质客户身份的凭证，无法被用来自我提升，自然也就被被试随意地捐出去了。

到目前为止提到的研究都告诉我们，"比下有余"的时候，人们往往愿意慷慨解囊，而若是与优于自己的目标进行上行社会比较，似乎人们会变得吝啬一些。在自己不如别人的情况下，人们可能会变得以自身目的为优先，没有多余的精力去伸出援助之手。那么，"比上不足"的时候，捐赠意愿就一定会大大降低吗？有研究者（Partika，2017）认为，"比上"有时也可以提升人们的捐款意愿。当人们进行上行社会比较时，若比较对象代表着标准、模范，人们就很可能对其进行模仿。

研究者设计了这样一个研究：被试首先完成一系列无关任务，然后得知所有参加研究的人都可以获得抽奖的机会。在所有被试全部完成研究之后，研究者将从中抽选出 10 人，他们会获得 20 美元。同时，该研究也与美国红十字会合作，被试若中奖则可以选择将部分奖金捐赠给红十字会。被试被分入有社会比较组和无社会比较组，有社会比较组的被试得知此前参与研究的其他人平均捐出了可观的 15 美元，无社会比较组的被试则不会被告知其他人的平均捐赠金额。为了检验被试的捐赠意愿是否仅仅是从众导致的，研究者还将被试随机分配到独自参加研究的条件下或者两人共同参加研究的条件下。最后被试需要写下自己愿意捐出的金额。

结果表明，在无社会比较组，被试平均只愿意捐出约 13 美元，这反映了被试内心的想法。而在有社会比较组，被试平均愿意捐出约 15 美元，与他人树立的"标杆"基本一致，显然，此时被试的实际选择受到了社会比较的影响。而且，研究还发现，与两人共同参加研究时相比，独自参加研究的被试愿意捐出的金额并没有减少，反而略有增加。这说明有社会比较组的被试并不仅仅是因为跟从他人的选择而提高了捐款的金额，而是通过和那些捐款意愿高于自己的"标杆"进行比较，选择了向上看齐。

从上面这些研究可以发现，社会比较对人们的捐赠意愿可能产生的影响是多样化的。回顾那句儒家经典箴言："穷则独善其身，达则兼济天下。"这个"达"不一定非得指个人财产上的富足，也可以拓展延伸为心理状态上的"达"。站在社会比较的视角，所谓的"达"，其奥妙就在于"我比你好"。通常来看，进行下行社会比较能够有效地创造出"达"的条件，将人们抬到相对较高的地位，为人们赢取优越感，也赢取更多的心理资源，从而有利于激发人们进行捐赠的行为。身"穷"之人由于口袋里没有积蓄，也许能独善其身；而在上行社会比较中处于下风，发现自己处于心"穷"状态的人则未必总是会选择独善其身。虽然他们会攥紧那些能够帮助自己提升地位、改善心"穷"状态的奖励所得，但见贤思齐也是一种很强大的力量，可能促使这些做上行社会比较的人在某些场合下表现出与"达"人同样高尚的精神。

8.2 该出手时才出手：有目的的利他

那首脍炙人口的《好汉歌》中唱到"路见不平一声吼，该出手时就出手"，这种豪爽不羁、无私助人的古道热肠不禁让人叹服与憧憬。然而，作为普通一员，受制于现实条件和需求，我们往往只能对此停留在仰慕的程度，而很难亲身实践那些充满理想主义色彩的信条。也许更加符合我们生活实际的利他理念是"该出手时才出手"。何时才该自己出手？让我们从社会比较的视角切入分析。

8.2.1 利他前的动机权衡

利他的目的并不完全都是助人为乐。社会由一系列契约构成，人们之间的关系依靠彼此的承诺和得失平衡而维持。在危难时刻向他人施以援手，背后的重要原因之一很可能是看中了未来将从这一次投入中获取的回报。我们可以想想创业中的"天使轮"融资。在创业的起步阶段，创业者暂时还难以吸引大量资金，他们需要努力说服投资者，即"天使"来为自身提供资金支持。这种发生在创业早期的投资不需要经过投资公司董事会烦琐复杂的投资决策程序，具有较强的个人随意性和偶然性。难道这一轮早期融资中的投资者都是真正的"天使"，心甘情愿地掏钱吗？绝大多数时候商业活动都不可能这么简单，不是所有创业公司都会有"天使"光临。"天使"帮助创业者的最大目的，往往还是相中了其公司的潜力以及自己在未来可能得到的巨大回报，没有人想做赔本的买卖。有时，利他就跟这类投资一样，也是带着利己的想法进行的。那么，社会比较又在这种充满现实主义色彩的利他行为中扮演着怎样的角色呢？

有研究（Schlosser & Levy，2016）考察了助人的动机和社会比较对利他行为的共同影响。首先，研究者操纵了被试进行社会比较的方向。上行社会比较组的被试被要求写下三个比自己优秀的人的姓名首字母，下行社会比较组的被试写下三个不如自己的人的姓名首字母。被试需要挑选自己写下的其中一人，具体说明为什么他们在某一方面比自己好或者比自己差。然后所有被试阅读一篇文章，文章通过对利他行为的意义进行论述来影响被试对利他行为的看法。一部分被试读到的文章描述了利他行为对他人的影响，另一部分被试读到的文章则描述了利他行为对自身的影响。两类文章又各有两种版本，一种版本描述利他行为的积极影响，另一种版本描述利他行为的消极影响。也就是说，被试可能读到的内容总共有四类：强调利他行为能够造福他人、质疑利他行为能够造福他人、强调利他行为能够造福自己、质疑利他行为能够造福自己。接着研究者交给被试五张彩票，这些彩票的持有者有机会中奖获得 25 美元。被试可以选择向公益组织捐出彩票，或者自己保留。研究者还给了被试三个信封，它们分别代表美国红十字会、人道主义协会以及自己。被试可以将彩票装在这些信封里来实现分配，避免当着研究者的面做出选择的尴尬。

　　通过对结果的分析，研究者发现，当文章强调他人利益时，被试对利他行为的不同看法会导致不同的利他意愿。若文章强调"利他行为能够给他人带来好处"，社会比较对人们的行动意愿的影响与前文中曾经提到过的研究一致，下行社会比较促进人们利他的意愿。这是因为自身处于优势地位时，人们就有了更多关注他人的心理资源，有了更强的同理心。若文章强调"利他行为不能给他人带来好处"，结果则是进行上行社会比较的被试有更强的利他意愿。也许，在这种情况下，被试将利他行为当作一种积累社会资本的手段，从而弥补自己在社会比较中遭遇的失败。当阅读到关于自身利益的内容时，无论被试看到的内容是"利他对自身没有好处"，还是"利他对自身很有好处"，社会比较对利他意愿的影响都消失了。此时，不管和优于自己的人还是和不如自己的人做比较，人们的利他意愿基本没有差异。

8.2.2　以利他应对妒忌

　　利他的动机还可能来自对遭受他人妒忌的恐惧。如果一个渔夫钓到了鱼而其他人没有钓到，这个渔夫能够承受住他人的妒忌然后独享战果吗？通常而言，这个成功的渔夫往往会把鱼分给大家。如果他选择独吞，可能会在村子里受到负面评价。利他行为就在这种推动下发生了。这正是利他行为的又一重要来源。在这种情况下，利他成了一种应对他人妒忌的手段。

　　有研究（Van de Ven，Zeelenberg，& Pieters，2010）探究了人们在社会比较中，为了回避他人的妒忌而采取的利他行为。首先，研究者告诉被试有另一名被试将作为搭档一起参加研究，实际上这个搭档只是研究者虚构出来的。被试先完成一些难度很大的选择题，然后研究者将被试自己的得分以及虚构搭档的得分都告诉被试，以此试图让被试相信搭档是真实存在的。其次，被试参加一个对工作绩效的研究。研究者告诉所有被试，他们将被选中获得 5 美元奖金。在妒忌条件中，被试得知搭档不会得到奖金而且搭档会知道双方所得的奖励数目；在控制组，被试得知搭档和自己一样会得到 5 美元奖金。前面这些铺垫都是为了测量被试做出利他行为的可能。最后，被试将要和搭档一起完成 7 道选择题，而这次答题时，双方中有一人可以向对方求助。当然，研究者总是安排虚拟搭档作为求助者，被试作为施助者。答题时，虚拟搭档在每道题上都征求被试的意见，被试可以选择发送自己认为正确的答案给搭档、表明自己不知道答案或者忽视该请求。研究者记录了被试回应求助的频率。

结果显示，在控制组，有 60% 的被试回应了搭档的全部求助；在妒忌组，被试回应求助的频率明显上升，83% 的被试都耐心地对搭档的每一次求助给出了答复。看来，在之前的奖金分配一事上，如果被试相比于搭档处于优势地位，可能害怕搭档会因此妒忌自己，于是更多地对搭档施以援手。

在另一个研究中（Van de Ven，Zeelenberg，& Pieters，2010），研究者则使用了更加贴近日常生活的情境，测试了被试的实际行动。这次，被试到实验室填写问卷，研究者安排协助者假扮被试，作为被试的搭档共同参加研究。当然，和上文一样，问卷作答中也有一个环节设置了社会比较，一部分被试收到了额外的 5 美元奖励而搭档没有收到，另一部分被试则没有收到额外奖励。在问卷填写结束后，被试和协助者都来找研究者领取被试费，在离开实验室时，协助者假装不小心碰掉了办公桌上的一堆橡皮擦。研究者则记录了被试是否帮助搭档一起捡起橡皮擦。在控制组中，只有 3% 的人停下脚步帮助搭档捡起橡皮擦；在妒忌组，却有 38% 的人主动帮助搭档捡起橡皮擦。

通过这些研究我们可以发现，有时候利他行为的背后不是纯粹的好意，也许利他是某人在深思熟虑、权衡得失之后的结果，也许利他只是因为害怕别人妒忌。但即便如此，大多数时候社会比较与利他依旧存在关系。有时候，我们得知某种表面利他的行为对别人其实没好处，但仍然会去做这些"面子工程"，这可能是由于在社会比较中陷于不利，想要借助利他行为来拔高自己的形象，也就顾不得行动本质上能否利他了。而有时候在社会比较中处于优势地位也许让我们开始担心别人的妒忌，我们开始利他，以回避潜在的冲突。

8.3 阻止利他行为的社会比较

也许，读到这里你已经或多或少发现了，有时候社会比较不仅不能促使人们利他，反而会让人们"各人自扫门前雪，莫管他人瓦上霜"。什么时候社会比较会阻止人们利他呢？我们先从利他的一种形式——送礼——说起，逐渐揭开利他意愿减弱的原因。

8.3.1 送礼时的纠结

送礼，亦是一种在利他包装之下的利己。送礼者常常纠结，应该选择什么样的礼物，而社会比较则会在挑选礼物的过程中影响送礼者的想法。在挑选、采购礼物的过程中，社会比较思维将送礼者和收礼者请上了比较的舞台，促使人们将自己拥有的物品和送出去的礼物进行比较。当相中的礼物比自己拥有的还要高档、吸引人时，送礼者就可能会因社会比较而产生妒忌，尽管这时礼物甚至还没有实际送到他人手里，这将导致送礼者的选择发生不合常理的变化：你最喜欢的东西我偏偏不送。

有学者(Givi & Galak，2019)对此进行了探究。研究者告诉被试，被试通过工作关系得到了 A、B 两支乐队的演唱会门票各一张。一部分被试得知，自己的 A 乐队演唱会门票座位在最好的位置，B

乐队演唱会门票座位在最差的位置；另一部分被试则得知，自己的B乐队演唱会门票座位在最好的位置，A乐队演唱会门票座位在最差的位置。接着，被试被告知一位朋友的生日快到了，自己准备向朋友及其同伴赠送两张A乐队或者B乐队的演唱会门票作为礼物。目前剩余的座位全部都是观演效果中等的位置。另外，为了排除赠送门票时的其他目的，研究者还向被试声明，由于座位所属区域不同，无论赠送哪种票，被试都不可能和朋友坐到一起看演唱会。被试需要回答他们会为朋友选择哪场演唱会的门票作为礼物，并写下这样选择的理由。结果显示，被试的送礼选择很大程度上取决于他们自己拥有的演唱会门票。仅有 17.3％ 的被试选择给朋友买比自己持有的位置较差场次演唱会的同场门票，也就是说，如果被试在A乐队演唱会的座位不佳，他们就不愿意送给朋友A乐队演唱会上相对更好位置的门票。看来，在送礼的过程中，被试的内心已经发生了社会比较。而在这场内心的比较中，很少有人愿意主动选择成为输家。

在这个研究中，被试有两种送礼选择，如果其中一种礼物不妥则可以选择另外一种。那么如果只有一个选项，在被试无法回避的情况下，送礼的可能性会受到社会比较的影响吗？研究者接着进行了另一个研究。在这个研究中，被试得知，自己、自己的亲密伙伴、朋友及朋友的亲密伙伴共四人一起乘坐飞机外出旅行。一半被试被分到了送礼不会引发妒忌的条件中，被试和自己的亲密伙伴预订了航班的头等舱，头等舱是飞机上最高档的座位。另一半被试被分到了送礼可能引发妒忌的条件中，被试和自己的亲密伙伴预订了航班的高级经济舱，这种舱位在飞机上相对较差的位置。研究者还告诉所有被试，被试的朋友及朋友的亲密伙伴只预订了飞机上位置最差的经济舱。由于朋友即将过生日，被试考虑是否要支付 100 美元将朋友的座位升级为仅次于头等舱的商务舱，以此作为一种贺礼，并报告选择为朋友升级座位的可能性。结果显示，坐头等舱的被试不会因为朋友升级后的商务舱座位而感到妒忌，他们中有 49.1% 的人都选择帮朋友升级座位。但坐高级经济舱的被试却容易因朋友升级后的位置而感到妒忌，他们中仅有 38.6% 的人愿意送给朋友这份礼物。由此可见，没有替代选项的时候，社会比较可以直接影响人们送礼的可能性，当你会因为送出的礼物而妒忌时，也许就干脆选择不送了。

想要充分发挥送礼的作用，要义之一就是投其所好。当一件礼物名列收礼者愿望单的前面时，赠送这件礼物能够有效提升送礼效果，增进双方关系。因此，收礼者喜欢的礼物理应成为送礼者的上佳选择。然而，社会比较的影响实在过于强大，有时竟然甚至可能让这条显而易见的法则失效，使送礼者远离那些最能取悦收礼者的礼物。

有学者(Givi & Galak, 2019)通过研究揭示了这一现象。研究者让被试想象自己身处这样的情境：被试对住房的外表进行了一些装饰，美国国家假日协会将会对各家各户的房屋装饰做出点评。一部分被试使用的装饰在万圣节评比中被评为居中的三星级，在冬季评比中被评为最优秀的五星级。另一部分被试的装饰则在万圣节评比中被评为五星级，在冬季评比中被评为三星级。接着，被试的一名新邻居从别处搬来，还没有装饰房屋，被试打算为这位邻居购买装饰品作为礼物。可供选择的装饰品套装有两种，一种是在万圣节评比中获得四星的套装，另一种是在冬季评比中获得四星的套装。在这个情境中，无论被试自家的装饰如何，两种礼物分别可以对应上行社会比较及下行社会比较，因为总有一款礼物得到的评价高于被试的住房装饰，同时另一款礼物得到的评价不如被试的住房装饰。此外，一半被试得知邻居喜欢万圣节套装，一半被试则得知邻居喜欢冬季套装。被试需要回答他们将赠送邻居哪种装饰品套装。

　　研究结果表明，尽管被试事先知道了邻居喜欢什么礼物，但却没有都为他们购买这一礼物。当邻居喜欢的礼物恰好是比被试所拥有的更好的装饰品套装时，被试赠送这件礼物的可能性明显减小了。具体而言，如果邻居喜欢的礼物是冬季四星级装饰品套装，按照人们送礼投其所好的一般认识，被试理应给邻居买这种装饰品作为礼物，但若同时被试自家的装饰只是冬季三星级装饰品套装，在社会比较上不如邻居想要的礼物，被试就会对送出这件礼物有所迟疑。

　　总的来看，送礼这件事可不只是投其所好那么简单。送礼者有意无意中总是无法抛开自身的需求，在给别人示好的基础上，自己也绝不愿意吃亏。如此一来，那些看似违反常理的礼物便得到了合理的解释。要想选中别人最喜欢的礼物，达到最佳的送礼效果，送礼者需要克服自身视角的局限，放下自己在社会比较中的矜持。

8.3.2　谁在给他人"使坏"

　　当然，送礼只是利他行为中的冰山一角。发现送礼者会因社会比较产生妒忌而减少利他之后，我们还可以顺着这条线索进一步挖掘利他的其他方面。为了表现出利他倾向，人们就得更多地去关心他人，帮助他人，而更少地考虑自己的需要。因此，社会比较造成的妒忌就成了阻止人们利他的关键。妒忌是一种不愉快的情绪，包含着对那些比自己优秀的人的敌意和怨恨。它遮住了人们关心他人的视线，让人们聚焦于自身利益，自然也就削弱了人们的利他倾向。更为甚者，社会比较的结果竟然还会鼓动人们给别人"使坏"。

　　有研究（Klein，2003）发现，社会比较中的失利会让人们在他人完成任务的过程中"使绊子"。研究者让被试在有限的时间内完成 15 道题目，并告诉被试隔壁房间中还有一名被试也在同时进行该任务。这些题目呈现一个关键词，以及两个该关键词的同义词，被试需要从两个同义词中选出最恰当的一个。一部分被试被分配到有社会比较的条件中，他们被告知，如果在这项任务上的得分超过另一名被试的得分，他们将赢得 2 美元的奖金；另一部分被试则被分配到控制组，他们仅被告知，如果正确完成了 15 道题中的 10 道，他们将赢得 2 美元的奖金。实际上隔壁房间中的被试只是研究者虚构的。在被试完成选择题之后，研究者向他们提供得分反馈。在有社会比较的条件中，上行社会比较组的被试得知，隔壁的被试答对了 10 道题，自己答对了 8 道题。下行社会比较组的被试得知，隔壁的被试答对了 10 道题，自己答对了 12 道题。而在控制组，一部分被试仅得知自己答对了 8 道题，一部分被试仅得知自己答对了 12 道题。接着，研究者告诉被试，隔壁的被试将完成另一项任务。该任务要求玩家在有限次数内凭部分字母的提示猜对单词，共计 20 道题目。例如，玩家需要根据不完整的线索"zoo ＿"猜出完整的单词"zoology"。被试可以选择给隔壁的被试呈现哪一条线索。可供选择的线索有 5 条："zoo ＿""z ＿ l ＿ y""z ＿ o ＿ g ＿""＿ ogy""＿ olo ＿"。显然，有些线索很明显地指向正确的单词，但有些线索则会让人一头雾水。最后，被试需要报告自己对第一项任务的表现有多满意，以及给隔壁的被试提供的线索难度有多大。

　　结果表明，在有社会比较的条件中，上行社会比较组的被试相比于下行社会比较组的被试给他人提供了更难猜出答案的线索。而在控制组，无论被试是否达到了奖励要求的及格线，他们提供给别人的线索难度都大致相同。令人惊讶的是，被试对自己给出的线索难度判断基本准确，他们是有意识地做出此选择的。也就是说，上行社会比较组的被试明知道哪些线索会扰乱人们的答题思路，却偏偏还把这些线索提供给别人。显然，他们是在故意给隔壁的玩家提升游戏难度，不希望别人轻松地完成任务。此外，上行社会比较组的被试对自己表现的满意度也较低。这暗示了向上的社会比较带来的负面体验可能是导致被试给别人"使绊子"的罪魁祸首。

　　不过，这个研究还没有深入社会比较抑制利他行为的原因层面。有研究者(Moyal，Motsenok，& Ritov，2020)则进一步探究了这一点，他们认为，社会比较通过唤起人们的妒忌降低人们在利益分配决策时的利他倾向。首先，研究者要求被试在心中选择一个自己经常与之进行比较的人，并想象自己将和此人进行利益分配。研究者呈现给被试 9 个可选择的方案。在上行社会比较组，在所有的方案中被试的获益均保持一致，但都低于他们的比较目标。而在下行社会比较组，所有的方案中被试的获益也保持一致，但都高于他们的比较目标。在决定分配方案之后，被试完成一份妒忌量表。结果显示，无论怎么选，被试自身的获益都是一定的，但上行社会比较组的被试总是倾向于压低比较目标的获益，他们分配给比较目标的金额显著小于下行社会比较组的被试分配的金额。并且，上行社会比较组的被试表现出了更严重的妒忌。经过统计研究者发现，上行社会比较正是通过引发被试的妒忌，导致他们在自身利益不受影响的情况下，拒绝采取利他的方案。

　　关于妒忌对利他倾向的负面影响，这还不是最糟糕的一条，利他倾向所受打击的严重程度可能超乎你的想象。研究者接着进行了一个研究，发现因妒忌而导致的利他倾向的衰退具有持续性。这次，研究者将被试随机分配到上行社会比较组、下行社会比较组和无比较的控制组中。被试得知自己将和另一人进行获益分配，被试的决策将影响到自己最终获得的被试费。在进行第一次分配游戏时，在上行社会比较组的被试面对的所有可选项里，他人的获益都高于自己，而自身获益在各选项之间保持不变。在下行社会比较组的被试面对的所有可选项里，他人获益均低于自己，自身获益在各选项之间也保持不变。控制组的被试则不进行此项游戏。接着，研究者让上行社会比较组和下行社会比较组的被试进行第二次游戏，并告诉他们这个游戏里的对手不同于上一个游戏中的对手。游戏要求被试从提供的选项中选择一个，从而进行获益分配。选项从"自

身分到 10％，另一人分到 90％"开始自身获益逐渐提升，直至"自身分到
90％，另一人分到 10％"，共计 9 种选项。在这个游戏中，提升自身的获
益必然以牺牲对手的获益为代价，因此能够反映被试利他的倾向。控制
组的被试只进行了第二个游戏。

研究结果表明，上行社会比较组的被试在第二个游戏中分配给
对手的获益明显低于下行社会比较组和控制组的被试，而后两者之
间则没有差异。在上行社会比较组中，有 68％的被试选择极端的九
一开分成，只留给了对手一成利益，而在下行社会比较组和控制组
中，则分别仅有 48％和 35％的被试做出了这样的决策。可见，就算
被试明知道第一次游戏和第二次游戏中的对手并不相同，他们在第
二次游戏中的决策却依然受到了第一次游戏中社会比较结果的影响。
在早先的社会比较中处于不利地位的被试，尽管无法通过在新的博
弈中采取极端分配方案来惩罚先前博弈中处于有利地位的对手，但
他们在面对新的对手时，仍然表现出了较低的利他倾向。这对于第
二次博弈中的对手而言，可谓是无妄之灾——明明和被试没有什么
社会比较上的纠葛，却被狠狠地"坑"了一把。

研究者还通过另一个研究进一步揭示了这种由妒忌造成的效应。
研究者调整了社会比较组的被试所玩博弈游戏的内容，让所有社会
比较组的被试既体验了所有选项里自身获益都不如他人的情境，也
体验了所有选项里自身获益都高过他人的情境，这样一来，这些被
试既经历了上行社会比较又经历了下行社会比较。而控制组则依然
不参与这些含有社会比较的游戏。最后，所有被试再进行获益分配。
当然，研究者已经事先向社会比较组的被试声明，每个博弈游戏中
的对手均是不同的人。结果表明，无论是先进行上行社会比较还是
先进行下行社会比较，只要被试经历过上行社会比较，他们都会选
择在获益分配游戏中惩罚对手，发泄自己的负面情绪。由此看来，
上行社会比较带来的痛苦颇为强劲，不仅可以蔓延到无辜的对象身

上，还可以盖过下行社会比较带来的优越感。毕竟，人们总是对负面的信息更加敏感。

　　既然妒忌是社会比较削弱利他意愿的重要桥梁，那么能增强人们妒忌心的因素则同样可以导致类似的结果。也许你会好奇，什么样的人更容易因为妒忌而变得自私自利？有些心理学家认为，自尊心强的人更可能是妒忌心强的人。如果一个人有较强的自尊心，就意味着此人高度重视自我价值。抱着这种对自我价值的重视，再经过社会比较，当这些人与比自己优秀的人相对比后，他们中的一部分人将体验到更强烈的妒忌。有研究（Yu，Hao，& Shi，2018）探究了不同自尊水平的个体其性格中的妒忌与利他行为之间的关系。研究者让被试填写了亲社会倾向量表、妒忌量表以及自尊量表。其中，亲社会倾向量表要求被试评估自己做出有利于社会、他人的行为的倾向，如"当别人提出要求时，我会毫不犹豫地帮助别人""我愿意帮助他人，尤其是当他们情绪低落之时"。妒忌量表则测量了被试因他人取得成功而产生的负面体验，被试需要报告题目内容和自身实际情况的符合程度，如"看到一些人如此轻易地取得成功会令我沮丧"。自尊量表测量了被试对自我价值的看法，被试仍然需要报告题目内容和自身实际情况的符合程度，如"我对自己持有积极的看法"。通过分析，研究者发现，从整体来看，被试越是妒忌他人，利他的倾向就越低。此外，研究者又根据自尊量表的得分将被试分为高自尊型和低自尊型。结果表明，对于自尊水平较低的被试，妒忌的强度不会对利他倾向有太大的影响。无论妒忌心有多强，这些低自尊的被试的利他倾向都相对较低。而对于自尊水平较高的被试，妒忌的强度则与利他倾向高度相关。被试越是妒忌他人，其利他倾向越是会明显地下降。可见，利他行为也在很大程度上受到个人特点的影响。自尊心较强的人也许需要提醒自己，切莫因为社会比较引发的妒忌而缩回你伸向别人的援手。

本章总结

　　利他行为需要人们主动为他人付出，是一种双边的互动。而当某种行为一旦牵涉到了自己和他人，便难以回避社会比较。利他行为的形式多种多样，包括捐赠、让利、送礼等，但不同类型的利他行为都逃不过社会比较的影响。

　　社会比较的方向是影响人们利他意愿的重要因素。当人们和比自己优秀的人进行比较，即做上行社会比较时，利他的意愿往往可能减弱。其背后的原因在于，社会比较中的失利让人们对成功者产生妒忌，聚焦于自身利益，减少对他人需求的关注。不过也有例外，那就是模仿榜样的时候。而当人们和不如自己的人进行比较，即做下行社会比较时，利他的意愿可能提升。这是由于作为社会比较中的胜者，人们有了充足的心理资源去关心、同情他人，产生了更强的同理心。

　　利他行为的背后可能具有复杂的动机。如果利他行为的动机在于为他人谋利，此时进行下行社会比较的人在乎的是行为是否真的对他人有好处，而进行上行社会比较的人在乎的是行为是否从表面上看起来利他。而如果利他行为的动机在于自身利益，则无论进行的是上行社会比较还是下行社会比较，人们都只在乎利他的副产物——利己，利他的意愿倒是没有差异了。利他行为还可能是出于对他人妒忌的恐惧而产生的。如果人们在社会比较中胜过他人，就可能遭到他人妒忌而受到伤害。为了回避这种结果，人们可能会主动地采取利他行为，通过予人好处、分享利益避免他人的攻击。

社会治理启示

　　利他行为作为社会与人际和谐的润滑剂，值得管理者重视。管理者可以通过下行社会比较来唤起人们的同情，提升人们捐赠的意愿。同时，也应该明辨利他行为背后的真实动机，而不能仅仅依据行为的表面好坏做出判断。

人们应该提醒自己，警惕社会比较结果造成的长期影响，因为社会比较中不如他人导致的消极体验可能引发持续的妒忌，并损害到其他无关者的利益。另外，在人际交往中，如果担心在社会比较中胜过他人会引发他人妒忌，主动采取利他行为，分享所得利益，不失为一种值得考虑的策略。

第 9 章

财富的社会比较与民众幸福感

　　财富能否带来幸福？这是长久以来萦绕在人们心头的疑问。"幸福悖论"似乎表明钱不是万能的，绝对收入高并不意味着幸福。除基本的生存需求之外，人们还有自尊、自我实现等需求。对这些高层次的需求而言，财富属于锦上添花，因此未必总是能够转化为幸福。而社会比较理论则告诉我们，没有钱也是万万不能的，相对收入非常重要。真正有损幸福感的并非绝对的贫穷，而是相对于他人而言的贫穷。本章将以人们的绝对收入与相对收入为切入点，探讨财富何时能够带来幸福，并思考中国背景下财富与人们的个人幸福感及整体社会福祉的关系。

　　金钱，你我所欲也。无论是居庙堂之高还是处江湖之远，任何人都无法忽视财富的力量，俗话说没有钱是万万不能的。能满足生理需求的面包和牛奶是用金钱买来的，能满足安全需求的住所与药物也是用金钱买来的。食能果腹、住有所居、居有所安，人们自然能体验到幸福。因此，从这一角度来看，财富可以买到幸福。

　　然而，在今日的社会中，要实现食能果腹、住有所居、居有所安并非难事，很多人的生活早已超越了这些标准，他们手头不紧、花钱无忧，但仍然有所抱怨、对生活不满意。面对这些现象，我们不禁要问："财富真能买到幸福吗？"

案例

你幸福吗

2012 年的中秋与国庆双节前期，中央电视台在《走基层百姓心声》节目中抛出了"你幸福吗"的问题。记者采访了包括企业员工、科研人员、乡村农民在内的几千名工作者，一下子让"幸福"成为被政府、民众及媒体频繁提及的词汇。时至今日，人们对"幸福"的热议之风仍未散去。

事实上，随着改革开放进程的不断推进，我国的国内生产总值（GDP）持续上升，人民的物质生活水平得到大幅提高。我国政府也将注意力转移到民众幸福问题上来，提升国民的幸福感成了政府的重要工作。2010 年，时任国务院总理温家宝在第十一届全国人民代表大会第三次会议上作政府工作报告时，铿锵有力地强调"我们所做的一切都是要让人民生活得更加幸福、更有尊严，让社会更加公正、更加和谐"。2018 年，习近平总书记在庆祝改革开放 40 周年大会上的重要讲话中指出："我们要着力解决人民群众所需所急所盼，让人民共享经济、政治、文化、社会、生态等各方面发展成果，有更多、更直接、更实在的获得感、幸福感、安全感，不断促进人的全面发展、全体人民共同富裕。"

那么，幸福感源于何方？财富与幸福的关系是什么？某位接受中央电视台采访的民众表示，吃饱穿暖就是幸福。通过这一回答，我们似乎能读出一层隐含的意思：财富会影响人们的幸福感。那么，金钱真能买到幸福吗？是不是越富有的人对生活越满意？

经济学家和心理学家对财富与幸福感之间的关系进行了长期的探讨。第一种观点认为，随着财富的不断积累，人们的幸福感会持续提升。简言之，这一观点的核心思想就是"金钱能买到幸福"。第二种观点认为，金钱难买到幸福，人们的幸福感并没有随着财富的积累而不断提升。研究者将这一观点称作"幸福悖论"。

为了解决"幸福悖论"，第三种观点提出，不是所有的金钱都能买到幸福。金钱的绝对数量与幸福感之间的关联不大，真正能提升幸福感的是金钱的相对数量，也就是一个人的收入和他周围人的比较。有些人从绝对数量上来说赚得并不少，但是收入低于自己的同事；而有些人从绝对数量上来说赚得并不多，但是收入高于自己的同事。这两类人在幸福体验上具有天壤之别，前者也许会抱怨生活、郁郁寡欢，而后者则自得其乐、满足不已。

在这一章中，我们将把目光投向财富与幸福之间的关系，解析不同观点下的民众幸福感。

9.1　金钱能买到幸福

9.1.1　幸福感的绝对收入假说

传统的经济学观点认为，金钱可以买到幸福。当钱袋干瘪时，人们的基本需求和欲望无法得到满足。例如，一个家徒四壁的人因为缺钱而无法购买面包与牛奶，更不用说其他商品了。随着人们所拥有的财产不断增多，能买得起的商品也越来越多，购买面包与牛奶自然不在话下。除此之外，为了提升安全感，他们购买保险；为了充实自己，他们付费学习知识与技能；为了满足社交需要，他们与朋友相约酒吧；为了彰显身份地位，他们购买名车与豪宅⋯⋯

总而言之，人们越富有，买得起的商品与服务也越多，而这些商品与服务能满足人们各层次、多方面的需求。这一思想在一定程度上也反映在中国的俗语"有钱能使鬼推磨"中。只要一个人有足够的财富，他就可以购买任何想要的东西，至少是任何想要的物质产品。如此来看，金钱的确能改善人们的生活，从而提升生活满意度与幸福感。基于此，一些经济学家认为，金钱与幸福感之间具有因果关系，人们所拥有的金钱的绝对数量越多，其幸福感水平就越高。

这就是幸福感的绝对收入假说(absolute income hypothesis；Diener，1984)。

有研究(Blanchflower & Oswald，2004)分别调查了美国人与英国人的收入水平与幸福感的关系。对于美国民众，研究者使用了美国社会综合调查的数据。调查者在 1972 年至 1998 年测量了美国民众的幸福感。测量题目为"总体而言，你如何评价近期的生活""你认为你是非常幸福、比较幸福还是不太幸福"。调查者还获取了被试的收入、年龄、性别、种族等信息。美国民众的幸福感如表 9-1 所示。研究者进一步分析发现，收入水平越高，人们的幸福感水平越高。

对于英国民众，研究者(Blanchflower & Oswald，2004)使用了欧洲晴雨表调查的数据。该调查始于 20 世纪 70 年代，调查者测量了约 55000 名英国民众的生活满意度。测量题目为"总体而言，你对你的生活是非常满意、比较满意、不太满意还是很不满意"。调查者还获取了被试的收入及人口统计学信息。英国民众的生活满意度如表 9-2 所示。统计分析显示了与美国相似的结果，收入水平能显著地预测生活满意度：收入水平越高，人们对自己的生活越满意。这在一定程度上说明金钱的确可以买到幸福。

表 9-1　美国民众的幸福感(引自 Blanchflower & Oswald，2004)

项目	不同年份选择各项目人数的百分比				
	1972—1976	1977—1982	1983—1987	1988—1993	1994—1998
不太幸福	14%	12%	12%	10%	12%
比较幸福	52%	54%	56%	58%	58%
非常幸福	34%	34%	32%	33%	30%

表 9-2　英国民众的生活满意度（引自 Blanchflower & Oswald，2004）

项目	不同年份选择各项目人数的百分比				
	1972—1976	1977—1982	1983—1987	1988—1993	1994—1998
很不满意	4%	4%	4%	4%	3%
不太满意	11%	10%	10%	10%	10%
比较满意	54%	54%	55%	55%	57%
非常满意	31%	32%	31%	31%	31%

9.1.2　生活满意度与生活不满意度

根据幸福感的绝对收入假说，金钱可以买到幸福。但是，财富与幸福感之间的关系真的如此简单吗？幸福究竟是什么？它仅仅体现为对生活的满意度吗？我们需要对幸福感做更为细致的划分，才能更好地探究两者之间的关系。很多研究者都用生活满意度来反映幸福水平，他们将生活满意度作为一个连续体，它的起点是非常不满意，终点是非常满意。换言之，非常不满意和非常满意分别位列生活满意度这一坐标轴的左右两端。这种对幸福的理解方式合理吗？

伯斯和温克尔曼（Boes & Winkelmann，2010）认为，人们不能简单地把生活满意度和不满意度看作一个维度的两端，事实上，它们代表了两个独立的维度。生活满意度和不满意度分别受不同因素影响，有些因素能降低人们的生活不满意度，却无法提高人们的生活满意度。

其实，这种理解满意度的方式并非伯斯和温克尔曼首创，在其他领域也存在类似的理解方式。例如，在组织行为学领域中，工作满意度的双因素理论提出，员工的工作满意度与不满意度分别与保健因素、激励因素有关。改善保健因素（例如，增加薪水、改善工作环境等）能降低员工的工作不满意度，但不会增加他们的工作满意度；而改善激励因素（例如，提高工作成就感、他人对工作的认可等）则能增加员工的工作满意度。

　　在这一思想的指导下，伯斯和温克尔曼调查了德国民众的绝对收入水平、生活满意度和不满意度。结果显示，绝对收入无法提高人们的生活满意度，但能降低生活不满意度。可见，人们如何理解幸福感是至关重要的，财富与幸福感之间的关系取决于人们如何理解幸福感，以及用哪些指标反映幸福感。

9.1.3　对生活的评价与情绪幸福感

　　现在，让我们继续来探讨何为幸福。有研究者（Kahneman & Deaton，2010）认为，很多时候，人们对幸福感的理解混淆了两个概念。第一个概念是情绪幸福感（emotional well-being），也被称作享乐幸福感（hedonic well-being）或者体验幸福感（experienced well-being），它指的是人们体验到的情绪的质量，如体验到愉悦、焦虑、悲伤、愤怒的频率和强度。第二个概念是对生活的评价（life evaluation），它指的是人们对自己生活的看法。以往很多关于幸福感的研究关注的都是后者。例如，研究者询问被试对自己近期的生活是否满意，该问题测量的是人们对生活的评价。而情绪幸福感却很少被研究者提及。因此，有研究者（Kahneman & Deaton，2010）把幸福感细分为上述两类，并考察绝对收入水平对两类幸福感的影响。

　　两位研究者采用了盖洛普健康幸福指数（Gallup-Healthways Well-Being Index）的数据。盖洛普公司在 2008 年至 2009 年调查了 450000 名美国居民的幸福感水平。这一调查不仅获取了人们如何评价生活的数据，还收集了情绪幸福感的指标。在生活评价方面，调查者要求被试对自己的生活进行 0～10 打分，0 代表自己的生活非常糟糕，10 代表自己的生活非常美好。在情绪幸福感方面，调查者要求被试回忆自己在前一天是否体验到愉悦、高兴、愤怒、压力感、悲伤、焦虑等情绪。他们（Kahneman & Deaton，2010）对愉悦、快乐、微笑频率取了均值，将其作为正性情绪的指标；对焦虑和悲伤取了均值，将其作为忧郁情绪的指标，并单独统计了压力感和愤怒。盖洛普健康幸福指数的调查还收集了被试的家庭月收入、受教育程度、性别、年龄、种族、婚姻状态、身高等数据。

　　统计分析结果显示，生活评价与情绪幸福感之间呈现出中等程度的相关关系。此外，正性情绪、忧郁情绪和压力感三者之间具有微弱的相关关系。正性情绪与忧郁情绪之间的相关系数为－0.38，正性情绪与压力感之间的相关系数为－0.28，忧郁情绪与压力感之间的相关系数为0.52。

　　绝大多数的被试对自己的生活比较满意，大约有85％的被试体验到了正性情绪。24％的被试感受到了忧郁的情绪，39％的被试感受到了压力。与盖洛普公司收集的其他国家的数据相比，美国居民对生活的满意度较高，在世界范围内排名第9。美国居民体验到的快乐程度排名第5，体验到的愉悦程度排名第10，微笑频率排名第33，焦虑程度排名第89，悲伤程度排名第69，愤怒程度排名第75。但是，美国人感受到的压力很大，在有数据的151个国家中排名第5。

　　此外，收入与正性情绪之间呈现微弱的正相关关系，与忧郁的情绪、压力感之间呈现微弱的负相关关系，与生活评价之间呈现较强的正相关关系。图9-1显示了收入与各维度幸福感之间的关系。左边的纵坐标代表体验到该情绪的人数百分比，右边的纵坐标代表生活评价均分。横坐标代表家庭年收入。四条曲线分别代表正性情绪、不忧郁、生活评价和无压力。分数越高表明被试越多地体验到正性情绪、越少地感到忧郁、越少地拥有压力感、生活评价越高。

　　总体而言，收入水平越低，人们的情绪幸福感和生活评价都越低。但是，当年收入水平达到约75000美元后，情绪幸福感不再随收入水平的提高而提高。换句话说，当人们的收入处于中等或中等偏下水平时，增加收入的确能提高情绪幸福感，人们体验到更多的正性情绪、更少的忧郁情绪和压力感。但是，当收入达到较高水平时，再增加收入就不会明显提高情绪幸福感了。然而，生活评价却随着收入的增加呈现稳定的增长态势。

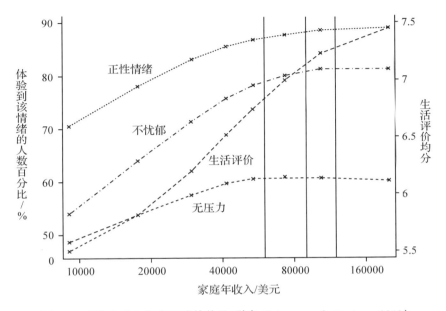

图 9-1　家庭年收入与幸福感的关系（引自 Kahneman & Deaton，2010）

有研究（Kahneman & Deaton，2010）表明，幸福感的绝对收入假说只成立于幸福感中的生活评价维度，提高收入的确可以提高人们对生活的评价。但是，这一假说在情绪幸福感这一维度不完全成立。对于年收入少于约 75000 美元的家庭而言，提高收入能改善人们的情绪体验。对于年收入多于 75000 美元的家庭而言，情绪体验与收入水平之间几乎不存在相关关系。

另一个研究（Diener，Ng，Harter，& Arora，2010）也采用了类似的分类方式，将幸福感细分为生活评价和情感体验，并考察了收入与不同维度的幸福感之间的关系。这个研究没有局限于美国民众，而是将目光投向了全世界。他们获得了盖洛普公司的数据，该公司曾在 2005 年至 2006 年期间对 132 个国家的一些民众进行了调查。这些国家在经济发展、政治结构、政治稳定性、文化等方面存在很大差异，它们的人口涵盖了世界总人口的 96％。因此，这一调查结果能较好地反映全世界不同国家的情况。平均而言，调查者在每一个国家抽取了 1061 名受访者，受访者的年龄均超过 15 岁。被试需要对自己的生活状况进行评价（0＝最糟糕的生活，10＝最好的生活），同时分别评价他们在调查前一天体验到的正性情绪（愉悦、微笑、大笑）和负性情绪（焦虑、悲伤、抑郁、愤怒）。此外，被试还需报告自己的家庭收入，研究者用这一指标反映被试的经济状况。

研究结果基本支持了幸福感的绝对收入假说，家庭收入情况可以预测人们对生活的评价。家庭收入越高，人们认为自己的生活越好。但有意思的是，家庭收入情况无法有效预测人们体验到的正负性情绪，这一结果和之前的研究（Kahneman & Deaton，2010）类似。

总而言之，有些研究支持了幸福感的绝对收入假说。在某些特定条件下，金钱的确可以买到幸福。那么，为什么金钱能买到幸福？该现象背后可能存在三个方面的原因。

第一，金钱能帮助人们满足基本需求。有钱之后，人们能买到食物从而填饱肚子，能支付房租从而拥有容身之地。上文所介绍的研究（Kahneman & Deaton，2010）为该解释提供了证据。对于收入水平较低的家庭来说，绝对收入与情绪幸福感之间的正相关较强；而对于收入水平较高的家庭来说，绝对收入与情绪幸福感之间几乎不存在正相关。这就说明提高收入水平有助于满足人们的基本需求，从而提高幸福感。对基本需求得到满足的解释也符合马斯洛的需要层次理论。该理论提出，在众多需求之中，人们首先需要满足的是生理需求。

第二，金钱在一定程度上能帮助人们满足心理需求。根据自我决定理论（self-determination theory），人们拥有三种基本的心理需求：对自主性的需求、对胜任力的需求与对社会关系的需求。当这些需求得到满足后，人们便会体验到幸福感。而随着绝对收入的增加，人们的这些心理需求更有可能得到满足。当人们手头比较宽裕时，他们能体验到自身的能力与价值，自主性也能得到提升，同时更容易与他人建立良好的社会关系。

　　第三，金钱能满足人们在后天习得的物质欲。此处所说的后天习得的物质欲不同于先天的生理需求。在食不果腹的情况下，人们想得到食物，这是先天的生理需求。在酒足饭饱的情况下，人们仍想拥有食物，这就是后天习得的物质欲。当物质欲得到满足之后，人们就能体验到较高水平的幸福感。例如，有研究（Biswas-Diener，Vittersø，& Diener，2005）发现，尽管生活在没有流动水、没有电的地方，马赛人仍体验到较高水平的幸福感。与之类似，阿米什人居住在没有电、没有汽车的村落，但他们也认为自己比较幸福。此外，有研究（Biswas-Diener & Diener，2001）发现，生活在加尔各答贫民窟的人们非常贫穷，但是他们的幸福感水平却高于平均水平。造成上述结果的原因可能是这些人没有很高的物质需求。换言之，他们的物质欲已经得到了满足，因此体验到较高水平的幸福感。

　　基本需求、心理需求和物质欲的满足都能在一定程度上解释为什么增加绝对收入能提升人们对生活的评价。研究者发现，在三者之中，解释力度最强的是物质欲的满足程度（Diener，Ng，Harter，& Arora，2010）。但是，情感体验只与心理需求的满足存在正相关关系。

9.2　金钱难买到幸福

9.2.1　不断遭受质疑的绝对收入假说

　　尽管有不少研究为金钱能买到幸福这一传统经济学的观点提供了证据，但是，它不断地受到挑战：金钱并不是万能的，在很多情况下它都无法买到幸福。

首先，让我们通过表 9-3 了解中国在过去几十年中的 GDP。1978 年，我国的 GDP 仅为 3678.7 亿元；2000 年为 100280.1 亿元；2019 年，这一数字激增到 990865.1 亿元。

表 9-3　中国的 GDP（单位：亿元人民币）

年份	GDP	年份	GDP
1978	3678.7	1999	90564.4
1979	4100.5	2000	100280.1
1980	4587.6	2001	110863.1
1981	4935.8	2002	121717.4
1982	5373.4	2003	137422.0
1983	6020.9	2004	161840.2
1984	7278.5	2005	187318.9
1985	9098.9	2006	219438.5
1986	10376.2	2007	270092.3
1987	12174.6	2008	319244.6
1988	15180.4	2009	348517.7
1989	17179.7	2010	412119.3
1990	18872.9	2011	487940.2
1991	22005.6	2012	538580.0
1992	27194.5	2013	592963.2
1993	35673.2	2014	643563.1
1994	48637.5	2015	688858.2
1995	61339.9	2016	746395.1
1996	71813.6	2017	832035.9
1997	79715.0	2018	919281.1
1998	85195.5	2019	990865.1

（表中数据来自国家统计局：《中国统计年鉴》，中国统计出版社，2020）

此外，据《新华视点》报道，自中华人民共和国成立以来，中国居民年收入快速增长，2018 年居民人均可支配收入达 28228 元，1949 年仅为 49.7 元。居民人均可支配收入是评价一国国民贫富程度的重要指标。中华人民共和国成立之初，城镇和农村居民年人均可支配收入分别不足 100 元和 50 元，到 2018 年，分别增至 39251 元、14617 元。收入增长带来生活质量的提高，中国人不再操心温饱，而是有更多闲钱去休闲旅游、健康养生。的确，"钱袋子"日渐丰满，人们的幸福感与日俱增。但是，似乎也有不少人表示自己不幸福。新浪网 2012 年的一项调查表明，在 58028 名受调查者中，17221 人表示自己很幸福，而 40807 人表示自己不幸福。这一结果违背了幸福感的绝对收入假说。

接下来，再让我们来看看从 2007 年到 2018 年间，中国内地 GDP 总量排在前十的城市（见表 9-4）。由新华社《瞭望东方周刊》主办的《中国最具幸福感城市大调查》评选出中国最具幸福感的城市，具体评选结果如表 9-5 所示。尽管两者的评价标准略有不同，但每年的结果大体相似。GDP 排名前二的上海和北京只在 2007 年、2015 年和 2016 年跻身十大幸福城市，其他年份均未入选。更为惊人的是，GDP 总量稳居前四的深圳居然没有一年入选十大幸福城市。相反，宁波是十大幸福城市榜单的常客，但一直未跻身 GDP 总量前十。杭州则是一个特例，在这几年里，它既位列 GDP 总量前十，又位列幸福感前十。这些分析显示，从城市层面来看，GDP 总量与幸福感不一定呈线性关系。

表 9-4　中国内地 GDP 总量前十城市

年份	城市名称
2007	上海、北京、广州、深圳、苏州、 天津、重庆、杭州、无锡、青岛

续表

年份	城市名称
2008	上海、北京、广州、深圳、苏州、天津、重庆、杭州、无锡、青岛
2009	上海、北京、广州、深圳、苏州、天津、重庆、杭州、无锡、青岛
2010	上海、北京、广州、深圳、苏州、天津、重庆、杭州、无锡、青岛
2011	上海、北京、广州、深圳、天津、苏州、重庆、杭州、无锡、成都
2012	上海、北京、广州、深圳、天津、苏州、重庆、成都、武汉、杭州
2013	上海、北京、广州、深圳、天津、苏州、重庆、成都、武汉、杭州
2014	上海、北京、广州、深圳、天津、重庆、苏州、武汉、成都、杭州
2015	上海、北京、广州、深圳、天津、重庆、苏州、武汉、成都、杭州
2016	上海、北京、广州、深圳、天津、重庆、苏州、成都、武汉、杭州
2017	上海、北京、深圳、广州、重庆、天津、苏州、成都、武汉、杭州
2018	上海、北京、深圳、广州、重庆、天津、苏州、成都、武汉、杭州

表 9-5　中国最具幸福感的十大城市

年份	城市名称
2007	杭州、沈阳、中山、宁波、青岛、台州、珠海、上海、北京、成都
2008	杭州、宁波、昆明、天津、唐山、佛山、绍兴、长春、无锡、长沙

续表

年份	城市名称
2009	杭州、成都、宁波、西安、昆明、长沙、南京、银川、南昌、长春
2010	杭州、成都、长沙、昆明、南京、长春、重庆、广州、通化、无锡
2011	天津、重庆、珠海、南京、无锡、成都、杭州、宁波、长沙、昆明
2012	杭州、成都、宁波、南京、天津、长春、无锡、长沙、西安、南通
2013	杭州、成都、西安、天津、长沙、南京、厦门、宁波、长春、海口
2014	成都、杭州、南京、西安、天津、长春、长沙、岳阳、珠海、大连
2015	成都、宁波、杭州、南京、西安、长春、长沙、苏州、上海、北京
2016	成都、杭州、南京、西安、长春、长沙、苏州、珠海、北京、上海
2017	成都、杭州、宁波、南京、西安、长春、长沙、台州、铜川、徐州
2018	成都、宁波、杭州、西安、南京、广州、长沙、台州、铜川、珠海

　　下面，我们再来看看面对中央电视台《走基层百姓心声》节目的镜头时，一位受访者是如何回答"你幸福吗"这个问题的。这位北京玉渊潭公园的退休职工说道："挺幸福的。虽然工资不高，我很幸福啊，因为我把女儿供出来了。"对于这位受访者而言，幸福感的绝对收入假说可能并不成立。她的绝对收入不高，但仍感到比较幸福。另外，一项社会调查显示，教师的幸福感名列前茅。而生活经验告

诉我们，教师的工资水平并不是很高。由此可见，收入与幸福感之间并不一定存在线性增长的关系。大众是如何理解金钱与幸福感之间的关系的？在由《小康》杂志社联合清华大学媒介调查实验室会同有关专家及机构进行的"2015 中国幸福小康指数"调查中，52.5％的受访者认为"没有必然关系"，35.1％的受访者认为"钱越多，越幸福"，还有 12.4％的受访者认为"钱越少，越幸福"。

通过上文从国家层面、城市层面和个人层面的分析，我们不难发现绝对收入水平与幸福感之间并不一定存在因果关系，两者之间甚至连正相关关系也未必存在。有研究（Howell & Howell，2008）发现，在绝对收入水平较低的发展中国家，金钱与幸福感的关联较强；相反，在绝对收入水平较高的发达国家，金钱与幸福感的关联较弱。这一结果也挑战了幸福感的绝对收入假说。如果像传统经济学假设的那样，金钱的确能买到幸福，那么我们有理由相信，无论是在发达国家还是在发展中国家，绝对收入水平与幸福感之间的正相关关系应该稳定存在。

9.2.2　幸福悖论

美国著名经济学家伊斯特林（Easterlin，1974）发表了《经济增长可以在多大程度上提高人们的快乐》一文，并提出了"幸福悖论"。这一悖论有时也被称为"伊斯特林悖论"，它指的是较高的绝对收入水平无法带来较高水平的幸福感。伊斯特林通过分析大量的数据发现，在任何一个国家，民众的平均收入水平与平均幸福感之间都没有明显的关系。尽管有学者认为伊斯特林（1974）对数据的分析和解释存在问题，但很多研究者都认同这一悖论，并对为何会出现该悖论展开了激烈的探讨。

首先，影响幸福感的因素数不胜数，远不止收入这一个。《求实》杂志曾刊文（冯春芳，刘爱莲，2014）指出，当最基本的温饱得到满足后，人们追求活得有意义、有价值。此时，精神上的追求就显得愈益迫切。幸福的本质在于从物质跃向精神，道德则是从物质跃向精神的动力和表征。以道德精神消解"幸福悖论"，主要包括三个方面：第一，充分挖掘财富的道德蕴含，确立新的财富观；第二，深刻理解幸福的精神实质，树立科学的幸福观；第三，切实筑牢社会道德根基，建立公正和谐的社会环境。

换句话说，当人们的基本需求得到满足后，金钱带来的幸福效用就会大大减弱。此时，人们不再纠缠于温饱问题，而是把目光投向更高层次的需求。例如，追求来自他人的尊重、追求自我价值以及追求自我实现等。吃得再饱一些、穿得再暖一点几乎无法转换成幸福感，自尊和自我价值的实现才能为人们带去幸福。中央电视台的采访结果也部分印证了这种观点。例如，有受访者认为自己幸福，是因为能与家人在一起；一位骨科医生则觉得自己不幸福，是因为他无法让病人开心。

研究者总结出了不少影响幸福感的因素，如人们是否处在健康状态、是否具有自主性和自由度、是否得到社会支持、是否具有健康的人际关系、是否处在公平的社会、是否具有信念或信仰、是否得到他人的信任、是否能够得到与付出相匹配的回报等。除了上述因素之外，一些稳定的个人特质也会影响人们体验到的幸福感。例如，外向的个体和情绪稳定的个体要比内向的个体和情绪不稳定的个体更加幸福。因此，在探讨幸福感时，我们不能仅仅着眼于绝对收入水平而忽略这些变量。

其次，有研究（Tao & Chiu，2009）指出，抱负水平是影响幸福感的一个重要因素。幸福感随着收入的增加而提高，却随着抱负水平的提高而下降，问题在于收入和抱负水平不是孤立的。通常而言，随着收入水平的增加，人们的抱负水平也会相应提高，这就会出现一种很复杂的情况：绝对收入增加后，人们的幸福感也会提高，但此时抱负水平也有所提高，又削弱了幸福感。

根据抱负水平理论，无论人们有多贫穷或有多富裕，他们总有自己的需求。虽然俗话说知足常乐，但这一理论认为，人们不可能完全知足，当旧的需要被满足之后，新的欲望自然就会产生。例如，当人们拥有一套属于自己的房子后，他们也许会想着要换更大的房子；当人们拥有一份稳定的工作之后，他们也许会考虑寻找更具挑战性的工作；当人们取得阶段性的成绩之后，他们也许会为自己设定更高的目标、追求更高的成就。因此，人们所期待的收入总是要高于他们的实际收入。由此可见，绝对收入和幸福感之间的关系并非那么简单，抱负水平也在其中起到了关键性作用。从某种角度来说，"幸福悖论"很可能由抱负水平导致。

再次，绝对收入能否带来幸福感取决于人们如何花钱。有研究者（Dunn，Aknin，& Norton，2008）认为，相比于为自己花钱，为他人花钱使人更加幸福。在加拿大，这些研究者在早上邀请一群学生参与研究，首先，研究者询问被试自己当前有多幸福，然后给每位被试一个信封，里面装有 5 美元或者 20 美元。一半被试需要在当天下午 5 点之前把这些钱全部花在自己身上，另一半被试需要在当天下午 5 点之前把这些钱全部花在别人身上。研究者在下午 5 点时将所有被试召集起来，再次测量了他们的幸福感。结果发现，无论得到的是 5 美元还是 20 美元，那些把钱花在别人身上的被试比早上更加开心，而对于那些把钱花在自己身上的被试，幸福感水平与早上相比没有发生明显变化。该效应不仅存在于加拿大，在乌干达，研究者也得到了相同的结果。可见，对于相同数额的金钱，不同的消费方式也会影响人们的幸福感。为他人花钱能有效提高花钱者的幸福感，正所谓赠人玫瑰，手有余香。

最后，还有一个不可忽视的因素是人们的比较式思维。伊斯特林（1974）认为幸福感并不是绝对的，而是相对的，也就是说幸福感是比出来的。人们总是不自觉地进行社会比较，与同事比工作付出、与朋友比谁家的孩子更有出息、与邻居比谁家的住房面积更大、与亲戚比谁家的车更加豪华……人们不仅仅看重自己是否足够好，更看重自己是否比别人好。有时，哪怕自己已经很优秀了，只要其他人比我们更优秀，我们就会感到不幸福。相反，哪怕自己不够好，但只要略胜其他人一筹，我们就会感到幸福。

　　不仅如此，攀比还会不断拔高人们的抱负水平。很多时候，无论是比输了还是比赢了，人们都会给自己提出更高的要求。例如，我家的房子没邻居家的大，不管目前的住房面积是否足够，我就是想买比邻居家更大的房子；我家的房子比邻居家的大，我还想要更大的房子，以免将来某一天被邻居超过。比职位、比权力、比身份、比房子、比财富……最后的结果便是心中只有欲望，从而失去了幸福。

　　人们也会用比较式思维来看待收入。试想，有两份工作可供你选择：第一份工作在 A 公司，你的月薪为 10000 元，你同事的月薪为 8000 元；第二份工作在 B 公司，你的月薪为 12000 元，你同事的月薪为 14000 元。你会选择哪份工作？从绝对收入来看，显然第二份工作更好。但是，你比 A 公司的同事赚得多，而比 B 公司的同事赚得少。此时，很多人更看重是否比同事赚得多，而不是自己的绝对收入水平，因而更偏好第一份工作。换言之，人们的幸福感有时取决于自己的收入是否比他人高。

　　这就引出了相对收入的概念，它指人们所拥有的金钱数量相比其他人是多还是少。近期的一些研究发现，之所以会出现"幸福悖论"，是因为人们更加看重相对收入，相对收入比绝对收入对幸福感的影响更大。

9.3　幸福感的相对收入假说

随着"幸福悖论"的提出，研究者开始重新审视幸福感的绝对收入假说。不久之后，幸福感的相对收入假说（relative income hypothesis）被提出，它要回答的问题是金钱如何能买到幸福。与传统经济学的观点不同，幸福感的相对收入假说提出，不是所有的金钱都能买到幸福，决定幸福的关键是金钱的形式。金钱的绝对数量并不一定与幸福感水平具有直接关联，相对数量起更大作用。有些人的收入并不高（例如，工薪阶层），甚至远低于所在城市的平均收入水平，但只要比朋友或邻居赚得多，他们就会感到高兴。相反，有些人的收入很高（例如，公司高管），甚至远高于所在城市的平均收入水平，但如果他们周围的朋友都是企业高管，收入比他们高，那么，他们很有可能会体验不到幸福。

在幸福感的相对收入假说中，有两个关键问题。首先，相对收入是与谁比较而得到的收入。是身边的朋友、同一个城市的某人，还是同一个国家的某人？其次，相对收入是如何与他人比较的。是与某个群体的平均水平比较，还是与某个群体的绝对收入比较？

9.3.1　参照群体假说

参照群体假说（reference group hypothesis）是幸福感的相对收入假说中的一种，它认为，人们会选定一个群体作为参照标准，与其进行收入多少的比较。一些研究者直接将参照群体的平均收入作为相对收入的指标，而另一些研究者则将被试的收入减去或除以参照群体的平均收入的结果作为相对收入的指标。

例如，有研究（Luttmer，2005）考察了人们的生活满意度更多地受绝对收入还是相对收入的影响。研究选取的参照群体是邻居，用邻居的平均收入作为相对收入的指标。结果显示，生活在富裕社区的人们报告的生活满意度较低，而生活在贫穷社区的人们报告的生活满意度较高。在控制了地区生活成本等额外因素后，该效应仍然存在。

还有研究（Cappelli ＆ Sherer，1988）也得到了类似的结果。他们调查了美国一家航空公司的几百名员工，询问其收入与对收入的满意度，并用其他航空公司类似职位的平均工资作为相对收入的指标。他们发现，相对收入水平与工作满意度之间呈现正相关关系。当工资高于平均水平时，员工对工资的满意度较高；相反，当工资低于平均水平时，员工对工资的满意度较低。

与前几个研究不同，该研究（Clark ＆ Oswald，1995）用被试的收入除以参照群体的平均收入的结果作为相对收入的指标，考察了相对收入的参照群体假说。传统经济学理论认为，人们从工作中获得的效用由四部分组成：第一，绝对收入；第二，工作时长；第三，一系列的个体因素；第四，一系列的工作特征因素。但是，这种观点在很大程度上忽略了社会比较的作用。因此，研究者（Clark ＆ Oswald，1995）提出，人们从工作中获得的效用不止上述四部分，还需加入一部分——与参照群体相比的相对收入。

为检验上述观点是否正确，研究者（Clark ＆ Oswald，1995）获取了英国家庭专题调查（British Household Panel Survey）的数据。这是一个针对英国家庭的纵向调查，其数据常用于社会学与经济学研究。研究者使用了 1991 年的数据，这次调查的对象是 5195 名英国员工，他们需要报告自己对目前所做工作的满意度。此外，调查者还记录了被试的性别、年龄、健康状况、教育程度、工作时长、绝对收入、相对收入等信息。统计结果显示，绝对收入无法预测被试的工作满意度。在绝对收入位于后 20％的被试中，有 70.0％的人对自己的工作表示满意；而在绝对收入位于前 20％的被试中，只有

57.0％的人对自己的工作表示满意。接着，研究者统计了在性别、年龄、受教育程度、职位等方面与被试相似的他人的平均收入，并为每名被试计算出了相对收入——自己的绝对收入与相似他人的平均收入之比。进一步的统计显示，相对收入能较好地预测人们的工作满意度。

参照群体假说是目前最广受认同的一种相对收入假说，不少实证研究都为参照群体假说提供了支持。

9.3.2　收入等级假说

尽管不少研究者都认同参照群体假说，但它也受到了质疑与挑战。例如，很多研究者用一个地区的平均收入作为相对收入指标。根据这一逻辑，一个地区的所有民众都拥有相同的相对收入。显然，这一做法太过粗糙。有研究者（Boyce，Brown，& Moore，2010）认为，真正影响幸福感的并不是绝对收入，也不是参照群体的平均收入，而是人们在参照群体中的收入排名。他们因此提出了收入等级假说（rank-income hypothesis）。

研究者（Boyce，Brown，& Moore，2010）使用了英国家庭专题调查的数据，对比了绝对收入假说、相对收入的参照群体假说以及相对收入的收入等级假说，考察何者能更好地预测人们的幸福感。他们截取了 1997 年至 2004 年的部分数据，总共有 86679 位受访者参与了调查，他们表明了自己对生活的满意度。此外，调查者还记录了被试的家庭总收入。考虑到各地区的生活支出水平不尽相同、各家庭的人口数量不一，研究者根据 2004 年英国各地区的生活花费水平和每个家庭的规模对总体家庭收入进行了调整。另外，调查者还获取了被试的人口统计学变量，包括性别、年龄、受教育程度等。最为关键的是，研究者按以下公式为每位被试计算出了他的收入等级 R_i。

$$Ri = \frac{i-1}{n-1}$$

其中，$(i-1)$代表有多少人的收入低于该被试，$(n-1)$代表被试的参照群体总人数。

统计分析的结果表明，收入等级和家庭总收入都能预测人们的生活满意度：被试的收入等级越高，他们对生活越感到满意；被试的家庭总收入越高，他们对生活越感到满意。这些结果说明绝对收入与相对收入均能影响人们的生活满意度。但是，收入等级对生活满意度的作用大于家庭总收入对生活满意度的作用。可见，人们对生活是否满意虽然受绝对收入的影响，但更多地取决于收入等级。

为了比较收入等级假说和参照群体假说，研究者先选取了三种参照群体，分别是位于同一地区的他人、性别及受教育程度相同的他人、年龄段相同的他人。在每种参照群体中，研究者分别为每名被试计算了他的收入等级、绝对收入以及该参照群体的平均收入。研究者发现，无论选取何种参照群体，收入等级都能稳定地预测生活满意度，而家庭总收入和参照群体的平均收入无法预测生活满意度。可见，人们在判断自身的生活满意度时，不会过多地考虑自己的绝对收入水平，也不会一味地考虑参照群体的平均收入。真正影响生活满意度的是自己在参照群体中的收入排名。

根据上述结果我们不难发现，金钱本身与幸福感并不存在因果关系，幸福感的源泉是人们对自己在某个群体中收入排名的知觉。不管你的实际收入是否发生了变化，也不管参照群体的平均收入是否发生了变化，只要人们对收入排名的知觉没有发生改变，幸福感就不会随之改变。如此看来，如果某公司给所有员工增加薪水，对某名员工而言，他的绝对收入有所提高。但是，因为他所在的部门的平均工资也相应上浮，他在自己部门中的工资排名没有发生变化，因此，这名员工也许不会从加薪这件事中感受到幸福。

9.3.3 收入不公平与幸福感的相对收入假说

尽管幸福感的相对收入假说得到了一些研究的支持，但是，也有研究结果并不支持此假说。例如，有研究（Deaton & Stone，2013）分析了上百万美国居民的数据发现，无论是城市层面的相对收入，还是州层面的相对收入，它们对生活满意度的影响都微乎其微。这就说明，相对收入对幸福感的影响具有前提条件，那么前提条件是什么？

收入是否公平就是其中之一。无论是在美国还是英国，贫富差距之大超乎想象。据报道，英国最富有的 10% 的人掌握着全国 64.7% 的财富。自 20 世纪 70 年代初起，美国 90% 的下层阶级人民的实际收入就没有得到实质性的增长，而对于那些最富有的 1% 的人，他们的收入基本随着劳动生产率的增长而增长。到了 2011 年，美国最富有的 1% 的人的平均收入达到下层阶级的整整十倍。孔子指出："丘也闻有国有家者，不患寡而患不均。"意指对国家和人民而言，财富的绝对数量不是关键，关键是财富分配是否均匀，财富分配不均匀带来的后果不堪设想。收入分配不公平让民众对政府失去信任，并严重损害民众的幸福感。

怎样的收入分配才是公平的？人们对"公平"的理解经过了不同的阶段。在第一阶段，很多人认为平均分配就是公平。例如，在一个企业中，每名员工每天都能得到 300 元的薪水。这是一种表面上的公平，看似人人都得到相同的东西，但这种分配方式没有考虑到人们的付出，从而让"搭便车者"有机可乘。"搭便车者"哪怕在一天之内游手好闲、不付出任何劳动，也能得到与他人一样的回报。

此后，人们逐渐认识到了这种公平理念的局限性，提出了按劳分配的方式。也就是说，对于每一个个体而言，他所得到的回报与他所付出的劳动是相匹配的。例如，一名员工今天工作了八小时，可以得到 300 元的薪水；明天只工作了四小时，就只能得到 150 元的薪水；后天加班了两小时，总共可以得到 375 元的薪水。这种对公平的理解基于"个体内"的视角，它不仅考虑到了一个人的所得，还考虑到了他的付出。

之后，又有研究者提出，仅仅采用"个体内"的视角是远远不够的，我们在理解公平时需要同时考虑自己与他人的情况。只有当自己的付出与回报之比等于他人的付出与回报之比时，人们才会感到公平，一旦自己的付出与回报之比不同于他人的付出与回报之比，就会引发不公平知觉。例如，员工甲和员工乙就职于同一公司的同一部门，两人的职位相当、工作内容相似。如果员工甲工作八小时可以获得 300 元的薪水，那么员工乙工作八小时也应获得 300 元的薪水。一旦员工乙工作八小时所获得的薪水高于或低于 300 元，他们就会感到分配不公平。在上述思想的推动下，人们开始从"个体间"的视角理解公平，不仅考虑到一个人的付出与回报之比，还关注相似他人的付出与回报之比。只有两者相等，才能体现公平。从这个角度来看，收入不公平会促使人们进行更多的社会比较，尤其是与比自己更富裕的人进行上行社会比较。

研究者（Cheung & Lucas，2016）提出，相比于收入公平的环境，在收入不公平的环境中，相对收入对幸福感具有更大的影响。研究者获取了美国疾病控制与预防中心进行的年度电话调查——行为风险因素监控系统——的数据。该调查追踪了美国 50 个州的居民的健康信息。尽管该调查始于 1986 年，但在 2005 年之前未收集关于生活满意度的数据。因此，研究者截取了 2005 年至 2010 年的数据。总共有 1751843 名被试参与了调查，其中 61％ 为女性。被试的年龄从 18 岁至 99 岁，平均年龄为 53.7 岁。91.2％ 的被试为高中毕业生，36.1％ 的被试为大学毕业生。56.6％ 的被试已婚，48％ 的被试拥有工作。白人所占比例为 79.9％，非裔所占比例为 7.9％，拉丁裔所占比例为 1.7％，亚裔所占比例为 0.2％，夏威夷或其他太平洋岛屿土著居民所占比例为 1.1％，还有 1.8％的被试选择了"不确定"这一选项，剩下的被试选择了"其他"。

接受调查的被试需要表明对自己的生活有多满意，并报告自己的家庭收入、性别、婚姻状态、受教育程度、种族、工作状态、年龄、家庭中的孩子数量、家庭中的成人数量等信息。被试所在地区的收入数据源于由美国人口普查局进行的调查结果。被试所在地区的收入不公平程度由基尼系数反映，该系数的范围从 0 到 1，数值越大，表明收入不公平程度越高。另外，研究者还收集了被试所在地区的房价、人口、地区规模等数据。

研究者发现，家庭收入会影响生活满意度，随着家庭收入的增加，人们对自己生活的满意度也在提高。这一结果符合幸福感的绝对收入假说。在控制了家庭收入的影响之后，地区收入与生活满意度之间呈负相关关系。相比于生活在较为富裕地区的民众，生活在不那么富裕地区的民众体验到更高的生活满意度。这一结果为幸福感的相对收入的参照群体假说提供了证据。

收入不公平的程度是否会影响相对收入效应的强度？研究者发现，在基尼系数较高的地区，也就是收入不公平程度较高的地区，地区收入对人们的生活满意度有明显的影响。但是，在基尼系数较低的地区，也就是收入不公平程度较低的地区，地区收入对人们的生活满意度几乎没有影响。换言之，相对收入效应在收入较不公平的地区更为明显，而在收入较公平的地区不太明显。

可见，相对收入假说的成立需要一定的前提条件，这一效应在收入不公平程度较高的地方更为明显。该结果也能解释为什么一些研究证实了相对收入假说，而另一些研究没能证实。这些研究的被试可能来自不同地区，前者被试更可能来自收入较不公平的地区，而后者被试更可能来自收入较公平的地区。

9.4　中国民众的绝对收入与相对收入

至此，我们介绍了不少国外的研究，它们表明，绝对收入和相对收入都会影响人们的幸福感，随着绝对收入和相对收入的增加，人们的幸福感不断提升。作为一个发展中国家，中国的社会状况在很多方面与西方国家有所差异。那么，在中国社会中，人们的幸福感是否受绝对收入和相对收入的影响？如果两者都影响幸福感，何者的影响更大？

为了回答这些问题，王俊秀（2014）考察了绝对收入、相对收入与生活满意度之间的关系。其课题组委托国家统计局社情民意调查中心于 2011 年在 31 个省、市、自治区的 155 个各级城市和地区进行了电话调查，调查对象为 18～75 岁的居民，共获得 51100 份有效问卷。样本涵盖 30971 个城镇样本、20129 个农村样本。

被试需要报告自己对生活的总体满意度。如果被试来自城市，绝对收入以他的家庭月收入体现，相对收入以他的家庭月收入与全国城市居民收入平均数的差、与全省城市居民收入平均数的差、与全市城市居民收入平均数的差体现。如果被试来自农村，绝对收入以他的家庭年收入体现，相对收入以他的家庭年收入与全国农村居民收入平均数的差、与全省农村居民收入平均数的差、与全市农村居民收入平均数的差体现。此外，调查者还记录了被试的性别，年龄，受教育程度，地区经济指标，年人均消费支出，心理体验（平时体验到疲倦、烦躁、焦虑、紧张等负性情绪的频率），未来信心（对未来生活的信心程度），评价倾向（对交通、安全、食品、行政效率、教育、医疗、生态、社会保障、社会服务等方面的总体评价）等数据。

研究者发现，在中国城市，幸福感的绝对收入假说成立，绝对收入越高，人们对生活感到越满意。但是，绝对收入对生活满意度的影响较小。幸福感的相对收入假说也成立，相对收入同样作用于人们的生活满意度。城市居民经常与本市居民进行收入的社会比较，如果自己的收入高于本市居民的平均收入，人们则对自己的生活较为满意。但是，相对收入对生活满意度的影响也很小。此外，男性的生活满意度低于女性；61～75岁的城市居民比其他年龄段的城市居民对生活更加满意；受教育程度为研究生的城市居民对生活最为满意；人们越频繁地体验到负性情绪，对生活越不满意；人们对未来越有信心，对生活越满意；人们对交通、安全等方面的评价越高，对生活越满意。

在中国农村，绝对收入对生活满意度有显著的影响，而相对收入对生活满意度不存在预测作用。此外，男性的生活满意度低于女性；61～75岁的农村居民比其他年龄段的农村居民对生活更加满意；受教育程度对生活满意度的影响较小；人们越频繁地体验到负性情绪，对生活越不满意；人们对未来越有信心，对生活越满意；人们对交通、安全等方面的评价越高，对生活越满意。

该研究说明，在中国社会，随着绝对收入的增加，人们对生活的满意度有所提高，但是，绝对收入对生活满意度的影响不大。此外，随着相对收入的增加，人们对生活的满意度也会提高，城市居民的生活满意度比农村居民的生活满意度更多地受相对收入的影响。但是，总体而言，相对收入对生活满意度的影响也比较小。那么，究竟是绝对收入还是相对收入对生活满意度的影响更大？在中国社会，总体而言，两者的影响力相当。

9.5　民众幸福感与社会福祉

通过这一章的介绍，我们不难发现，社会比较的确在诸多影响幸福感的因素之中占有一席之地。但是，社会比较的作用究竟有多大，目前的研究还没有得出被广为认可的结论。可见，研究幸福感绝非易事，主要的困难来自三个方面。

第一，是对幸福的定义。尽管"幸福"一词随处可见，但被问及幸福究竟是什么时，很多人会陷入沉思。周国平在《幸福的悖论》一文中写道：

> 把幸福作为研究课题是一件冒险的事。"幸福"一词的意义过于含混，几乎所有人都把自己向往而不可得的境界称作"幸福"，但不同的人所向往的境界又是多么不同。哲学家们提出过种种幸福论，可以担保的是，没有一种能够为多数人所接受。至于形形色色所谓幸福的"秘诀"，如果不是江湖偏方，也至多是一些老生常谈罢了。
>
> 幸福是一种太不确定的东西。一般人把愿望的实现视为幸福，可是，一旦愿望实现了，就真感到幸福么？萨特一生可谓功成愿遂，常人最企望的两件事，爱情的美满和事业的成功，他几乎都毫无瑕疵地得到了，但他在垂暮之年却说："生活给了我想要的东西，同时它又让我认识到这没多大意思。不过你有什么办法？"

的确如此，幸福的内涵过于宽泛。无论是在生活中还是在学术上，人们都很难对幸福下一个明确且完整的定义。正如我们在前文所提到的，很多研究者用生活满意度来反映幸福感。显然，生活满意度反映的仅仅是幸福感的一个方面，它无法体现幸福感的所有内涵。所幸研究者也渐渐意识到了这一点，他们开始关注幸福感的其他方面，如情绪体验等。情绪体验和生活满意度具有很好的互补性，前者反映了幸福感的情绪维度，后者则反映了幸福感的认知维度。

但是，仅仅用情绪体验和生活满意度就能完整地反映幸福感吗？可能未必。这就需要研究者进一步探讨幸福的实质。

　　第二，是对幸福的测量。目前的绝大多数研究都采用自我报告法测量幸福感，被试需要自己评价自己的幸福感。但是，自我报告法有诸多局限。人们是否能够清晰地觉察到自己的幸福感？即使可以，人们是否会如实报告自己的幸福感？是否会虚报？是否会瞒报？在其他一些领域，研究者使用他评法弥补自我报告法的不足。例如，在组织管理领域，研究者要求员工的上级、同事评价员工的工作行为。但是，他评法是否适用于测量幸福感仍然存疑。毕竟，幸福关乎个人的体验，人们很难准确地评判别人是否感到幸福。

　　另外，幸福感取决于众多因素，如被试在自我报告的当下所处的环境，环境因素很有可能扭曲被试对幸福的感知。举个例子，某人在一个酷热的日子里对自己的幸福感进行评价，也许他的实际幸福感水平较高，但是自评的那一刻由于天气炎热，他感到心情烦躁，从而在评价时打了较低的分数。因此，在对幸福感的测量中，研究者需要将环境因素考虑在内。另外，在测量生活满意度时，很多研究者仅使用单一条目，如"总体而言，你对你的生活是否满意？"单一条目在心理测量学上存在一定的局限，它的信效度往往难以得到保证。因此，研究者亟须开发更为适用的测量工具。

　　第三，在探讨相对收入假说时，研究者面临的难点在于如何选取相对收入的指标。人们究竟会与谁进行比较？社会比较理论的一个基本观点是人们会选取与自己相似的人进行比较。此外，根据社会比较的局部主导效应（见第 2 章），人们倾向于与小群体中的他人进行比较。从这一角度来看，选取一个省或一个市的平均收入作为相对收入的指标有欠妥当，毕竟一个省或一个市的人口众多，人们无法确切地了解一个省或一个市所有居民的平均收入，也不会经常与这些人进行社会比较。人们更有可能与邻居比财富、与同事比收入。研究者不妨尝试选择更局部的他人，用被试的邻居或同事的平均工资作为相对收入的指标，或者用被试在邻居或同事中的收入排名作为相对收入的指标。

现在，让我们再回到本章的主题：社会比较究竟在多大程度上影响人们的幸福感？绝对收入和相对收入哪个影响大？事实上，这是非常复杂的问题，很难一言以蔽之。尽管经济学家、心理学家、社会学家已对其进行了很长时间的探讨，但仍未得出一个被广为认同的结论。有研究者（Kahneman & Deaton，2010）指出："没有哪一篇文章可以明确地解决这一复杂的问题。"因此，这一问题还需要未来的研究进行更深入的探讨。

我们在本章中讨论了个体幸福感，但是个体幸福感并不能简单地等同于社会福祉，毕竟个体幸福感可能与个体的经历有关。要探讨社会福祉与政府工作，必须考虑整体幸福感。我们需要把整体幸福感作为政府管理和社会治理的决策依据。

本章总结

幸福的源泉是什么？金钱可以买到幸福吗？幸福感的绝对收入假说提出，金钱能买到幸福，随着收入水平的提高，人们的幸福感也相应提升。然而，这一假说受到了强有力的挑战。根据"幸福悖论"，无论在全世界哪个国家，人们体验到的幸福感与他们的绝对收入水平之间的关系都微乎其微。为什么金钱难买到幸福？

人们具有多层次的需求，有些需求是可以通过金钱得到满足的，如基本的生理需求和安全需求。但是，即使家财万贯，也未必能满足更高层次的心理需求。可见，金钱不是万能的。由于金钱未必能满足人们的心理需求，因此它很难直接转换为幸福感。

也有学者认为，有些时候金钱能买到幸福。金钱的绝对数量与幸福感之间的关联不大，真正能提升幸福感的是金钱的相对数量，也就是相对于他人而言收入的高低。当收入高于他人时，人们体验到幸福；当收入低于他人时，人们则感到不满。这是幸福感的相对收入假说。

社会治理启示

企业管理者若想提高员工的幸福感，给所有员工统一加薪无法达到目标，更好的做法是提高员工对自己薪酬排名的知觉。

第 10 章

助推明智的决策

了解关于比较的知识仅仅是改变的第一步。我们不应止步于认识比较的各种负面结果，更应该借助它的特性让生活变得更加美好。要充分利用社会比较改善生活，我们可以借助"助推"的思想，在非强制的基础上引导社会和民众做出改变。"助推"已经在不同领域得到了有力的实践。通过"助推"策略，在不知不觉之中，人们捐赠器官的可能性提升了，购买垃圾食品的频率降低了。社会比较同样可以作为"助推"的载体。本章将讲述"助推"思想发展与实践的历程，以及如何运用社会比较助推人们做出明智的决策。

此前，我们介绍了很多由比较导致的负面结果。例如，人们忍不住要与他人进行比较，比输了自然不快乐，对自我的评价相应降低，甚至觉得自己一无是处，并妒忌与仇视胜利者。比赢了当然让人高兴，但是这种高兴似乎持续不了多久，因为人们也许生怕将来有一天被此刻的输家超越，从而从高处坠落"凡间"。即使不存在被超越的可能，胜利者也会体验到不愉快的情绪——蔑视。甚至有研究者提出，无论比较的结果是赢是输，比较本身就是一件费神费事的事情，它会消耗人们的认知资源，让人们倍感疲惫，从而导致不愉悦。

如此看来，比较似乎有百害而无一利。但我们应该仅仅止步于这种表象吗？我们了解比较的作用，并非为了让自己陷入比较的困境。恰恰相反，我们需要通过把握比较的特性走出比较的困境，甚至利用比较的特点让自己与他人做出明智的决策。

先让我们暂时撇开比较，来看看心理学的研究结果尤其是判断与决策（judgment and decision making）领域的研究结果如何越来越受到政府和其他管理者的重视。自进入 21 世纪第二个十年以来，英国、美国、荷兰等国均已成立或筹备成立隶属于政府的行为科学团队，其目的是将判断与决策领域的研究结果转换成实际的政府决策，从而帮助政府制定更好的政策。

接下来，让我们通过一个案例直观地感受如何在现实生活中利用判断与决策领域的研究结果。

案例

阿姆斯特丹史基浦机场的男性公共卫生间设计

男性公共卫生间的清洁问题让保洁员头疼。便池周围总有飞溅出的尿液，这不仅让公共卫生间看上去一片狼藉，也大大增加了保洁员的工作量。如何解决这一问题？全世界的管理者都伤透了脑筋。

于是，我们便在中国的男性公共卫生间里见到了五花八门的标语。有些标语言辞隐晦，如"前进一小步，文明一大步""贴近文明，靠近方便""往前一步"；有些标语则尽显幽默，如"请高抬贵手""注意压水花"。这些标语或多或少地起到作用。但是，也有不少男性表示自己对这些标语视而不见，甚至被这些标语引发了逆反心理。那么，有没有更"委婉"但却有效的方法？

阿姆斯特丹史基浦机场进行了一次开创性的尝试，设计者在男性公共卫生间的每个便池里贴上一张印有苍蝇图案的贴纸，这一看似简单的设计竟然成功减少了 80% 的尿液外溢量。这一设计成效显著，很多国家纷纷效仿，为便池贴上苍蝇贴，从而取代了"前进一小步，文明一大步"式的标语。

　　小小的苍蝇贴为何作用巨大？因为它充分利用了人们喜欢瞄准目标的心理。一旦拥有目标，人们就会将注意力集中在目标上，并为达成目标付出努力。而小小的"苍蝇"给如厕者提供了一个目标，让他们在如厕过程中有焦点可以瞄准。相比于单纯地宣传"前进一小步，文明一大步"而没有给人们设置目标，画出"靶心"这种方式有效得多。苍蝇贴的设计思想反映了时下判断与决策领域中的"助推"理念。

　　在上述案例中我们看到，心理学的研究结果可以帮助政策制定者制定更合适的政策，也可以帮助产品设计者设计更合理的产品，从而推动人们做出最佳选择。研究者把这种思想叫作助推。本章将先介绍助推的理念与经典案例，再分析政府和管理者应该如何利用社会比较提升人们的幸福感，并帮助人们养成良好的习惯。

10.1　助推

10.1.1　助推的理念：自由主义的温和专制主义

　　为了促进人们做出更好的选择，塞勒和桑斯坦（Thaler & Sunstein，2008）在其著作《助推：如何做出有关健康、财富与幸福的最佳决策》中提出了助推的思想。该书被 2002 年的诺贝尔经济学奖得主卡尼曼誉为"迄今为止行为经济学领域最重要的作品"。助推一词的字面意义是用手肘轻推他人，从而提醒他人或引起他人注意。塞勒和桑斯坦所说的助推指的是在管理者不禁止任何选项、不显著改变经济诱因的情况下，通过改变选择架构使人们的选择行为发生预期改变，从而做出更好的决策。

　　管理者的管理理念往往分成两种：自由主义与温和专制主义。推崇自由主义的人认为，人们有能力并且有权利自由地做出选择，管理者不可过度干预人们的决策，让他们做自己不想做的事情。如

果人们喜欢吃垃圾食品而不爱吃健康食物，管理者就不能强制这些
人选择健康食物并剥夺他们享用垃圾食品的权利。等这些人的健康
出现危机时，他们自然需要为自己错误的行为买单。这一理念强调
的是人们的自主性与自觉性。而推崇温和专制主义的人则认为，管
理者理应影响或改变人们的行为，使他们活得更加健康、更加幸福。
对于那些爱吃垃圾食品的人，管理者不能视而不见，为了他们的健
康，政府必须采取行动，如对出售或食用垃圾食品的人进行罚款。
当然，相比于专制主义，采用温和专制主义的管理者会尽可能地放
松对人们的管制，从而在一定程度上保证人们自由选择的权利。

　　塞勒和桑斯坦认为，自由主义与温和专制主义都有局限，管理
者应该采用自由主义的温和专制主义。自由主义的温和专制主义指
的是管理者有义务确保人们的自由，同时也有义务帮助人们做出良
好的决策。如何才能达到此目的？放任自流无法推动最优选择，命
令或强推则无法保证决策者的自由，而助推能两者兼顾。相比于命
令或强推，助推比较委婉，它既不会妨碍人们选择的自由，又不会
增加决策者的负担，可以说是一种"润物细无声"的方式。让我们仍
以吃垃圾食品为例，持有助推思想的管理者不会禁止人们食用垃圾
食品，也不会放任人们食用。他们可能会调整垃圾食品如薯片在超
市货架摆放的位置，将它放到顶层或底层的货架上，让人们无法轻
易地拿到薯片。若要购买薯片，人们必须踮起脚或弯腰蹲下才能拿
到。由于惰性，很多人不愿踮起脚或弯腰蹲下，由此能有效减少薯
片购买量。

　　研究者与实践者进行了大量的助推研究与实践。在 2017 年的
美国判断与决策学会年度学术会议上，为祝贺塞勒获得诺贝尔经
济学奖并宣传助推的思想，组织者推出了以助推为主题的学术报
告专场。接下来，我们将介绍关于助推的经典案例。

10.1.2　助推器官捐献

　　助推的经典案例来自约翰逊和戈德斯坦（Johnson & Goldstein，2003）的一项关于器官捐献的研究。从 1995 年开始到此研究发表之前，美国有超过 45000 名病人在等待器官捐献的过程中死亡。美国人对器官捐献持有怎样的态度？有调查显示，85％的美国人赞成器官捐献，但是真正决定要捐献器官的人不到半数，最终签署捐献协议的人所占比例不足 28％。德国和西班牙的情况也极为相似。这一现象令政府大为头疼：一方面，病人对器官捐献的需求日益增长；另一方面，器官捐献率却维持在较低水平。如何鼓励更多民众捐献器官成了摆在各国政府面前的一道难题。

　　要解决这道难题，人们先得探究哪些因素能有效促使人们成为器官捐献者。在欧盟的不同国家中，器官捐献同意率显现出天壤之别（见图 10-1）。在丹麦、荷兰、英国和德国，器官捐献同意率相当低；其中荷兰的同意率最高，也不过 27.50％；英国和德国的同意率都在 10％至 20％之间；丹麦的同意率最低，仅为 4.25％。但是，在奥地利、比利时、法国、匈牙利、波兰、葡萄牙和瑞典，器官捐献同意率却高得惊人；其中瑞典的同意率最低，但也达到了 85.90％；其他国家的同意率均超过了 98％（比利时为 98％），其中奥地利的同

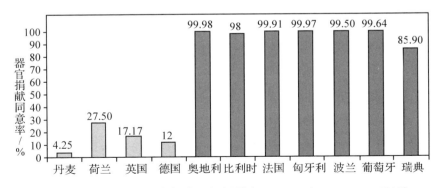

图 10-1　欧盟国家的器官捐献同意率（引自 Johnson & Goldstein，2003）

意率高达 99.98％。这究竟是怎么回事？

这是发生在某一年中的偶然现象吗？不是，在很长一段时间内，研究者都观察到了这种戏剧性的差异。那么，地理环境和气候环境能解释上述差异吗？要知道，丹麦和瑞典在地理位置上紧挨着，荷兰和比利时也是相邻国家，地理环境和气候环境的解释很难令人信服。是因为这两类国家的民众在道德水平上有显著区别吗？这些国家的器官捐献同意率与其他能反映道德水平的指标无明显关联，因此，道德水平也无法有效解释上述差异。是因为某些国家的器官移植水平较低，很难确保移植成功，因而民众不愿意捐献吗？研究者发现，当把移植技术、医学设施、经济情况和民众受教育水平都纳入考虑范围之后，器官捐献同意率的差异仍稳定存在（Abadie & Gay，2006）。那么，原因究竟是什么？

原来，关于器官捐献，欧盟国家存在两种政策。第一种政策默认每位公民都不需要捐献器官，如果人们愿意捐献，则需要签署一份协议。这是一种选择加入（opt-in）的政策，丹麦、荷兰、英国和德国实行的就是该政策。第二种政策则默认每位公民都需要捐献器官，如果人们不愿意捐献，则需要签署一份协议。这是一种选择退出（opt-out）的政策，奥地利、比利时、法国、匈牙利、波兰、葡萄牙和瑞典实行的就是该政策。当了解了两种政策之后，人们若有所悟：器官捐献同意率的惊人差异很有可能源于不同的政策！

事实真的如此吗？为进一步探究选择加入和选择退出的政策对器官捐献同意率的影响，研究者招募来一批美国被试，要求被试想象自己刚搬去美国的另一个州。在选择加入的条件中，被试得知该州默认所有居民都不需要捐献器官；在选择退出的条件中，被试得知该州默认所有居民都需要捐献器官。最后还有一个控制组，该组被试没有得到关于默认政策的信息。接下来，所有被试都需要决定自己是否同意成为一名器官捐献者。研究者发现，在控制组，有

79％的被试同意成为器官捐献者；在选择退出组，该比例为 82％。有意思的是，在选择加入组，只有 42％的被试同意成为器官捐献者。由此可见，不同的默认政策果真会对人们的决策产生巨大的影响！

这一效应叫作默认效应（default effect），它是指政策制定者或产品设计者设定的默认选项会影响人们的选择，人们倾向于维持默认选项而不做出改变。研究者在节能选择、互联网隐私设置、保险选择等领域都发现了默认效应。例如，德国马克斯-普朗克研究所人员（Pichert & Katsikopoulos，2008）在德国小镇舍瑙的观察显示，当政策默认居民使用非绿色能源时，小镇居民就倾向于使用非绿色能源；而当政策默认居民使用绿色能源时，小镇居民就倾向于使用绿色能源。

有研究（Dinner，Johnson，Goldstein，& Liu，2011）发现，如果告诉消费者当地政府默认居民使用白炽灯，那么消费者就倾向于购买白炽灯；如果告诉消费者当地政府默认居民使用节能灯，那么消费者就倾向于购买节能灯。此外，有研究（Johnson，Hershey，Meszaros，& Kunreuther，1993）发现，美国的消费者在购买汽车保险时有两种选择：若选择第一种车险，消费者具有完全起诉权，但这种车险比较昂贵；若选择第二种车险，消费者只具有部分起诉权，但这种车险比较便宜。宾夕法尼亚州默认消费者购买第一种车险，该州 75％的消费者购买了该保险。而相邻的新泽西州则默认消费者购买第二种车险，该州 80％的消费者购买了该保险。

2007 年，某社交网站推出了一项新政策，默认所有用户都在自己的主页上显示自身的消费情况。用户可以选择不显示，但需要进行额外的设置。结果，默认效应导致许多用户保留了默认选项，以至于把自己的消费情况都展现给了朋友，这引发了用户的强烈不满。最终用户与企业两败俱伤，他们的利益都面临损失（Goldstein，Johnson，Herrmann，& Heitmann，2008）。

为何会出现默认效应？第一个原因是人们认为政策制定者或产品设计者设定默认选项是有原因的，默认选项多半要优于非默认选项。也就是说，人们推测政策制定者或产品设计者推荐大家采用默认选项，因而接受推荐选择的默认选项。第二个原因是人们因为惰性不愿付出努力。选择非默认选项或多或少地需要投入额外的精力或时间。以器官捐献为例，如欲选择非默认选项，人们需要打电话或发邮件给负责部门，并签署协议。这些烦琐的手续让人不愿去办理。第三个原因是损失厌恶。在选择时，人们需要权衡默认选项和非默认选项的优势和劣势。由于默认选项是当下的既定状态，因而人们将它作为比较的基础，并把非默认选项与它进行对比，将非默认选项的优势视作改变带来的获益，而将非默认选项的劣势视作改变带来的损失。由于损失厌恶，人们在心理层面会放大客观损失而忽略客观获益，因此认为非默认选项不占优势。

由此可见，默认选项会影响人们的选择。当面对器官捐献难题一筹莫展的政府明白默认效应后，他们采取了行动。很多政府将同意捐献器官设置成了默认政策，这一设置极大地改善了器官捐献的窘境，显著提高了人们对捐献器官的同意率，这可谓是一项成功的助推活动。

10.1.3　助推健康饮食

接下来，让我们再来看看如何助推人们的健康进食行为。在《助推：如何做出有关健康、财富与幸福的最佳决策》一书中，作者介绍了一项关于番茄汤的研究。研究者要求被试围坐在一大锅番茄汤周围，他们的任务是尽全力把汤喝完。被试不知道的是，这口锅被做了手脚，它被安装上了一个特殊的装置，能够自动将汤加满。因此，不管被试喝多少，锅里的番茄汤永远不会被喝完。被试只顾着喝汤，丝毫没有注意到自己已经喝了很多。最终，研究者出于伦理考虑终止了研究。

人们在进食时很难或很少判断他们实际吃了多少，他们会参照一些边缘线索进行判断，如吃了一盒薯条、喝了一罐饮料，至于一盒薯条或一罐饮料的实际容量是多少，人们毫不敏感。因此，要促进人们的健康进食行为，只需换上小一号的餐具，或者将食物分成小份并对其进行包装。

同样的道理，为推动消费者的健康饮食，自助餐厅应该使用较小的盘子。此外，餐厅还应该把高能量的食物（如甜点）放在顾客难以够到或比较隐蔽的位置，而把健康的食物放在顾客容易够到或显眼的位置。

其实，要少吃高能量食物的道理绝大多数消费者都懂，但消费者不是食品专家，缺乏关于食物能量的知识，几乎无法准确地说出哪种食物究竟含有多少能量。在这种情况下，"少吃高能量食物"便沦为一句口号。如何真正地帮助人们避免食用高能量食物呢？林（Lim）及其合作者提出，标注卡路里能助推人们对健康食物的选择。

研究者给被试呈现 60 张食物的图片，其中 30 张图片显示的是健康的食物，如蔬菜，另外 30 张图片显示的是不健康的食物，如甜点。被试逐一观看这 60 张图片，并对每张图片中的食物进行"吃"或"不吃"的选择。在一种条件中，图片中不显示食物的卡路里信息，而在另一种条件中，图片中显示食物的卡路里信息。研究结果显示，对于健康的食物，是否标注卡路里信息不影响被试的食用决定；对于不健康的食物，在标注卡路里信息时，被试倾向于不食用，而在不标注卡路里信息时，被试更可能倾向于食用。可见，明确地标注食物的卡路里信息能有效帮助消费者做出更健康的饮食决定。

10.2　利用比较进行助推

10.2.1　助推幸福感

我们已经见识了助推的力量，那么，如何利用比较进行有效的助推？让我们回到社会比较理论的基本观点：很多时候，上行社会比较让人认识到差距，从而为自己设定前进的目标，而下行社会比较则让人拥有良好的自我感觉和情绪体验。虽然不断超越自己与他人能促使人类进步，但在很多情况中，相比于超越他人，拥有良好的情绪体验更为重要。这时，人们就需要避免上行社会比较而进行下行社会比较。

现在，让我们把目光聚焦在乘坐飞机这件事上。乘坐过飞机的人都知道，通常情况下，商务舱的乘客先从飞机前部的舱门登机，等他们全部落座后，经济舱的乘客再从相同的舱门登机，经由商务舱进入经济舱并找到自己的座位落座。这种登机流程与形式在全世界沿用了很多年，大家对此已习以为常，它似乎没有任何不妥之处。

果真如此吗？请你回想一次你搭乘飞机在经济舱进行十小时以上长途旅行的经历。在登机之前，甚至在飞行的前一晚，你就开始焦虑，这漫长的旅程是何等煎熬！尤其是你那一双无处安放的腿。

如果坐在靠近过道的位置，情况将稍稍好一些，你至少可以将一只脚伸到过道上放松下。然而，坐在这一位置上意味着里边的乘客去洗手间时你得起身让道。如果坐在靠窗的位置，你的活动空间将被大大限制。因为不想麻烦外边的乘客，或者不忍将外边的乘客从睡梦中拍醒，除非万不得已，你不想起身挪动一步。

还没登机，你就焦虑不已。而一上飞机，映入眼帘的是商务舱。在小包间里，乘客换上睡衣，舒舒服服地平躺在座位上。要是想休息，乘客大可以一觉睡到目的地。然而，这一切都不属于你。你放缓脚步，想留恋一会儿商务舱的风景。但是，身后乘客一句高声的"快往前走"将你从美梦中唤醒到现实。你疾步来到经济舱，在经过与商务舱的对比之后，经济舱的景象似乎比你登机之前的设想来得更加糟糕。就这样，情绪低落的你开始了这趟飞行。

显然，经济舱的乘客在进行比较之后对经济舱大为不满。那么，商务舱的乘客对商务舱满意吗？幸福往往是对比出来的，没有对比，人们就会陷入身在福中不知福的境地。也许这些乘客经常乘坐商务舱，对这里的一切已经习以为常。他们忘却了经济舱的情形，体会不到商务舱的优势，甚至会抱怨商务舱的设施不够先进、服务不够贴心。由此看来，商务舱的乘客也不幸福。

问题出在了哪儿？原来是社会比较的方向搞错了！在机舱这一环境中，商务舱无疑处于优势地位，而经济舱则处于劣势地位。此外，在此环境中，人们很少考虑如何实质性地提升自己的状况，而更希望自己拥有良好的体验。为了拥有良好的体验，经济舱的乘客要尽力避免进行上行社会比较。对他们而言，没有比较就没有伤害，不跟商务舱进行对比，经济舱的条件还能接受。而商务舱的乘客则要想办法进行下行社会比较，有了对比方显商务舱的优势。

如何才能让乘客进行有利于自身情绪与体验的社会比较呢？航空公司需要对此做一番思考。例如，在保证飞行安全的前提下，能否让乘客从飞机中部的舱门登机？如此一来，经济舱的乘客看不到商务舱的情况，避免了上行社会比较，而商务舱的乘客必须经由经济舱到达商务舱，在享受商务舱的高级服务之前，他们先看到了经济舱的情况，这种下行社会比较充分凸显了商务舱的优势。仅仅通过改变登机的舱门，就可轻而易举地提高经济舱和商务舱乘客的幸福感。这种助推幸福感的方式，航空公司不妨一试。

10.2.2 助推良好的习惯

利用比较，我们除了能助推幸福感，还能助推良好的习惯，如勤洗手、节能环保和垃圾分类。

对所有人而言，勤洗手都是一种有利于身体健康的生活方式。有些职业更需要时刻保持手部清洁，如护士、厨师、幼儿园教师等。但是，洗手的好处需要在一定的时间间隔之后才能显现，而洗手的坏处（如麻烦）则显而易见。因此，很多人虽然深知洗手的好处，却抱着侥幸心理，少洗一次算一次。而对于需要时刻保持手部清洁的职业来说，这种习惯是必须保持的。因此，如何推动人们养成勤洗手的好习惯成了一个颇费脑筋的问题。

目前，人们是如何解决这一问题的？贴标语是最常见的方法之一。于是，我们在公共卫生间里看到了"勤洗手，讲卫生，大家保健康"的标语，在医院看到了"医者常洗手，救人是圣手"的标语，在餐厅后厨看到了"我们多洗一次手，客人少吃一回药"的标语。这些标语的效果如何？它们在一定程度上起到了督促作用。

除了贴标语，还有更好的方式吗？很多医院在走廊上每隔几米就放置有免洗洗手液，这一举措和宣传标语相得益彰。宣传标语让人们具有洗手的意识，而随处可见的洗手液则令勤洗手变得便捷。但是，据相关报道，医院走廊上的洗手液的使用率并不高，很多医护人员和患者对洗手液视而不见。

其实，无论是贴标语还是在走廊上提供洗手液，这些举措都着眼于洗手本身，试图让人们爱上洗手。但是，通过前文的分析我们知道，要让人们爱上洗手可不容易，毕竟人们嫌麻烦。那么，在助推洗手行为时，我们能否转变思路，将目光着眼于洗手液而非洗手本身？也就是说，既然让人们爱上洗手很难，不妨让他们爱上洗手液。一旦人们爱上洗手液，勤洗手就水到渠成了。

说完洗手，让我们再来看看节能环保。节能环保利国利民，近年来，我国节能工作取得了良好的成效。我国积极落实《联合国气候变化框架公约》《巴黎协定》和《蒙特利尔议定书》，积极推进《"一带一路"绿色高效制冷行动倡议》，提高能效、减少温室气体排放。"十三五"以来，全国能耗强度累计下降 11.35％。2019 年 6 月，全国节能宣传周启动仪式在浙江杭州举行。在启动仪式上，《绿色高效制冷行动方案》发布，希望到 2022 年，家用空调等制冷产品的市场能效水平提升 30％以上，到 2030 年，绿色高效制冷产品市场占有率提高40％以上。

如何利用比较助推节能环保行为？要回答这一问题，让我们先来看看阻碍人们进行节能环保的原因有哪些。很多人都知道节能环保是好事，但是，"节能环保"四个字对他们而言太过抽象。自己的生活能耗究竟是高是低？节能环保的具体做法有哪些？对于这些具体问题的答案，人们常常是不清楚的。因此，助推活动的两大要素是：第一，让人们对自己的生活能耗有直观的感受；第二，告诉人们节能环保的具体做法。

以用电量为例，仅仅告诉人们每月的用电量是远远不够的，因为多少度电仍然是一个抽象的概念，很多人缺乏这方面的专业知识，很难对此有准确的判断。而社会比较则能提供一个比较基准。列如，在电费账单上显示用户所在社区的居民平均耗电量为多少、用户本月的耗电量为多少。有了社会比较，人们才能对自己的耗电量有直观的体会，节能动机才能被充分唤醒。此外，趁着节能动机被充分唤醒的契机，电力公司需要在电费账单上写明简单易行的节电手段，让人们能立即将动机转化为行动。例如，外出时关闭路由器、不使用电视机时关闭电视机等。相信这些举措能有效助推节能环保行为。

类似的思路也可用于助推垃圾分类行为。2018 年下半年，垃圾分类教育与宣传在上海全面开始。据上海市人民政府新闻办统计，截至 2019 年 6 月中旬，全市共举办培训 1.3 万余场，培训 126 万余人次。举办宣传活动 1.4 万余场，发放宣传资料 1500 余万份，完成入户宣传 680 余万户。全市主流媒体大力开展成系列、成专题的垃圾分类科普宣传，电视、广播持续播放垃圾分类的公益宣传片及公益广告。2019年7月1日，《上海市生活垃圾管理条例》正式实施。

在垃圾分类实行两个月后，上海市召开了生活垃圾分类工作推进会议。时任上海市委副书记、市长应勇指出，生活垃圾分类是习近平总书记十分关心的一项工作，也是总书记交给上海的一项任务，事关上海城市形象和可持续发展，势在必行，迫在眉睫。要在市委、市政府的领导下，持续用力、久久为功，聚焦瓶颈问题，解决难点、痛点，改变市民的理念、生活方式和习惯，坚决打赢垃圾分类的攻坚战、持久战，为上海推动高质量发展、创造高品质生活做出更大贡献。会议宣布了2019年度首批生活垃圾分类示范区、示范街镇和先进工作单位的名单。应勇指出，要进一步统一思想、提升站位，充分认识生活垃圾分类的重要性、紧迫性、艰巨性，着力破解源头减量、全程分类、末端资源化利用和无害化处置中的瓶颈问题，推动垃圾分类工作再上新台阶。

事实上，在促进垃圾分类的过程中，上海市政府既使用了禁止的手段，也使用了助推的手段。例如，对于垃圾不分类等违规行为零容忍、依法严格处罚就是一种禁止的手段，将垃圾分类的操作简单化、明了化以方便百姓理解（例如，在手机上推出垃圾分类查询程序）就是一种助推的手段。此外，管理者也可通过社会比较助推垃圾分类。例如，在各居民区张贴生活垃圾分类示范区的垃圾分类率和本居民区的垃圾分类率，当人们发现自己所在社区的垃圾分类率不及其他社区时，这种上行社会比较就可能激发人们超越他人的动机，从而推动垃圾分类。

总之，只要利用好选项比较和社会比较，政府或其他管理者就能轻松地助推人们养成良好的习惯，从而做出明智的决策。

本章总结

比较不是豺狼虎豹，尽管它会造成诸多负面影响，但是，把握并利用比较的特性能帮助管理者提高人们的幸福感，并促使人们做出明智的选择。

助推指的是在管理者不禁止任何选项、不显著改变经济诱因的情况下，通过改变选择架构使人们的选择行为发生预期改变，从而做出更好的决策。助推的理念属于自由主义的温和专制主义，即管理者既能确保人们的自由，又能帮助人们做出良好的决策。目前，研究者已发现了不少成功的助推方式。例如，通过改变默认选项提高器官捐献同意率，通过标注卡路里促使人们选择健康的食物，通过使用苍蝇贴解决男性公共卫生间卫生情况糟糕的问题。

管理者也可以利用比较助推人们的幸福感与良好习惯。例如，通过改变登机的舱门，让商务舱的乘客进行下行社会比较，同时避免经济舱的乘客进行上行社会比较，从而提升乘客的幸福感。又如，通过呈现人们自身较高的耗电量与他人较低的耗电量，促使人们进行上行社会比较，最终帮助人们节能减排。同样的思路也可用于垃圾分类，通过呈现人们自身较低的垃圾分类率与他人较高的垃圾分类率，引发上行社会比较，从而推动垃圾分类。

社会治理启示

管理者需要充分理解并把握比较的特性，并以此助推人们做出明智的决策。

当人们追求感觉好时，管理者应尽可能地为人们提供下行社会比较的机会，并避免人们进行上行社会比较。

当人们希望自己做得更好时，管理者应当为人们提供上行社会比较的机会，让人们看到自身的差距与前进的方向。

参考文献

冯春芳，刘爱莲 .（2014）.“幸福悖论”的道德反思 . 求实，5，40-43.

王俊秀 .（2014）. 社会比较、相对收入与生活满意度 . 社会学评论，2，41-52.

王晓田，陆静怡 .（2016）. 进化的智慧与决策的理性 . 上海：华东师范大学出版社 .

郑晓莹，彭泗清，彭璐珞 .（2015）.“达”则兼济天下？社会比较对亲社会行为的影响及心理机制 . 心理学报，47，243-250.

朱冬青 .（2012）. 求全还是知足？绝对和相对比较中的“最优”与“满意”（博士学位论文）. 北京：北京大学 .

Abadie，A. ，& Gay，S. (2006). The impact of presumed consent legislation on cadaveric organ donation：A cross-country study. *Journal of Health Economics*，25，599-620.

Albert，S. （1977）. Temporal comparison theory. *Psychological Review*，84，485-503.

Alicke，M. D. (1985). Global self-evaluation as determined by the desirability and controllability of trait adjectives. *Journal of Personality and Social Psychology*，49，1621-1630.

Ariely，D. (2008). *Predictably irrational*. New York：Harper Collins.

Arkes，H. R. ，Kung，Y. H. ，& Hutzel，L. （2002）. Regret，valuation，and inaction inertia. *Organizational Behavior and Human Decision Processes*，87，

371-385.

Bergsieker, H. B., Shelton, J. N., & Richeson, J. A. (2010). To be liked versus respected: Divergent goals in interracial interactions. *Journal of Personality and Social Psychology*, 99, 248-264.

Biswas-Diener, R., & Diener, E. (2001). Making the best of a bad situation: Satisfaction in the slums of Calcutta. *Social Indicators Research*, 55, 329-352.

Biswas-Diener, R., Vittersø, J., & Diener, E. (2005). Most people are pretty happy, but there is cultural variation: The Inughuit, the Amish, and the Maasai. *Journal of Happiness Studies*, 6, 205-226.

Blanchflower, D. G., & Oswald, A. J. (2004). Well-being over time in Britain and the USA. *Journal of Public Economics*, 88, 1359-1386.

Blanton, H., Buunk, B. P., Gibbons, F. X., & Kuyper, H. (1999). When better-than-others compare upward: Choice of comparison and comparative evaluation as independent predictors of academic performance. *Journal of Personality and Social Psychology*, 76, 420-430.

Bless, H., & Schwarz, N. (2010). Mental construal and the emergence of assimilation and contrast effects: The inclusion/exclusion model. In M. P. Zanna (Ed.), *Advances in Experimental Social Psychology* (Vol. 42, pp. 319-373). San Diego, CA: Elsevier Academic Press.

Boes, S., & Winkelmann, R. (2010). The effect of income on general life satisfaction and dissatisfaction. *Social Indicators Research*, 95, 111-128.

Boyce, C. J., Brown, G. D. A., & Moore, S. C. (2010). Money and happiness: Rank of income, not income, affects life satisfaction. *Psychological Science*, 21, 471-475.

Brewer, M. B. (1991). The social self: On being the same and different at the same time. *Personality and Social Psychology Bulletin*, 17, 475-482.

Brown, J. D. (1986). Evaluations of self and others: Self-enhancement biases in social judgments. *Social Cognition*, 4, 353-376.

Brown, J. D. (2012). Understanding the better than average effect: Motives (still) matter. *Personality and Social Psychology Bulletin*, 38, 209-219.

Buckingham, J. T., & Alicke, M. D. (2002). The influence of individual versus aggregate social comparison and the presence of others on self-evaluations. *Journal of Personality and Social Psychology*, 83, 1117-1130.

Buunk, B. P. (1995). Comparison direction and comparison dimension among disabled individuals: Towards a refined conceptualization of social comparison under stress. *Personality and Social Psychology Bulletin*, 21, 316-330.

Buunk, B. P. (2005). How do people respond to others with high levels of commitment or autonomy in their relationships? Effects of gender and social comparison orientation. *Journal of Social and Personal Relationships*, 22, 653-672.

Buunk, B. P., Ybema, J. F., Gibbons, F. X., & Ipenburg, M. L. (2001). The affective consequences of social comparison as related to professional burnout and social comparison orientation. *European Journal of Social Psychology*, 31, 337-351.

Buunk, B. P., Zurriaga, R., Gonzalez-Roma, V., & Subirats, M. (2003). Engaging in upward and downward comparisons as a determinant of relative deprivation at work: A longitudinal study. *Journal of Vocational Behavior*, 62, 370-388.

Buunk, B. P., Zurriaga, R., Peiró, J. M., Nauta, A., & Gosalvez, I. (2005). Social comparisons at work as related to a cooperative social climate and to individual differences in social comparison orientation. *Applied Psychology: An International Review*, 54, 61-80.

Cappelli, P., & Sherer, P. D. (1988). Satisfaction, market wages and labor relations: An airline study. *Industrial Relations*, 27, 56-73.

Carter, T. J., & Gilovich, T. (2010). The relative relativity of material and experiential purchases. *Journal of Personality and Social Psychology*, 98, 146-159.

Chan, H., & Cui, S. (2011). The contrasting effects of negative word of mouth in the post-consumption stage. *Journal of Consumer Psychology*, 21, 324-337.

Cheung, F., & Lucas, R. E. (2016). Income inequality is associated with stronger social comparison effect: The effect of relative income on life satisfaction. *Journal of Personality and Social Psychology*, 110, 332-341.

Clark, A. E., & Oswald, A. J. (1995). Satisfaction and comparison income. *Journal of Public Economics*, 61, 359-381.

Crusius, J., & Lange, J. (2014). What catches the envious eye? Attentional biases within malicious and benign envy. *Journal of Experimental Social Psychology*, 55, 1-11.

Crusius, J., & Mussweiler, T. (2012). When people want what others have: The impulsive side of envious desire. *Emotion*, 12, 142-153.

Cunha Jr., M., & Shulman, J. D. (2011). Assimilation and contrast in price evaluations. *Journal of Consumer Research*, 37, 822-835.

Damisch, L., Mussweiler, T., & Plessner, H. (2006). Olympic medals as fruits of comparison? Assimilation and contrast in sequential performance judgments. *Journal of Experimental Psychology: Applied*, 12, 166-178.

Deaton, A. (2008). Income, health, and well-being around the world: Evidence from the Gallup World Poll. *Journal of Economic Perspectives*, 22, 53-72.

Deaton, A., & Stone, A. A. (2013). Two happiness puzzles. *American Economic Review*, 103, 591-597.

Deri, S., & Zitek, E. M. (2017). Did you reject me for someone else? Rejections that are comparative feel worse. *Personality and Social Psychology Bulletin*, 43, 1675-1685.

Diener, E. (1984). Subjective well-being. *Psychological Bulletin*, 95, 542-575.

Diener, E., & Biswas-Diener, R. (2002). Will money increase subjective well-being? A literature review and guide to needed research. *Social Indicators Research*, 57, 119-169.

Diener, E., Ng, W., Harter, J., & Arora, R. (2010). Wealth and happiness across the world: Material prosperity predicts life evaluation, whereas psycho-social prosperity predicts positive feelings. *Journal of Personality and Social Psychology*, 99, 52-61.

Dinner, I., Johnson, E. J., Goldstein, D. G., & Liu, K. (2011). Partitioning default effects: Why people choose not to choose. *Journal of Experimental Psychology: Applied*, 17, 332-341.

Duffy, M. K., Scott, K. L., Shaw, J. D., Tepper, B. J., & Aquino, K. (2012). A social context model of envy and social undermining. *Academy of Management Journal*, 55, 643-666.

Dunbar, R. I. M. (1992). Neocortex size as a constraint on group size in primates. *Journal of Human Evolution*, 22, 469-493.

Dunbar, R. I. M. (1993). Coevolution of neocortical size, group size and language in humans. *Behavioral and Brain Sciences*, 16, 681-735.

Dunn, E. W., Aknin, L. B., & Norton, M. I. (2008). Spending money on others promotes happiness. *Science*, 319, 1687-1688.

Dunn, J., Ruedy, N. E., & Schweitzer, M. E. (2012). It hurts both ways: How social comparisons harm affective and cognitive trust. *Organizational Behavior and Human Decision Processes*, 117, 2-14.

Easterlin, R. A. (1974). Does economic growth improve the human lot? Some empirical evidence. In P. David & M. Reder(ed.) *Nations and households in economic growth* (pp. 89-125). New York: Academic Press.

Esguerra, M. C. D., Lucindo, P. A. A., Sarmiento, E. M. B., & Blancaflor, D. I. S. (2016). *Situational envy: The effect of photo, relationship, and situation on envy in the context of social media.* Paper presented at the 31th International Congress of Psychology, Yokohama, Japan.

Exline, J. J., & Lobel, M. (2001). Private gain, social strain: Do relationship factors shape responses to outperformance? *European Journal of Social Psychology*, 31, 593-607.

Exline, J. J., Single, P. B., Lobel, M., & Geyer, A. L. (2004). Glowing praise and the envious gaze: Social dilemmas surrounding the public recognition of achievement. *Basic and Applied Social Psychology*, 26, 119-130.

Exline, J. J., Zell, A. L., & Lobel, M. (2013). Sidestepping awkward encounters: Avoidance as a response to outperformance-related discomfort. *Journal of Applied Social Psychology*, 43, 706-720.

Fayant, M. P., Muller, D., Nurra, C., Alexopoulos, T., & Palluel-Germain, R. (2011). Moving forward is not only a metaphor: Approach and avoidance lead to self-evaluative assimilation and contrast. *Journal of Experimental Social Psychology*, 47, 241-245.

Festinger, L. (1954). A theory of social comparison processes. *Human Relations*, 7, 117-140.

Fiske, S. T. (2010). Envy up, scorn down: How comparison divides us. *American Psychologist*, 65, 698-706.

Fox, S., & Dayan, K. (2004). Framing and risky choice as influenced by comparison of one's achievements with others: The case of investment in the stock exchange. *Journal of Business and Psychology*, 18, 301-321.

Gao, Y. L., & Mattila, A. S. (2019). The social influence of other consumers on consumers' reward donations. *International Journal of Hospitality Management*, 77, 504-511.

Garcia, S. M., Song, H., & Tesser, A. (2010). Tainted recommendations: The social comparison bias. *Organizational Behavior and Human Decision Processes*, 113, 97-101.

Garcia, S. M., & Tor, A. (2009). The N-effect: More competitors, less competition. *Psychological Science*, 20, 871-877.

Garcia, S. M., Tor, A., & Gonzalez, R. (2006). Ranks and rivals: A theory of competition. *Personality and Social Psychology Bulletin*, 32, 970-982.

Gerrard, M., Gibbons, F., Lane, D., & Stock, M. (2005). Smoking cessation: Social comparison level predicts success for adult smokers. *Health Psychology*, 24, 623-629.

Gerrard, M. , Gibbons, F. X. , & Boney McCoy, S. (1993). Emotional inhibition of effective contraception. *Anxiety, Stress, & Coping*, 6, 73-88.

Gibbons, F. X. , & Buunk, B. P. (1999). Individual differences in social comparison: Development of a scale of social comparison orientation. *Journal of Personality and Social Psychology*, 76, 129-142.

Gibbons, F. X. , Gerrard, M. , Lando, H. A. , & McGovern, P. G. (1991). Social comparison and smoking cessation: The role of the "typical smoker". *Journal of Experimental Social Psychology*, 27, 239-258.

Gibbons, F. X. , Lane, D. J. , Gerrard, M. , Reis-Bergan, M. , Lautrup, C. L. , Pexa, N. , & Blanton, H. (2002). Comparison-level preferences after performance: Is downward comparison theory still useful? *Journal of Personality and Social Psychology*, 83, 865-880.

Gilbert, P. , Price, J. , & Allan, S. (1995). Social comparison, social attractiveness and evolution: How might they be related? *New Ideas in Psychology*, 13, 149-165.

Givi, J. , & Galak, J. (2019). Keeping the Joneses from getting ahead in the first place: Envy's influence on gift giving behavior. *Journal of Business Research*, 101, 375-388.

Goldstein, D. G. , Johnson, E. J. , Herrmann, A. , & Heitmann, M. (2008). Nudge your customers toward better choices. *Harvard Business Review*, 86, 99-105.

Goodwin, S. A. , Gubin, A. , Fiske, S. T. , & Yzerbyt, V. Y. (2000). Power can bias impression processes: Stereotyping subordinates by default and by design. *Group Processes & Intergroup Relations*, 3, 227-256.

Helson, H. (1964). *Adaptation-level theory*. New York, NY: Harper & Row.

Henagan, S. C. , & Bedeian, A. G. (2009). The perils of success in the workplace: Comparison target responses to coworkers' upward comparison threat. *Journal of Applied Social Psychology*, 39, 2438-2468.

Häfner, M. , & Schubert, T. W. (2009). Feel the difference! The influence of ease experiences on the direction of social comparisons. *Journal of Experimental Social Psychology*, 45, 291-294.

Hoorens, V., & Bruckmüller, S. (2015). Less is more? Think again! A cognitive fluency-based more-less asymmetry in comparative communication. *Journal of Personality and Social Psychology*, 109, 753-766.

Howell, R. T., & Howell, C. J. (2008). The relation of economic status to subjective well-being in developing countries: A meta-analysis. *Psychological Bulletin*, 134, 536-560.

Jia, H., Lu, J., Xie, X., & Huang, T. (2016). When your strength threatens me: Supervisors show less social comparison bias than subordinates. *Journal of Occupational and Organizational Psychology*, 89, 568-587.

Johnson, C. S., & Lammers, J. (2012). The powerful disregard social comparison information. *Journal of Experimental Social Psychology*, 48, 329-334.

Johnson, E., & Goldstein, D. (2003). Do defaults save live? *Science*, 302, 1338-1339.

Johnson, E. J., Hershey, J., Meszaros, J., & Kunreuther, H. (1993). Framing, probability distortions, and insurance decisions. *Journal of Risk and Uncertainty*, 7, 35-51.

Kahneman, D., & Deaton, A. (2010). High income improves evaluation of life but not emotional well-being. *Proceeding of the National Academy of Sciences of the United States of America*, 107, 16489-16493.

Kahneman, D., & Tversky, A. (1979). Prospect theory: An analysis of decision under risk. *Econometrica*, 47, 263-291.

Kahneman, D., & Tversky, A. (1984). Choices, values, and frames. *American Psychologist*, 39, 341-350.

Kim, E., & Glomb, T. M. (2014). Victimization of high performers: The roles of envy and work group identification. *Journal of Applied Psychology*, 99, 619-634.

Klar，Y. ，& Giladi，E. E. (1997). No one in my group can be below the group's average：A robust positivity bias in favor of anonymous peers. *Journal of Personality and Social Psychology*，73，885-901.

Klein，W. M. (2003). Effects of objective feedback and "single other" or "average other" social comparison feedback on performance judgments and helping behavior. *Personality and Social Psychology Bulletin*，29，418-429.

Koch，E. J. ，& Metcalfe，K. P. (2011). The bittersweet taste of success：Daily and recalled experiences of being an upward social comparison target. *Basic and Applied Social Psychology*，33，47-58.

Kruger，J. (1999). LakeWobegon be gone! The "below-average effect" and the egocentric nature of comparative ability judgments. *Journal of Personality and Social Psychology*，77，221-232.

Kumar，A. ，& Gilovich，T. (2015). Some "thing" to talk about? Differential story utility from experiential and material purchases. *Personality and Social Psychology Bulletin*，41，1320-1331.

Leonardelli，G. J. ，& Loyd，D. L. (2016). Optimal distinctiveness signals membership trust. *Personality and Social Psychology Bulletin*，42，843-854.

Levin，I. P. ，& Gaeth，G. J. (1988). How consumers are affected by the Framing of attribute information before and after consuming the product. *Journal of Consumer Research*，15，374-378.

Lim，S. L. ，Penrod，M. T. ，Ha，O. R. ，Bruce，J. M. ，& Bruce，A. S. (2018). Calorie labeling promotes dietary self-control by shifting the temporal dynamics of health- and taste-attribute integration in overweight individuals. *Psychological Science*，29，447-462.

Loewenstein，G. F. ，Thompson，L. ，& Bazerman，M. H. (1989). Social utility and decision making in interpersonal contexts. *Journal of Personality and Social Psychology*，57，426-441.

Lu，J. ，Jia，H. ，Xie，X. ，& Wang，Q. (2016). Missing the best opportunity；who can seize the next one? Agents show less inaction inertia than personal decision makers. *Journal of Economic Psychology*, 54, 100-112.

Lu, J., Xie, X., Wang, M., & Tang, X. (2015). Double reference points: The effects of social and financial reference points on decisions under risk. *Journal of Behavioral Decision Making*, 28, 451-463.

Luttmer, E. F. P. (2005). Neighbors as negatives: Relative earnings and well-being. *The Quarterly Journal of Economics*, 120, 963-1002.

Ma, J., & Roese, N. J. (2014). The maximizing mind-set. *Journal of Consumer Research*, 41, 71-92.

Mao, W. (2016). When one desires too much of a good thing: The compromise effect under maximizing tendencies. *Journal of Consumer Psychology*, 26, 66-80.

McNeil, B. J., Pauker, S. G., Sox, H. C., Jr., & Tversky, A. (1982). On the elicitation of preferences for alternative therapies. *New England Journal of Medicine*, 306, 1259-1262.

Menon, G., Kyung, E. J., & Agrawal, N. (2009). Biases in social comparisons: Optimism or pessimism? *Organizational Behavior and Human Decision Processes*, 108, 39-52.

Messick, D. M., & Sentis, K. P. (1985). Estimating social and nonsocial utility functions from ordinal data. *European Journal of Social Psychology*, 15, 389-399.

Mishra, S., Barclay, P., & Lalumière, M. L. (2014). Competitive disadvantage facilitates risk taking. *Evolution and Human Behavior*, 35, 126-132.

Mishra, S., Hing, L. S. S., & Lalumière, M. L. (2015). Inequality and risk-taking. *Evolutionary Psychology*, 13, 1-11.

Molleman, E., Pruyn, J., & van Knippenberg, A. (1986). Social comparison processes among cancer patients. *British Journal of Social Psychology*, 25, 1-13.

Morewedge, C. K., Gilbert, D. T., Myrseth, K. O. R., Kassam, K., & Wilson, T. D. (2010). Consuming experience: Why affective forecasters overestimate comparative value. *Journal of Experimental Social Psychology*, 46,

986-992.

Moyal，A. ，Motsenok，M. ，& Ritov，I. (2020). Arbitrary social comparison，
malicious envy，and generosity. *Journal of Behavioral Decision Making*，33，
444-462.

Mussweiler，T. (2003). Comparison processes in social judgment：Mechanisms
and consequences. *Psychological Review*，110，472-489.

Mussweiler，T. ，& Epstude，K. (2009). Relatively fast! Efficiency advantages
of comparative thinking. *Journal of Experimental Psychology*：*General*，
138，1-21.

Na，J. ，McDonough，I. M. ，Chan，M. Y. ，& Park，D. C. (2016). Social-
class differences in consumer choices：Working-class individuals are more sen-
sitive to choices of others than middle-class individuals. *Personality and Social
Psychology Bulletin*，42，430-443.

Oldmeadow，J. A. ，& Fiske，S. T. (2010). Social status and the pursuit of posi-
tive social identity：Systematic domains of intergroup differentiation and dis-
crimination for high- and low- status groups. *Group Processes and Intergroup
Relations*，13，425-444.

Parducci，A. (1965). Category judgment：A range-frequency model. *Psychological
Review*，72，407-418.

Parks，C. D. ，& Stone，A. B. (2010). The desire to expel unselfish members
from the group. *Journal of Personality and Social Psychology*，99，303-310.

Partika，A. (2017). Donate，everybody's doing it：Social influences on charitable
giving. *Psi Chi Journal of Psychological Research*，22，39-45.

Payne，B. K. ，Brown-Iannuzzi，J. L. ，& Hannay，J. W. (2017). Economic ine-
quality increases risk taking. *Proceedings of the National Academy of Sci-
ences*，114，4643-4648.

Pichert，D. ，& Katsikopoulos，K. V. (2008). Green defaults：Information presenta-
tion and pro-environmental behaviour. *Journal of Environmental Psychology*，28，
63-73.

Plessner, H. (1999). Expectation biases in gymnastics judging. *Journal of Sport and Exercise Psychology*, 21, 131-144.

Rajchert, J., Żółtak, T., Szulawski, M., & Jasielska, D. (2019). Effects of rejection by a friend for someone else on emotions and behavior. *Frontiers in Psychology*, 10, 764.

Schachter, S. (1959). *The psychology of affiliation: Experimental studies of the sources of gregariousness*. Palo Alto, CA: Stanford University Press.

Scheer, J. K., Ansorge, C. J., & Howard, J. (1983). Judging bias induced by viewing contrived videotapes: A function of selected psychological varia-bles. *Journal of Sport Psychology*, 5, 427-437.

Schlosser, A. E., & Levy, E. (2016). Helping others or oneself: How direc-tion of comparison affects prosocial behavior. *Journal of Consumer Psychol-ogy*, 26, 461-473.

Schwartz, B., Ward, A., Monterosso, J., Lyubomirsky, S., White, K., & Lehman, D. R. (2002). Maximizing versus satisficing: Happiness is a matter of choice. *Journal of Personality and Social Psychology*, 83, 1178-1197.

Shipley, A. (2008). Social comparison and prosocial behavior: An applied study of social identity theory in community food drives. *Psychological Reports*, 102, 425-434.

Simon, H. A. (1955). A behavioral model of rational choice. *Quarterly Journal of Economics*, 59, 99-118.

Simon, H. A. (1956). Rational choice and the structure of the environ-ment. *Psychological Review*, 63, 129-138.

Simon, H. A. (1957). *Models of man, social and rational: Mathematical es-says on rational human behavior in a social setting*. New York, NY: Wiley.

Song, Y., Xie, X., & Zhang, H. (2017). Same meaning but different feel-ings: Different expressions influence satisfaction in social comparisons. *Asian Journal of Social Psychology*, 20, 63-74.

Spencer, S., Fein, S., & Lomore, C. (2001). Maintaining one's self-image vis-à-vis others: The role of self-affirmation in the social evaluation of the self. *Motivation and Emotion*, 25, 41-65.

Stavrova, O., Köneke, V., & Schlösser, T. (2016). Overfulfilling the norm: The better-than-average effect in judgments of attitude. *Social Psychology*, 47, 288-293.

Steinmetz, J., & Mussweiler, T. (2011). Breaking the ice: How physical warmth shapes social comparison consequences. *Journal of Experimental Social Psychology*, 47, 1025-1028.

Strickhouser, J. E., & Zell, E. (2015). Self-evaluative effects of dimensional and social comparison. *Journal of Experimental Social Psychology*, 59, 60-66.

Suls, J., Marco, C. A., & Tobin, S. (1991). The role of temporal comparison, social comparison, and direct appraisal in the elderly's self-evaluations of health. *Journal of Applied Social Psychology*, 21, 1125-1144.

Swencionis, J. K., & Fiske, S. T. (2016). Promote up, ingratiate down: Status comparisons drive warmth-competence tradeoffs in impression management. *Journal of Experimental Social Psychology*, 64, 27-34.

Tao, H. L., & Chiu, S. Y. (2009). The effects of relative income and absolute income on happiness. *Review of Development Economics*, 13, 164-174.

Taylor, S. E., & Lobel, M. (1989). Social comparison activity under threat: Downward evaluation and upward contacts. *Psychological Review*, 96, 569-575.

Taylor, S. E., Wood, J. V., & Lichtman, R. R. (1983). It could be worse: Selective evaluation as a response to victimization. *Journal of Social Issues*, 39, 19-40.

Tesser, A. (1988). Toward a self-evaluation maintenance model of social behavior. In L. Berkowitz (Ed.), *Advances in experimental social psychology* (Vol. 21, pp. 181-227). New York, NY: Academic Press.

Thaler, R. (1980). Toward a positive theory of consumer choice. *Journal of Eco-

nomic Behavior & Organization, 1, 39-60.

Thaler, R., & Sunstein, C. (2008). *Nudge*: *Improving decisions about health, wealth, and happiness*. CT: Yale University Press.

Tversky, A., & Kahneman, D. (1981). The framing of decisions and the psychology of choice. *Science*, 211, 453-458.

Tversky, A., & Kahneman, D. (1986). Rational choice and the framing of decisions. *Journal of Business*, 59, 251-278.

Tykocinski, O. E., Pittman, T. S., & Tuttle, E. E. (1995). Inaction inertia: Foregoing future benefits as a result of an initial failure to act. *Journal of Personality and Social Psychology*, 68, 793-803.

Van Boven, L., & Gilovich, T. (2003). To do or to have? That is the question. *Journal of Personality and Social Psychology*, 85, 1193-1202.

Van der Zee, K., Oldersma, R., Buunk, B. P., & Bos, D. M. (1998). Social comparison preferences among cancer patients as related to neuroticism and social comparison orientation. *Journal of Personality and Social Psychology*, 75, 801-810.

Van de Ven, N., Zeelenberg, M., & Pieters, R. (2009). Leveling up and down: The experences of benign and malicious envy. *Emotion*, 9, 419-429.

Van de Ven, N., Zeelenberg, M., & Pieters, R. (2010). Warding off the evil eye: When the fear of being envied increases prosocial behavior. *Psychological Science*, 21, 1671-1677.

Van Loo, K. J., Boucher, K. L., Rydell, R. J., & Rydell, M. T. (2013). Competition in stereotyped domains: Competition, social comparison, and stereotype threat. *European Journal of Social Psychology*, 43, 648-660.

Van Yperen, N. W., & Leander, N. P. (2014). The overpowering effect of social comparison information: On the misalignment between mastery-based goals and self-evaluation criteria. *Personality and Social Psychology Bulletin*, 40, 676-688.

Van Yperen, N. W., & Orehek, E. (2013). Achievement goals in the workplace: Conceptualization, prevalence, profiles, and outcomes. *Journal of Economic Psychology*, 38, 71-79.

Von Neumann, J., & Morgenstern, O. (1947). *Theory of games and economic behavior*. Princeton, NJ: Princeton University Press.

Wang, X. T., & Johnson, J. G. (2012). A tri-reference point theory of decision making under risk. *Journal of Experimental Psychology: General*, 141, 743-756.

Weaver, K., Daniloski, K., Schwarz, N., & Cottone, K. (2015). The role of social comparison for maximizers and satisficers: Wanting the best or wanting to be the best? *Journal of Consumer Psychology*, 25, 372-388.

Wheeler, L., & Miyake, K. (1992). Social comparison in everyday life. *Journal of Personality and Social Psychology*, 62, 760-773.

Wills, T. A. (1981). Downward comparison principles in social psychology. *Psychological Bulletin*, 90, 245-271.

Windschitl, P. D., Kruger, J., & Simms, E. N. (2003). The influence of egocentrism and focalism on people's optimism in competitions: When what affects us equally affects me more. *Journal of Personality and Social Psychology*, 85, 389-408.

Yu, Z., Hao, J., & Shi, B. (2018). Dispositional envy inhibits prosocial behavior in adolescents with high self-esteem. *Personality and Individual Differences*, 122, 127-133.

Zell, E., & Alicke, M. D. (2009b). Contextual neglect, self-evaluation, and the frog-pond effect. *Journal of Personality and Social Psychology*, 97, 467-482.

Zell, E., & Alicke, M. D. (2009a). Self-evaluative effects of temporal and social comparison. *Journal of Experimental Social Psychology*, 45, 223-227.

Zell, E., & Alicke, M. D. (2010). The local dominance effect in self-evaluation: Evidence and explanations. *Personality and Social Psychology Review*, 14, 368-384.